A CONSTITUIÇÃO E SUA RESERVA DE JUSTIÇA

Oscar Vilhena Vieira

A CONSTITUIÇÃO E SUA RESERVA DE JUSTIÇA

UMA TEORIA SOBRE OS LIMITES MATERIAIS
AO PODER DE REFORMA

*Copyright © 2023, Editora WMF Martins Fontes Ltda.,
São Paulo, para a presente edição.*

Todos os direitos reservados. Este livro não pode ser reproduzido, no todo ou em parte, armazenado em sistemas eletrônicos recuperáveis nem transmitido por nenhuma forma ou meio eletrônico, mecânico ou outros, sem a prévia autorização por escrito do editor.

1ª **edição 1999 (MALHEIROS EDITORES)**
2ª **edição 2023 (WMF MARTINS FONTES)**

Acompanhamento editorial *Márcia Leme*
Preparação de texto *Márcia Leme*
Revisões *Ana Cristina Garcia e Ivana Alves Costa*
Produção gráfica *Geraldo Alves*
Paginação *Renato Carbone*
Capa *Katia Harumi Terasaka*

Dados Internacionais de Catalogação na Publicação (CIP)
(Câmara Brasileira do Livro, SP, Brasil)

Vieira, Oscar Vilhena
   A constituição e sua reserva de justiça : uma teoria sobre os limites materiais ao poder de reforma / Oscar Vilhena Vieira. – 2ª ed. – São Paulo : Editora WMF Martins Fontes, 2023. – (Biblioteca jurídica WMF)

   Bibliografia.
   ISBN 978-85-469-0440-2

   1. Direito constitucional – Interpretação e construção 2. Direito constitucional – Interpretação e construção – Brasil I. Título. II. Série.

23-143088   CDU-342(81)

Índice para catálogo sistemático:
1. Brasil : Direito constitucional   342(81)

Cibele Maria Dias – Bibliotecária – CRB-8/9427

Todos os direitos desta edição reservados à
Editora WMF Martins Fontes Ltda.
Rua Prof. Laerte Ramos de Carvalho, 133 01325.030 São Paulo SP Brasil
Tel. (11) 3293.8150 e-mail: info@wmfmartinsfontes.com.br
http://www.wmfmartinsfontes.com.br

Para Beatriz

SUMÁRIO

Apresentação à segunda edição, XI
Apresentação à primeira edição, XVII
Prefácio à segunda edição, XXIII
Prefácio à primeira edição e agradecimentos, XXVII

INTRODUÇÃO, 1

1. A SUPREMACIA DA CONSTITUIÇÃO, 21

   1.1. Constitucionalismo e direito natural em Locke, 21
   1.2. A crítica republicana, 27
   1.3. Poder constituinte e contrato social, 31
   1.4. Política constitucional e política cotidiana, 35
   1.5. Soberania popular e poder constituinte, 37
   1.6. Dualismo constitucional, 40
   1.7. As facções, 44
   1.8. Conclusão, 54

2. INSTITUCIONALIZANDO A REVOLUÇÃO, 57

   2.1. A inviabilidade da unanimidade e o surgimento das emendas, 58
   2.2. Críticas de Jefferson, 66

3. OS RISCOS DA ESTREMA RIGIDEZ CONSTITUCIONAL: O CASO NORTE-AMERICANO, 69

3.1. A proteção constitucional da escravidão, 69
3.2. A criação do Estado de Bem-Estar Social, 79
3.3. Conclusão, 90

4. A FRAGILIDADE CONSTITUCIONAL DE WEIMAR E O SURGIMENTO DAS CLÁUSULAS CONSTITUCIONAIS INTANGÍVEIS, 93

4.1. Introdução, 93
4.2. Formalismo jurídico e a Constituição de Weimar, 98
4.3. A crítica de Carl Schmitt, 102
4.4. Romantismo jurídico, 106
4.5. A situação política de Weimar, 108
4.6. O caminho "constitucional" para o poder, 111
4.7. A reação jusnaturalista, 120
4.8. Conclusão, 129

5. A RIGIDEZ CONSTITUCIONAL NO BRASIL, 131

5.1. Breve retrospectiva dos procedimentos de emenda e dos limites ao poder de reforma no Brasil, 134
5.2. O processo constituinte, 147
5.3. Pretensão normativa da Constituição de 1988, 154
5.4. A superconstitucionalidade no texto de 1988, 159

6. JURISPRUDÊNCIA NORTE-AMERICANA, 169

6.1. "National Prohibition Cases" – 253 US 350 (1919), 171
6.2. "Lesser vs. Garnett" – 258 US 130 (1921), 174

7. JURISPRUDÊNCIA ALEMÃ, 179

7.1. "Privacidade de Comunicação" – "BVerfGE 1" (1970), 180
7.2. A "Reforma Agrária" – "BVerfGE 84" (1991), 185
7.3. O "Tratado da União Europeia" – "BVerfGE 89" (1993), 191

8. JURISPRUDÊNCIA BRASILEIRA, 195

8.1. IPMF – ADI 926/93 e ADI 939/93, 195

8.2. A defesa da Federação, 197
8.3. Os direitos e as garantias individuais, 200
8.4. Ação direta de constitucionalidade – ADC 1, 208
8.5. A inconstitucionalidade da própria Constituição – ADI 815, 217
8.6. Conclusão, 222

9. DISCRICIONARIEDADE JUDICIAL E INTERPRETAÇÃO CONSTITUCIONAL, 231

9.1. O Direito como sistema de normas, 232
9.2. Mecanicismo e a reação realista, 234
9.3. A discricionariedade como parte do Direito, 238
9.4. A conciliação de Hart, 240
9.5. A Constituição na penumbra, 243
9.6. O Direito como sistema de regras, princípios e políticas em Dworkin, 249

10. REDESCOBRINDO A CONSTITUIÇÃO, 257

10.1. Justiça e Constituição, 257
10.2. Exigências da democracia à Constituição, 270

11. A CONSTITUIÇÃO E SUA RESERVA DE JUSTIÇA, 285

11.1. O caminho percorrido, 285
11.2. O fundamento da superconstitucionalidade, 288
11.3. A argumentação constitucional e as cláusulas superconstitucionais, 299

Bibliografia, 321

APRESENTAÇÃO À SEGUNDA EDIÇÃO
Grandes livros não envelhecem

1. O autor e sua obra

Ao apresentar a reedição deste estudo clássico e seminal de Oscar Vilhena Vieira, a primeira coisa que me ocorre dizer é a importância do seu autor para o Direito Constitucional brasileiro, para o ensino jurídico e para a vida institucional do país. Em primeiro lugar, por ser um excepcional constitucionalista. Em segundo lugar, por dirigir uma das principais Escolas de Direito da atualidade. Porém, mais que tudo, Oscar se tornou um intelectual público, que dedica a vida a pensar o Brasil e a procurar aprimorar suas instituições, aglutinando pessoas e produzindo ações concretas e efetivas. Em tempos de populismo autoritário e riscos democráticos, é impossível exagerar a importância do papel que desempenha.

Sobre o livro, a constatação mais evidente é que ele entrega muito mais do que o plano original sugere. O tema central da obra é uma discussão sobre o que o autor denomina "cláusulas superconstitucionais", partes imutáveis da Constituição que retiram da deliberação majoritária direitos, princípios e instituições que constituem a reserva de justiça de um sistema constitucional democrático. Como bem observado, tais cláusulas se destinam, simultaneamente, a preservar e limitar a democracia. É certo, porém, que, para além da tese central, Oscar oferece ao leitor uma viagem guiada pelos grandes temas do Direito Constitucional, narra algumas de suas principais experiências históricas e apresenta uma síntese das ideias de autores emblemáticos, que formataram, dialeticamente, a democracia constitucional contemporânea. Tudo acrescido de um capítulo precioso sobre interpretação constitucional.

11. Minha relação com este livro

Para redigir estas linhas, fui resgatar na minha biblioteca o exemplar da edição original, que li faz muito tempo. Estava lá, no lugar certo – sempre um alívio! –, com minha assinatura à mão e a data da aquisição. O que chamou minha atenção, porém, foi verificar que estava todo rabiscado, com passagens destacadas com marcador amarelo ou sublinhadas. É a maneira como leio livros que considero verdadeiramente importantes. Já agora, ao revisitar as páginas valorizadas pela cuidadosa revisão de Dimitri Dimoulis, confirmei a impressão que guardei desde a minha leitura há pouco mais de vinte anos: trata-se de um livro indispensável na formação de qualquer estudioso que queira se tornar um constitucionalista. Embora compacto no número de páginas, é profundo, didático e revelador.

No início da minha vida acadêmica, nos anos 1980, procurei fazer uma aproximação entre o direito constitucional e o processo civil, visando dar efetividade à Constituição, pela tutela judicial dos direitos subjetivos nela abrigados. Procurava superar, assim, uma longa história de frustração constitucional e insinceridade normativa que assinalava a experiência brasileira. Foi uma tarefa árdua, que precisou romper com uma cultura influenciada pela visão europeia anterior à Segunda Guerra Mundial, de que a Constituição é um documento político, uma mera convocação à atuação do Legislativo e do Executivo.

A própria jurisprudência do Supremo Tribunal Federal, nos primórdios de vigência da Constituição de 1988, era resistente à efetivação das potencialidades do novo texto constitucional. Somente a partir de algum momento dos anos 2000, com modificações significativas na composição da Corte, em razão de aposentadorias, foi progressivamente se consolidando a ideia de que as normas constitucionais são normas *jurídicas* e, quando descumpridas, devem merecer intervenção e concretização judicial. Aos poucos, os direitos fundamentais passaram a ter nos tribunais aliados indispensáveis.

Concluído o ciclo da luta por efetividade da Constituição, o direito constitucional foi se reaproximando da filosofia moral – *o direito tem uma pretensão de correção moral* (Robert Alexy) – e passou a dialogar com a teoria política – a atuação dos três Poderes precisa passar no teste da legitimidade democrática. Foi nesse cenário que ingressou, triunfalmente, o presente livro de Oscar Vilhena Vieira. Em rara combinação de erudição e clareza, o livro passa em revista o pensamento de boa parte dos filósofos, cientistas políticos, estadistas e juristas que contribuíram para a construção do Estado e da sociedade modernas, de David Hume a John Rawls, passando por Locke, Rousseau, Sieyès, Madison, Kelsen, Carl Schmidt, Hart, Dworkin, Habermas e Alexy, entre muitos outros. *A Constituição e sua reserva de justiça*, por seu mérito invulgar, elevou o patamar da teoria constitucional brasileira, agregando conhecimento e ideias a um debate que foi se sofisticando progressivamente.

III. Conclusão

O constitucionalismo contemporâneo é produto de três grandes processos históricos, políticos e filosóficos: o contratualismo, o Iluminismo e o liberalismo. Todos eles estão documentados nas páginas bem pesquisadas, bem pensadas e bem escritas deste livro. O contratualismo como o pacto hipotético ou implícito entre cidadãos, dando origem às Constituições. O Iluminismo colocando as pessoas e a dignidade humana no centro do processo social, agregando a ele razão, ciência e humanismo. E o liberalismo, com suas ideias centrais de limitação do poder e respeito aos direitos fundamentais. Com o avanço do processo civilizatório e a superação das restrições ao sufrágio universal (de renda, religião, raça e gênero), incrementou-se paulatinamente a participação política, e a democracia se incorporou ao constitucionalismo, formando o arranjo institucional vitorioso do século XX, que é a democracia constitucional.

Este é um dos temas mais instigantes – subjacentes a todo o livro: as tensões inevitáveis entre democracia e constitucionalismo. Democracia significando soberania popular, eleições livres e governo da maioria. Constitucionalismo traduzindo poder limitado, Estado de Direito e proteção dos direitos fundamentais. A experiência histórica revela que entre a vontade da maioria, de um lado, e o resguardo do Estado de Direito e dos direitos fundamentais, do outro, podem surgir ondas contraditórias. É preciso evitar que se choquem de maneira destrutiva. O livro de Oscar oferece roteiro e instrumentos para equacionar essa angustiante questão do constitucionalismo democrático, sinalizando com lucidez o resultado que se espera, isto é, a reserva mínima de justiça que se deve procurar alcançar e resguardar: a liberdade para fazer as escolhas existenciais básicas, a preservação do Estado de Direito, bem como a igualdade e a dignidade de todas as pessoas, que se materializam em direitos fundamentais de ordens diversas, inclusive os de natureza social.

O convite para fazer esta apresentação permitiu-me relembrar o impacto que este livro produziu nas minhas próprias ideias sobre o Direito Constitucional. Permitiu-me, também, muito genuinamente, destacar o papel inestimável que Oscar Vilhena Vieira desempenha na vida intelectual brasileira, como pensador e como ativista que busca a criação de um espaço cívico de qualidade no país. Em boa hora volta este livro ao cenário acadêmico brasileiro, trazendo luz e inspiração ao campo democrático, num momento em que a resistência ao retrocesso obscurantista e autoritário se tornou um imperativo de consciência.

Brasília, 31 de julho de 2022.

LUÍS ROBERTO BARROSO
Professor Titular da Faculdade de Direito
da Universidade do Estado do Rio de Janeiro
Ministro do Supremo Tribunal Federal

APRESENTAÇÃO À PRIMEIRA EDIÇÃO

Tive a oportunidade de conhecer o autor deste livro quando pela primeira vez se aproximou da Universidade de Columbia, no início da década de 1990. Esse breve testemunho de seus passos por esta Universidade é o que me permite introduzir Oscar Vilhena Vieira a seus leitores. Não pretendo outra coisa que não esboçar algumas das linhas de pensamento que atravessam as proposições que nos são apresentadas neste livro, fazendo uma conexão entre a experiência acadêmica do autor em Columbia e o amadurecimento de sua reflexão acerca do desenho proposto pelo Constituinte de 1988 ao estabelecer uma zona de "reserva de justiça", com a finalidade de assegurar a sobrevivência de certos valores que o constituinte considerou fundamentais para a consolidação das instituições e dos princípios democráticos.

Oscar teve seu primeiro contato com a Universidade de Columbia como *visiting scholar* ao participar de um programa patrocinado pelo Centro de Direitos Humanos da Escola de Relações Internacionais. Corria o ano de 1991 e esse programa havia começado a tomar forma sob a direção do professor Paul Martin, com a finalidade de oferecer um foro acadêmico e de discussão a profissionais ligados aos direitos humanos de diversos países do mundo.

Munido de ampla experiência profissional, colhida no Núcleo de Estudos da Violência da Universidade de São Paulo, sob a orientação acadêmica do professor Paulo Sérgio Pinheiro, a participação de Oscar deixou uma marca enriquecedora e intocável em todos aqueles que o conheceram e nos colegas com os quais se relacionou durante sua permanência em Columbia.

Depois de curto intervalo em São Paulo, Oscar regressou à Universidade de Columbia, mas dessa vez com o propósito de pensar mais a fundo os problemas teóricos do constitucionalismo e repensar o esquema constitucional que adotou seu país no processo de transição democrática. Foi assim que voltei a frequentar o autor deste livro e seu pensamento por ocasião de sua participação no programa de estudos de pós-graduação, que culminaram com a obtenção do título de Master of Laws, em 1995, nesta Universidade, e o desenvolvimento de sua tese de doutorado apresentada na Universidade de São Paulo em 1998.

Dentro do conjunto de disciplinas de Direito Norte-Americano, Direito Internacional, Direito Comparado e Filosofia do Direito que compõem o Master of Laws, Oscar participou ativamente de um curso de Direito Comparado que ofereço durante o semestre acadêmico de outono. O objetivo principal desse curso é examinar aqueles aspectos do constitucionalismo latino-americano que oferecem maior contraste e interesse, de um ponto de vista comparado, com a experiência histórica, política e jurídica do constitucionalismo norte-americano. A participação ativa de Oscar sobressaiu durante todo o curso, que leva o nome impreciso mas atraente de Direito Latino-Americano (como se existisse uma ordem jurídica sólida e coerente que pudesse ser identificada com um título tão ambicioso!).

Ficaram em minha memória as perspectivas oferecidas por Oscar, para proveito de todos, sobretudo quando chegou o momento de examinar, de maneira crítica e impecável, o processo de adoção e desenho da prolífica normativa constitucional brasileira.

Nossa discussão de "laboratório" nos levou a contrapor a perspectiva tradicional do constitucionalismo liberal norte-americano (fonte da Primeira República brasileira) com aquela inspirada na matriz *dirigista* fundada nos modelos oferecidos pelas Constituições do México e de Weimar, adotadas no princípio do século XX.

Um dos temas que surgiram com frequência, nessa análise comparada, dizia respeito à função que cumprem nas Constituições dirigistas aquelas normas pseudoprogramáticas que proclamam, com certa opulência pretensiosa, generosos direitos sociais, econômicos e culturais. À diferença de outras Constituições da região, no entanto, o desafio apresentado pelo modelo brasileiro consiste no fato de que essas normas "líricas" são acompanhadas por um arsenal inovador (para os padrões constitucionais latino-americanos) de remédios processuais. Essas poderosas ferramentas jurídicas oferecem diversos mecanismos processuais de proteção, não somente originais mas também sem precedentes no constitucionalismo latino-americano (entre eles o mandado de injunção e a inconstitucionalidade por omissão).

A inquietude do constituinte de 1988 de não se preocupar somente com os direitos, senão ainda em como fazê-los efetivos, também impôs a necessidade de estimular a iniciativa dos indivíduos e das organizações (governamentais e não governamentais) em formular demandas ante os tribunais e a necessidade de contar com certa dose de integridade ética e intelectual, coragem cívica e criatividade, por parte dos juízes. Tudo isso não é fácil de conquistar, mas o texto constitucional de 1988 ofereceu uma excelente oportunidade para mitigar o tradicional hiato entre teoria e prática que tem caracterizado o constitucionalismo latino-americano, em geral, e o brasileiro, em particular. Quais são as razões que permitem esperar que a organização do poder que inspira o constituinte brasileiro de 1988 não se veria frustrada, uma vez mais, por algum "jeito" constitucional que colocasse por terra a construção do constituinte?

Oscar Vieira deu uma resposta precisa a essa interrogação em uma análise jurisprudencial e crítica sobre a atuação do Supremo Tribunal Federal, sob a Constituição de 1988, em monografia intitulada *The Role of the Brazilian Supreme Court in the Consolidation of Democracy*. Depois de situar o contexto histórico, político e institucional em que se desenvolveu a ação do Supremo Tribunal Federal e analisar os casos mais relevantes decididos por ele, o autor concluiu que "o trabalho de traduzir os direitos consagrados pela Constituição em uma realidade para a maioria da população não compete exclusivamente e nem sequer principalmente ao Supremo ou ao Judiciário, mas requer a colaboração dos demais ramos do governo, da sociedade em geral e o próprio desenvolvimento da economia".

Foi precisamente essa preocupação em compreender os diversos fatores que influem na implementação dos valores constitucionais que levou Oscar a submergir no campo mais abarcador das diversas teorias jurídicas e políticas que buscam explicar o papel que cabe ao constitucionalismo no desenvolvimento progressivo das instituições democráticas. Seu objetivo neste livro é conjugar constitucionalismo e democracia, tomando como plataforma de análise as cláusulas superconstitucionais da Constituição brasileira e as faculdades conferidas ao Supremo Tribunal Federal para apreciar a constitucionalidade das revisões ou emendas à Constituição.

O fato de que em março de 1994 o Supremo exerceu a faculdade de declarar a inconstitucionalidade de uma parte da terceira emenda à Constituição brasileira coloca o controle da constitucionalidade realizado no Brasil em uma categoria diferente do controle que a Suprema Corte americana e o Tribunal Constitucional alemão têm se animado em exercer sobre o processo de reforma constitucional. Oscar teve a oportunidade de participar ativamente dos cursos ministrados pelos professores Gerald Neuman, sobre direito constitucional alemão, e Giovanni Bonnetti, sobre direito constitucional europeu, e do seminário coordenado por Louis Henkin sobre teoria constitucional comparada, o que fortaleceu sua experiência no campo do Direito Comparado.

Assim, neste livro, o autor traça proveitosas comparações entre o art. 60, § 4º, da Constituição brasileira e o art. 79 (3) da Lei Fundamental alemã, com a finalidade de analisar em que medida a linguagem utilizada em cada uma dessas disposições, de forma mais ou menos vaga, justifica uma interpretação como a empregada pelo tribunal alemão para convalidar as emendas apostas à Lei Fundamental, ou a interpretação levada a cabo pela contraparte brasileira ao declarar inconstitucionais dispositivos de uma emenda à sua Constituição. Essa análise comparada é o que faz viável e interessante o que ao meu juízo constitui um dos eixos fundamentais que inspiram esta obra, ou seja, o de analisar as diversas teorias do exercício do poder por meio das justificações voltadas a fundamentar as cláusulas superconstitucionais e os mecanismos de proteção judicial que assegurem sua invulnerabilidade.

Em que medida se justifica, da perspectiva da legitimidade democrática, que o constituinte estabeleça cláusulas superconstitucionais que impeçam às gerações futuras decidir por si mesmas o modelo constitucional que mais lhes convenha, conforme a conjuntura histórica e a experiência que lhes toque viver? Como é possível que seja constitucionalmente permissível que um grupo seletivo de indivíduos, cujo poder para controlar a vontade da maioria parlamentar não emana de uma vontade popular, se arrogue a faculdade de exercer um direito de veto sobre a decisão do poder constituinte reformador?

Realizando leituras de obras seminais no campo da teoria política, filosofia e Teoria Geral do Direito, que vão de autores clássicos como Locke, Madison e Hume, chegando aos contemporâneos Habermas, Rawls, Dworkin, Elster e Alexy, enriquecidas pelas discussões mantidas no seminário coordenado pelo professor Jeremy Waldron, Oscar busca respostas a essas perguntas repensando, em primeiro lugar, as razões que consagram a necessidade da rigidez constitucional, para logo explorar os pontos de legitimação democrática que vão além da vontade cambiante das maiorias populares.

Dessa forma, o pensamento do autor nos obriga a reexaminar o papel que jogam a moral e a razão na proteção dos direitos constitucionais, da participação dos cidadãos no processo de decisão coletiva e no controle do poder político. Outro aspecto relevante de sua análise é precisar quais são os direitos e os esquemas de poder que merecem uma proteção tão privilegiada e por qual razão e sob que argumentos se justifica que seja o Supremo Tribunal Federal o organismo encarregado de custodiar e supervisionar esses valores fundamentais.

Após o acúmulo de frustrações, cruéis ditaduras, marchas e contramarchas nesse tortuoso desfiladeiro em busca da consolidação democrática, não deixa de me preocupar que a fragilidade da memória institucional permita que as gerações futuras possam se esquecer do alto custo que tiveram de pagar seus antecessores ao abandonar os limites constitucionais ao exercício do poder.

Estou agradecido ao autor deste instigante livro por nos auxiliar a refletir por que razão, em certas circunstâncias e sob certas condições, convém impormos a nós mesmos algumas autolimitações voltadas a rechaçar o perigoso "canto das sereias" que nos leva a abandonar o caminho traçado pela Constituição.

PROFESSOR ALEJANDRO M. GARRO
Faculdade de Direito da Universidade de Columbia
Nova York, outubro de 1998.

PREFÁCIO À SEGUNDA EDIÇÃO

A principal motivação para a reedição deste trabalho, escrito há mais de 25 anos, é contribuir para a defesa de nossa democracia constitucional, submetida a uma profunda onda de agressões nos últimos anos. Também me mobilizei pela ideia de partilhar com uma nova geração de leitores a tentativa de formular uma teoria – ao mesmo tempo democrática e eticamente fundamentada – sobre os limites materiais ao poder de reforma da Constituição.

Em uma era de intensas e rápidas transformações sociais, econômicas e tecnológicas como a que estamos vivendo, em que o constitucionalismo democrático vem sendo objeto de crescente desconfiança em muitas partes do mundo, o futuro da Constituição estará diretamente associado à sua capacidade de articular estabilidade e adaptação. Estabilidade das regras do jogo democrático, do império da lei e dos direitos fundamentais que lhe são constitutivos; e adaptação a um mundo em profunda transformação, que demanda constantes correções de rumo no plano institucional para atender às próprias promessas de dignidade, justiça e bem-estar, que levam à adesão dos mais diversos setores da sociedade ao pacto constitucional.

A ideia de uma **constituição resiliente** capaz de manter íntegra a sua **reserva de justiça** sem bloquear as alterações em suas normas periféricas, que emerge do modelo e da experiência constitucional brasileira a partir de 1988, oferece uma espécie de andaime teórico a partir do qual podemos preservar nosso patrimônio constitucional sem comprometer a capacidade de a Constituição se adaptar às novas realidades. Quando analisamos as mais de 126 emendas aprovadas desde a promulgação da Constituição de 1988, constatamos que essa frenética atividade reformadora não subverteu o seu núcleo fundamental. Essa façanha se deve, em parte, à estratégia do constituinte de articular a super-rigidez das chamadas cláusulas pétreas com a razoável flexibilidade das normas ordinárias da Constituição de 1988.

O impulso a esta nova edição partiu integralmente do meu querido amigo e colega na Escola de Direito da Fundação Getulio Vargas Dimitri Dimoulis. Dimitri não apenas teve a ideia como, em um gesto de absoluta generosidade, lançou-se à tarefa de rever os originais, atualizar a ortografia, corrigir as notas e refinar algumas passagens obscuras da primeira edição. Sua dedicação e disposição para trazer aos novos leitores esse trabalho me deixaram profundamente comovido e agradecido. Dimitri é uma fonte inesgotável de conhecimento sobre direito constitucional, além de exemplo de integridade intelectual e generosidade acadêmica.

A concretização dessa empreitada contou ainda com o entusiasmo imediato e o cuidado de Alexandre Martins Fontes e seus colaboradores, pelo que sou imensamente grato. Alexandre tem se destacado no mercado editorial brasileiro não apenas pela qualidade das obras e coleções que pública, entre as quais a coleção sobre filosofia, teoria do direito e teoria política na qual este livro passou a estar inserido, mas também pelo seu profundo compromisso com a democracia, a cultura e os valores humanistas cotidianamente impressos em seu ousado projeto editorial e no seu comportamento como livreiro e cidadão. Aproveito o momento para também prestar minha homenagem ao distinto Dr. Álvaro Malheiros, responsável pela primeira edição deste livro.

Não gostaria de terminar esta nota à segunda edição de *A Constituição e sua reserva de justiça*, sem oferecer uma breve explicação sobre o convite feito a Luís Roberto Barroso para apresentar o livro aos seus novos leitores. *A priori*, a honra de ter um livro apresentado por Luís Roberto Barroso dispensaria qualquer justificativa. O convite, porém, tem uma razão que transcende a minha mera vaidade de ser apresentado por esse exemplo maior de intelectual público, jurista, professor, humanista e magistrado-estadista.

Logo que *A Constituição e sua reserva de justiça* foi publicado, em 1998, recebi um convite do professor Luís Roberto Barroso para discutir o livro com seus alunos na Uerj. Em um momento em que a comunidade jurídica ainda via com desconfiança o diálogo entre o Direito Constitucional e outras áreas de conhecimento, Barroso acolheu com enorme entusiasmo a minha empreitada de analisar o fenômeno constitucional a partir das múltiplas lentes da teoria do direito, da filosofia e, sobretudo, da teoria política. O convite para elaborar a apresentação desta nova edição é uma forma singela de agradecer o impulso dado por Luís Roberto Barroso a este livro. Mais do que isso, também é um modo de reconhecer a importância dessa interlocução cordial, sincera e construtiva sobre os principais desafios teóricos e práticos de consolidar a democracia constitucional brasileira, que tem em Luís Riberto Barroso uma figura central.

Por fim, agradeço a Beatriz, Clara e Luiza por me provocarem, com imensa graça e persistência, a estar em constante transformação, para não deixar de ser quem eu sou.

OSCAR VILHENA VIEIRA
São Paulo, janeiro de 2023.

PREFÁCIO À PRIMEIRA EDIÇÃO E AGRADECIMENTOS

O título deste trabalho surgiu da constatação de que o estudo da Constituição não mais pode ficar alheio às indagações éticas colocadas pela filosofia e pela teoria política contemporâneas. *A teoria da justiça*, de John Rawls, e os trabalhos de Habermas trazem uma nova razão de ser a um direito constitucional neutralizado pelo positivismo jurídico ou reduzido a mera expressão do poder, a partir do decisionismo político formulado por Carl Schmitt, que tanta influência exerceu sobre o direito constitucional neste século.

Por outo lado, os estudos sobre a racionalidade na política levados a cabo por Jon Elster também têm dado contribuição significativa para reduzir a velha tensão entre constitucionalismo e procedimento democrático. Ao descrever as Constituições democráticas como um mecanismo de *autovinculação* pelo qual a soberania popular coloca fora do alcance da vontade da maioria a possibilidade de suprimir aqueles direitos e princípios que constituem as condições para a própria realização da democracia, essas Constituições passam a funcionar como um instrumento de *habilitação* e não como um obstáculo à democracia – nas palavras de Stephen Holmes.

Seria errado presumir, no entanto, que somente a filosofia e a teoria política têm contribuído para a renovação da teoria constitucional. O caminho inverso também é frequente. Juristas como Ronald Dworkin e John Hart Ely, nos Estados Unidos, Robert Alexy, na Alemanha, e, entre "nós", José Joaquim Gomes Canotilho têm dado enorme contribuição para assegurar novo sentido ético ao direito constitucional, além de oferecer pistas importantes para o refinamento da filosofia prática.

Este trabalho busca aproveitar este momento privilegiado em que o diálogo entre o direito constitucional e a teoria política está sendo reaberto para analisar a questão dos limites materiais ao poder de reforma, que, em última instância, coincidem com as discussões em torno dos fundamentos de validade do próprio constitucionalismo democrático.

Coincidentemente ou não, os originais deste livro estão sendo entregues ao editor no exato momento em que a mais democrática de nossas Constituições completa dez anos. Porém, mais do que uma homenagem a nossa Lei Fundamental, o objetivo deste trabalho é levantar argumentos que sirvam de trincheira aos princípios e direitos essenciais à realização da dignidade humana e da própria democracia, em face de propostas de mudança voltadas a privilegiar pretensas exigências de ordem econômica ou uma suposta lógica da governabilidade.

Sendo as Constituições democráticas o ponto de encontro entre a moralidade política e o Direito, este trabalho também tem a pretensão de contribuir para o debate em torno dos processos de aplicação dos dispositivos constitucionais de conteúdo ético, como os princípios da igualdade, liberdade ou da própria dignidade, reconhecidos pela nossa Constituição como limitações materiais ao poder de reforma.

Ao concluir este ensaio, sou imensamente grato e me encontro em débito com diversas pessoas e instituições. À minha eterna professora Leda Pereira da Mota sou especialmente agradecido pela sensibilidade e inteligência com que leu cada um dos capítulos deste trabalho. Mas, muito mais do que isso, sou grato por sua incondicional amizade e carinho.

Devo também um agradecimento especial aos professores Celso Antônio Bandeira de Mello, Eros Roberto Grau, Gabriel Cohn e, especialmente, Maria Hermínia Tavares de Almeida, pelo respeito e pela generosidade com que leram e arguiram esta tese por ocasião de sua defesa. Espero ter resolvido pelo menos alguns dos problemas apresentados por suas leituras críticas.

No Departamento de Ciência Política da Faculdade de Filosofia, Letras e Ciências Humanas da Universidade de São Paulo, agradeço ao meu orientador, Paulo Sérgio Pinheiro, que tem feito de sua vida a luta pelos direitos que aqui apresento como o fundamento da democracia constitucional e principalmente por ter tido o privilégio de sua amizade e orientação intelectual nestes últimos dez anos; e aos professores Eduardo Kugelmas, Álvaro de Vita, Fernando Limongi e Célia Quirino, que de distintas formas contribuíram para que esse Doutorado chegasse ao fim. Ainda na Universidade de São Paulo, sou grato à professora Ana Cândida da Cunha Ferraz – que com seu olhar de constitucionalista ofereceu diversas contribuições ao trabalho ora apresentado –, ao professor Sérgio Adorno – por sua constante interlocução – e, por diversos motivos, aos professores Maria Vitória Benevides e José Eduardo Faria.

Na Faculdade de Direito da Universidade de Columbia, onde desenvolvi grande parte desta tese, encontro-me em débito com o professor Alejandro Garro, pela cordialidade com que me recebeu em Nova York, pela leitura atenta que fez de diversos capítulos deste e de outros trabalhos meus e pela sua imensa generosidade pessoal e intelectual, que muito contribuíram para o término desta obra. Também tenho uma dívida muito grande com o professor Gerald Neuman, pois foi para o seu curso – "Direito Constitucional Comparado: Alemanha/Estados Unidos" – que elaborei o *paper* que redundou na presente tese. Suas rigorosas leituras foram cruciais para que eu chegasse à estrutura básica aqui apresentada. Também na Universidade de Columbia sou grato aos professores Louis Henkin, Jeremy Waldron, Giovani Bonnetti e Jon Elster, pela leitura e discussão de partes deste trabalho. Um agradecimento especial, no entanto, vai para o professor Paul Chevigny, da Faculdade de Direito da Universidade de Nova York. Além de ter lido e criticado os capítulos referentes à história constitucional estadunidense, induziu-me a enfrentar Habermas e Rawls – o que gerou uma mudança significativa no rumo desta tese. É um paradigma de intelectual despretensioso e bem-humorado, a quem muito admiro.

Agradeço, ainda, à professora Elizabeth Carrazza, que, na direção da Faculdade de Direito da Pontifícia Universidade Católica de São Paulo, me deu grande apoio na realização deste Doutorado, assim como na criação da cadeira de "Direitos Humanos" naquela escola. Também sou grato ao professor Celso Spitzcovski, pois foi dele que ouvi pela primeira vez a expressão "normas constitucionais inconstitucionais". Aguardo, ansioso, suas críticas. Como sempre, sou devedor da professora Lucia Valle Figueiredo, modelo de acadêmica e magistrada, que me alertou para as diversas armadilhas desse tema. Espero ter conseguido escapar de algumas delas. Agradeço também aos professores Carlos Ari Sundfeld e Marcelo Figueiredo.

Sou grato, ainda, aos amigos e juristas Derly Barreto e Silva Filho, Carlos Weis e Mônica de Mello, da Procuradoria-Geral do Estado de São Paulo, e Túlio Kahn, do Instituto Latino-Americano para a Prevenção do Delito e Tratamento do Delinquente (Ilanud) e do Grupo de Paraibuna, pelo diálogo tremendamente fértil que temos mantido nestes últimos anos sobre quase tudo. Agradeço, também, a Ana Márcia Castro e José Francisco Sieber Luz Filho, colegas do Ilanud, e a Francisca Pimenta Evrard, que realizou a revisão final da tese. Agradeço, ainda, a minha amiga Adriana Ancona de Faria.

Apresentei partes deste trabalho em diversas ocasiões. Com os meus colegas de Pós-Graduação na Universidade de Columbia discuti as premissas. Com meus companheiros do Centro de Estudos da Procuradoria-Geral do Estado debati os capítulos iniciais da tese. A convite do desembargador Fernando Ximenes Rocha, do Tribunal de Justiça do Ceará, debati com juízes e promotores daquele estado, principalmente, a questão da interpretação constitucional. Discuti os capítulos finais da tese com os pesquisadores do Centro de Estudos de Cultura Contemporânea (Cedec), com meus colegas de Pós-Graduação do Departamento de Ciência Política da Universidade de São Paulo e com diversos participantes do tradicional encontro da Associação Nacional de Pós-Graduação e Pesquisa em Ciências Sociais (ANPOCS), de 1997, e com os colegas da Sociedade Brasileira de Direito Público, liderada pelo professor e amigo Carlos Ari Sundfeld. Sou, assim, imensamente grato a todos aqueles que dispuseram de seu precioso tempo para me ouvir e generosamente comentar e criticar este trabalho, permitindo que eu fizesse diversas correções. Tenho certeza, no entanto, de que muitas das objeções não foram superadas.

Relendo os originais, espantei-me com a ausência de citações de dois clássicos do direito constitucional brasileiro: *O poder de reforma da Constituição*, de Nélson de Souza Sampaio, de 1946, e *A teoria das Constituições rígidas*, de Oswaldo Aranha Bandeira de Mello, que teve sua primeira edição em 1934. A única explicação que posso oferecer é que suas ideias estão inconscientemente presentes em muitas das páginas que redigi.

Destaco que a realização deste trabalho só foi possível graças à colaboração de diversas instituições, entre as quais o Conselho Nacional de Conhecimento Científico e Tecnológico (CNPq), a Procuradoria-Geral do Estado, a Faculdade de Direito da Pontifícia Universidade Católica de São Paulo, o Departamento de Ciência Política da Universidade de São Paulo, a Faculdade de Direito da Universidade de Columbia, assim como o Centro de Direitos Humanos da Escola de Relações Internacionais dessa Universidade, liderado pelo professor Paul Martin. Também agradeço ao meu editor, Dr. Álvaro Malheiros, pela paciência com as idas e vindas dos originais.

Serei eternamente grato a meus pais e aos pais de Beatriz por todo o apoio e, sobretudo, pela plena amizade, respeito e carinho que sempre nos deram. A partir daí a vida fica bem mais fácil.

Mas é a Beatriz a quem mais quero agradecer. Foi ela, certamente, a pessoa que mais contribuiu para este trabalho. Leu, discutiu, concordou, discordou, incentivou, teve enorme paciência e compreensão e – o que é mais importante – não me permitiu desistir desta empreitada. E, como se não bastasse, é a única pessoa capaz de me fazer feliz. Por tudo isso é que lhe dedico este livro.

OSCAR VILHENA VIEIRA
São Paulo, 5 de outubro de 1998.

"Mas muito mais frequente é os homens serem distraídos de seus principais interesses, mais importantes mas mais longínquos, pela sedução de tentações presentes, embora muitas vezes totalmente insignificantes. Essa fraqueza é incurável na natureza humana."

(DAVID HUME)

"Os deuses mataram seus inimigos e por eles foram mortos. Agora, nos dizem, é hora de tomarmos as rédeas. Não há mais deuses para nos auxiliar. Estamos a sós. Ou dito de outra forma (pois deuses também são tiranos): estamos livres. A perda do sagrado nos desloca para o centro do palco, para construirmos nossa própria moralidade; para tomarmos nossas próprias escolhas; para seguirmos nosso próprio caminho."

(SALMAN RUSHDIE)

"É verdade que oferecer direitos políticos, ou salvaguardas contra a intervenção do Estado, para homens seminus, analfabetos, malnutridos e doentes, é zombar de sua condição; eles precisam de ajuda médica ou educação, antes que possam entender, ou fazer uso de uma ampliação de suas liberdades. O que é liberdade para aqueles que dela não podem fazer uso? Sem adequadas condições para o uso da liberdade, qual o seu valor?"

(ISAIAH BERLIN)

INTRODUÇÃO

As Constituições democráticas, ao estabelecerem que certos direitos[1] e instituições encontram-se acima do alcance dos órgãos ordinários de decisão política ou, mesmo, fora de sua competência, por força das limitações materiais ao poder de reforma, atuam como mecanismos de autovinculação, ou pré-comprometimento, adotados pela soberania popular para se proteger das próprias paixões e fraquezas[2]. Protegendo metas de longo prazo, constantemente subavaliadas por maiorias ávidas em maximizar seus interesses imediatos, as Constituições também funcionariam como mecanismo de proteção contra inconsistências temporais, defendendo, assim, as sociedades das próprias miopias[3].

O constitucionalismo democrático traça, nesse sentido, um conjunto de limitações à maioria com o propósito de favorecer a

---

[1] Diferentemente do constitucionalismo liberal, o constitucionalismo democrático contemporâneo, além de reconhecer direitos civis e políticos, estabelece direitos sociais e de solidariedade.
[2] Elster, 1996: 1; Holmes, 1995.
[3] De acordo com David Hume, os homens sofrem de alguma forma de miopia pela qual sempre preferem a satisfação imediata àquela futura; para Elster (2000), a inconsistência temporal se manifesta, pois quando os indivíduos planejam seus comportamentos eles tendem a atribuir ao futuro bem-estar um valor presente mais baixo do que o verdadeiro.

dignidade humana e fortalecer a própria democracia, estabelecendo os princípios e as metarregras a partir dos quais o sistema democrático deve funcionar, sem, no entanto, poder suprimi-los.

Elster, por exemplo, utiliza-se de uma passagem da *Odisseia* de Homero em que Ulisses determina que o amarrem ao mastro de sua embarcação para que não sucumba ao canto mortal das sereias, com o objetivo de explicar o papel das Constituições nas sociedades democráticas. No Livro XII da *Odisseia*, Ulisses é informado por Circe dos perigos que enfrentará em sua viagem de retorno: "– Encontrarás as duas Sereias, elas fascinam todos os homens que se aproximam. Se alguém, por ignorância, se avizinha e escuta a voz das Sereias, adeus regresso!". Seguindo o conselho de Circe, Ulisses determina aos seus homens que tapem os próprios ouvidos com cera e o amarrem ao mastro da embarcação para que dali ele não possa sair: "– Se eu insistir convosco para que me solteis, apertai-me, então, com laços mais numerosos"[4]. Com as mãos deliberadamente atadas, Ulisses consegue passar ao largo dos rochedos e ouvir o canto das sereias, sem, no entanto, sucumbir à sua sedução[5].

A analogia entre o mecanismo de autovinculação adotado por Ulisses e os tradicionais mecanismos constitucionais de pré-comprometimento deve, no entanto, ser tomada com cautela[6]. No caso de Ulisses ocorre uma limitação individual[7], enquanto no processo constitucional a rigidez imposta às decisões consti-

---

[4] Homero, *Odisseia*, Livro XII (1976: p. 142).
[5] O paralelo dessa passagem do Livro XII da *Odisseia* de Homero (1976) com o constitucionalismo é explorado por Elster, 1979. Agradeço à professora Maria Hermínia Tavares de Almeida por ter me chamado a atenção para a sua leitura.
[6] Para uma autocrítica da abordagem adotada em Elster, 1979, cf. Elster, 1996.
[7] Seria possível argumentar que os indivíduos também não têm uma personalidade monolítica. Assim como na sociedade há uma constante luta entre as diversas faces de uma mesma personalidade.

tuintes tem um caráter supraindividual, pois é imposta ao conjunto da sociedade, sobretudo àquelas correntes que, vencidas no embate constituinte, podem se converter em maiorias no futuro e alterar o decidido no processo constituinte. O modelo de pré-comprometimento constitucional também se distinguiria da autovinculação de Ulisses, uma vez que os mecanismos constitucionais tradicionais de pré-comprometimento[8] não estabelecem uma vedação total à liberdade de ação dos Parlamentos, como ocorreu no caso de Ulisses. Essa ponderação, no entanto, não se aplica às cláusulas superconstitucionais[9], que constituem o objeto deste estudo.

A Constituição brasileira de 1988, além dos mecanismos tradicionais de defesa das decisões constituintes, estabeleceu um extenso rol de limitações materiais ao poder de reforma constitucional. De acordo com o art. 60, § 4º, não pode ser objeto de deliberação proposta de emenda tendente a abolir "a forma federativa de Estado; o voto direto, secreto, universal e periódico; a separação dos Poderes; e os direitos e garantias individuais".

---

[8] *Quorum* mais elevado para a reforma da Constituição e controle judicial da constitucionalidade.

[9] Por superconstitucionais entenda-se um conjunto de princípios normativos fundamentais que – reconhecidos explícita ou implicitamente pela Constituição – se encontram em posição hierarquicamente superior em relação aos demais preceitos da Constituição; essa hierarquia constitucional, contestada pela maioria da doutrina, pode ser comprovada da perspectiva mais comum aos positivistas, que se refere à impossibilidade de reformar as chamadas cláusulas pétreas pelos procedimentos de reforma ordinária da Constituição e à possibilidade de controlar a constitucionalidade de emendas à Constituição em face dessas cláusulas; também de uma perspectiva mais material da Constituição, por meio da qual se propugna que as demais cláusulas constitucionais devem ser interpretadas em conformidade com os princípios constitucionais (Dworkin, 1987: 33), particularmente aqueles protegidos por cláusulas superconstitucionais; uma terceira hipótese, mais radical, é no sentido de que se poderia propor o controle da constitucionalidade da própria Constituição, não só de emendas, em face desses princípios fundamentais (para essa perspectiva, v. Bachof, 1977).

O constituinte impôs, assim, uma distinção entre preceitos meramente constitucionais – que podem ser alterados pelo procedimento ordinário de mudança constitucional – e dispositivos superconstitucionais – imunes ao poder constituinte reformador[10]. Paralelamente, a Constituição entregou ao Supremo Tribunal Federal a função de guardar a Constituição, o que inclui a competência para decidir sobre a compatibilidade ou incompatibilidade entre as decisões tomadas pelo poder constituinte reformador e os princípios e direitos estabelecidos como cláusulas superconstitucionais[11]. Em março de 1994, o Supremo Tribunal Federal declarou inconstitucionais, pela primeira vez, partes de uma emenda constitucional aprovada de acordo com todos os requisitos procedimentais para reformar a Constituição. Para a maioria dos Ministros do Tribunal a emenda violava "cláusulas pétreas" da Constituição, devendo, assim, ser suprimida[12].

Levando em conta essas ponderações, a imagem de Ulisses atado ao mastro de sua embarcação, por vontade própria, com a finalidade de se autopreservar, pode auxiliar a compreensão dos sistemas constitucionais democráticos e, especialmente, das cláusulas superconstitucionais adotadas por uma sociedade no decorrer do processo constituinte objetivando perpetuar sua autonomia, sua liberdade de decidir. Nos dois casos a possibilidade de ação por parte do indivíduo ou do corpo político é bloqueada

---

[10] Certamente essas cláusulas podem ser alteradas por uma força externa ao sistema, porém isso é vedado ao sistema representativo estruturado pela Constituição.
[11] Tradicionalmente, a doutrina brasileira utiliza a expressão "cláusula pétrea" para se referir às limitações materiais ao poder de reforma da Constituição; esses dispositivos também são conhecidos como cláusulas "intangíveis" ou de "eternidade", pela doutrina alemã (v. Stern, 1987: 342), ou, ainda, como cláusulas constitucionais "entrincheiradas" ou "cravadas na pedra", pelos estadunidenses. A ideia de "superconstitucionalidade" inspira-se no conceito de "superlegalidade constitucional" utilizado por Maurice Hauriou (1927: 326).
[12] ADI 939, *JSTJ*-Lex 186/69.

com o objetivo de autopreservação. Trata-se, nesse sentido, de uma limitação habilitadora e emancipatória[13].

Democracia e Constituição

Essa possibilidade de autovinculação e de restrição da vontade majoritária das gerações futuras é, no entanto, muito problemática se vista da perspectiva da teoria democrática, mais especificamente das teorias democráticas procedimentais ou majoritárias. Para essas correntes, a democracia "é um sistema de governo da maioria que não impõe restrições à substância dos resultados sancionados pelo eleitorado, com exceção daquelas que são exigidas pelo próprio procedimento democrático de governo popular"[14]. Assim, toda pretensão de controlar os resultados produzidos pelo procedimento democrático que extrapole a defesa dos requisitos mínimos para o funcionamento da democracia será espúria e injustificável.

Para os liberais, em sentido oposto, a "invenção" constitucional como mecanismo de pré-comprometimento é absolutamente justificável, pois é excelente mecanismo para a proteção de direitos aos quais o procedimento democrático deve se submeter. Inscrevendo os direitos nas Constituições, eles são colocados a salvo das paixões e irracionalidade das massas. O problema é saber que direitos são esses. São direitos naturais transcendentes – e, portanto, devem ser respeitados, por emanarem de uma ordem superior – ou simples direitos positivos, colocados pelos próprios homens? Caso se compreenda que os direitos são fruto da construção humana – o que aqui se assume –, a questão da legitimidade da fonte produtora desses direitos coloca-se de forma obrigatória. Sem uma justificativa plausível, não há por que

---

[13] Holmes, 1995: 134.
[14] Gutmann, 1995: 8.

obedecer. Nesse ponto é que o procedimento democrático, como mecanismo para a tomada de decisões coletivas, exerce função justificadora fundamental. Isso porque a democracia é a única forma de governo até hoje encontrada capaz de dar igual tratamento aos indivíduos no momento de estabelecer uma regra que a todos obrigará.

Para Robert Dahl toda vez que se busca justificar a democracia se retoma uma presunção moral básica, "chamada de ideia intrínseca de igualdade"[15]. Além de iguais, segundo Dahl os "indivíduos adultos são, em geral, os melhores juízes dos seus interesses". Daí a necessidade de que o governo dê igual consideração aos interesses de cada um na formação da vontade coletiva. Esse é o desafio dos regimes democráticos. Nas palavras de Rousseau, citadas por Dahl, o principal problema do contrato social é "encontrar uma forma de associação que defenda e proteja a pessoa e os bens de cada associado por intermédio da força comum, e pela qual cada um, unindo-se a todos, não obedeça, portanto, senão a si mesmo, ficando assim tão livre como antes"[16].

A igualdade e a autonomia só se realizam em um sistema em que cada um seja governado por uma vontade da qual participe. Se o princípio precursor da democracia é a igualdade e a autonomia de todos, qualquer mecanismo que suspenda uma decisão decorrente do processo de deliberação majoritária será, *a priori*, inaceitável. Caso se assuma que todos são iguais, não há como justificar que um grupo de sábios possa julgar e substituir a vontade da maioria pela sua própria vontade, pois o mecanismo mais capaz de realizar um procedimento decisório que dê igual valor a todos é a regra da maioria. Ao somar as vontades indivi-

---

[15] Dahl, 1989: 85.
[16] Rousseau, 1997: Livro I, Capítulo VI.

duais, atribuindo-lhes igual valor, a decisão a ser tomada é aquela que corresponde à vontade do maior número.

Dessa perspectiva, apenas aquelas expressões da vontade da maioria que violem os próprios fundamentos ou procedimentos da democracia é que podem ser legitimamente bloqueadas. Qualquer tentativa de controlar decisões substantivas que não estejam estritamente ligadas à estrutura da democracia será considerada ingerência ilegítima no procedimento democrático. As Constituições rígidas – principalmente aquelas que dispõem de um controle jurisdicional da constitucionalidade e que, portanto, permitem que autoridades não eleitas bloqueiem decisões tomadas pelos representantes dos cidadãos – constituem autênticos mecanismos antimajoritários. Daí as tensões entre constitucionalismo – que privilegia a proteção de direitos – e democracia – que enfatiza a regra da maioria.

Cláusulas superconstitucionais e democracia

Esse paradoxo decorrente das relações entre constitucionalismo e democracia torna-se ainda mais agudo com o estabelecimento pelas Constituições contemporâneas de cláusulas superconstitucionais. Essas não apenas criam dificuldades quantitativas ao legislador, mas obstáculos intransponíveis – pois, diferentemente das demais cláusulas constitucionais, não podem ser alteradas[17] ou abolidas[18], sequer por um procedimento qualificado. Esse fenômeno da adoção de limitações materiais ao poder de reforma da Constituição, embora não seja novidade, sofreu expansão após a Segunda Grande Guerra. Tradicio-

---

[17] Cf. a formulação dada pelo art. 79 (3) da Lei Fundamental de Bonn, que exploraremos posteriormente.
[18] Cf. a formulação dada pelo art. 60, § 4º, da Constituição brasileira de 1988, que também será explorada detalhadamente a seguir.

nalmente, diversas Constituições estabeleciam a intangibilidade de certos aspectos estruturantes do sistema político, como a forma republicana ou federativa[19]. Na própria história constitucional brasileira, a partir da Proclamação da República, encontraremos esse tipo de vedação constitucional expressa, impedindo a alteração das formas republicana e federativa[20]. Essas "cláusulas pétreas" tinham caráter estático, voltado a impedir a supressão da estrutura básica pela qual o poder deveria ser exercido[21]. As atuais limitações materiais ao poder de emenda têm caráter mais dinâmico e são passíveis de defesa por intermédio do Judiciário. Além da proteção da estrutura central do poder contra uma total ruptura, buscam impedir que mudanças constitucionais "normais" gerem uma erosão dos princípios e valores básicos da Constituição. A partir da Lei Fundamental de Bonn, não protegem apenas a integridade do Estado, mas também os direitos fundamentais, o Estado de Direito e a democracia, passando, assim, a uma função *ex parte populi*.

Essas mudanças ocorreram em primeiro lugar, por motivos óbvios, na Alemanha. Foi lá que a erosão do direito natural e do constitucionalismo liberal e a desformalização[22] do Direito leva-

---

[19] Para uma análise das tradicionais cláusulas pétreas, v. Friedrich, 1965: 295.
[20] Exceção feita à Carta de 1937.
[21] Sua validade é questionada por alguns, que – como Loewenstein (1973: 34) – veem pouca utilidade nessas cláusulas em momentos de normalidade e sua total fragilidade em momentos de crise. Em suas palavras: "Na América Ibérica, quando um presidente quer se fazer ditador, simplesmente anula a Constituição por um golpe de Estado". Esse tipo de argumento, no entanto, questiona não apenas a utilidade de cláusulas pétreas, mas da própria Constituição e do Direito em geral, pois, a princípio, nenhum mecanismo, por si, garante a eficácia do direito constitucional. Esta decorre de uma construção da sociedade e de sua própria legitimidade.
[22] Falamos de "desformalização" do Direito, no sentido emprestado por Max Weber, como transformação das características internas do Direito voltadas a atender às demandas do Estado de Bem-Estar Social e sua legislação dirigista e

ram a efeitos mais catastróficos[23]. Nesse país, a hegemonia do positivismo jurídico afastou por definitivo substância e forma, moral e Direito[24], deixando fértil solo para a erosão da Constituição de Weimar pelos decretos de Hitler. Essa ruptura dos paradigmas jusnaturalistas, embora sem consequências tão dramáticas como as da Alemanha, difunde-se por todo o mundo ocidental. Nos países de tradição românica, sobrepôs-se ao jusnaturalismo liberal o positivismo formalista, de matriz kelseniana, enquanto nos países de fala inglesa é o utilitarismo de Bentham e Mill que passa a exercer maior influência no mundo do Direito.

As barbáries dos totalitarismos, em que o Direito foi transfigurado em mero mecanismo de organização e imposição da força, alertam para a necessidade de reconstruir o sistema jurídico a partir de um conteúdo ético mais sólido. No entanto, as dificuldades teóricas de conceber uma doutrina metajurídica que substituísse o velho direito natural, estabelecendo um conjunto de princípios e direitos supraconstitucionais que não mais deixasse o direito constitucional perigosamente "pairando sobre si próprio", levaram os legisladores constitucionais de Bonn a delinear uma ordem super e também supraconstitucional na própria Constituição. O que se deu na esfera positiva pela proteção ofere-

---

regulamentadora; fundamentalmente importa a alteração das características básicas, que são o seu caráter de abstração e generalidade (1984: 639-660). Para uma interessante análise do conceito de lei como normatização geral e abstrata, v. Sartori, 1987: Capítulo XI, especificamente "La supremacía de la ley en Rousseau".

[23] Nos Estados Unidos a erosão da ideia de direitos naturais e a desformalização do Direito simplesmente abriram espaço para o surgimento do Estado de Bem--Estar. A crítica do *Justice Holmes* dos realistas demonstrou que, sob a capa de direitos naturais, a Suprema Corte e as demais instâncias do Judiciário estavam, na realidade, defendendo a doutrina econômica do *laissez-faire*.

[24] Para uma abordagem filosófica desse processo de mudança dos paradigmas da cultura jurídica que precederam o nazismo, v. Lafer, 1988, particularmente a Parte I.

cida às chamadas cláusulas intangíveis pelo art. 79 (3) e pela abertura constitucional às ideias de inalienabilidade dos direitos humanos. Na esfera supraconstitucional, impôs-se a submissão dos poderes do Estado ao "Direito", no sentido de Justiça – art. 20 (3) –, garantindo-se também o direito de resistência – art. 20 (4). Tem-se, assim, um processo de substantivação do direito constitucional, passando a legitimidade da produção legislativa, assim como a da reforma da Constituição, a estar vinculadas não somente à realização de um procedimento[25], mas à submissão a um Direito com conteúdo ético, que busca seu fundamento nos direitos humanos, no direito natural e nos princípios do Estado de Direito e da separação dos Poderes.

Não se pode negar que essa substantivação do direito constitucional[26] se tenha dado sem aporias. Uma leitura das decisões mais importantes do Tribunal Constitucional alemão e das controvérsias ali instauradas pelas diversas correntes de juízes é suficiente para demonstrar isso[27].

A superconstitucionalidade no Brasil

No Brasil, um amplo grupo de cláusulas superconstitucionais foi estabelecido como cerne inalterável do texto de 1988. O enrijecimento desses dispositivos por força do art. 60, § 4º e inci-

---

[25] Daí falar-se de legitimação pelo procedimento, pois, esgotadas as possibilidades legitimadoras do direito natural como discurso dotado de verdade, surge a proposição de um Direito que se legitima circularmente – ou seja: retira sua legitimação dos procedimentos por ele estabelecidos, da sua racionalidade interna. Partilham dessa forma de pensar o Direito, aberta por Weber, as diversas correntes positivistas, utilizando-se cada uma delas de diferentes mecanismos: para Hans Kelsen, a "norma hipotética fundamental"; para H. L. A. Hart, a "regra de reconhecimento"; e para Niklas Luhmann, a "legitimação pelo procedimento".

[26] Para uma instigante análise do processo de substancialização ou materialização do direito constitucional alemão, v. Habermas, 1991, particularmente a "Primeira Lição".

[27] Casos analisados no Capítulo 8 deste trabalho.

sos, da Constituição representa uma resposta às diversas experiências autoritárias de nossa história, nas quais princípios e direitos, agora entrincheirados como cláusulas superconstitucionais, foram sistemática e institucionalmente violados. A adoção dessas cláusulas limitadoras do poder de reforma também parece corresponder a uma alteração do próprio modelo constitucional adotado em 1988. A Constituição de 1988 é uma das representantes mais típicas do constitucionalismo de caráter social[28] ou "dirigista"[29] que se iniciou com a Constituição mexicana de 1917 e a Constituição de Weimar de 1919. Diferentemente das Constituições liberais – que buscavam limitar o Estado assegurando o maior espaço de liberdade para o mercado –, as Constituições sociais organizam um Estado que visa promover[30] o bem-estar da sociedade, sendo, portanto, necessariamente mais amplas do que as Constituições liberais clássicas.

Formulada em ambiente democrático, sob a influência de uma participação social jamais vista na história legislativa e constitucional brasileira, a Constituição de 1988 também sofreu forte impacto de interesses corporativos. Constituiu-se a partir de um *compromisso maximizador* entre os diversos setores da sociedade e do Estado que detinham poder naquele momento. Em vez de um compromisso apenas em torno de regras fundamentais – sob as quais se deveria desenvolver o sistema político – e dos direitos fundamentais, houve um compromisso imediato sobre várias questões substantivas secundárias, em que diversos setores organizados da sociedade, por meio de largo processo de barganha, alcançaram a constitucionalização de interesses e demandas substantivas. Ao lado de uma detalhada e avançada car-

---

[28] Bonavides, 1998: 340; Silva, 1998: 288 e ss.
[29] Para um profundo estudo do tema, v. Canotilho, 1982.
[30] Para a função promocional do Direito, v. Bobbio, 1984: 13-32.

ta de direitos e garantias – que engloba direitos civis, políticos, econômicos e sociais, além de uma ampla proteção de grupos mais vulneráveis, como idosos, crianças e povos indígenas –, a Constituição realizou poucas alterações nas instituições responsáveis pela promoção e pela garantia desses direitos, o que tem gerado constante contraste entre os direitos constitucionalmente estabelecidos e sua sistemática violação[31]. Na esfera da democracia e da participação, assegurou eleições livres e diretas em todos os níveis. A adoção de um sistema proporcional para o Legislativo tem, no entanto, estimulado a fragmentação partidária e fragilizado a representação[32].

Também enfraquecem a democracia brasileira o clientelismo e a super-representação eleitoral dos estados do Norte e de alguns estados do Nordeste em face das regiões mais populosas do país, que não foram "afetados pela reconstitucionalização de 1988"[33]. No que se refere ao princípio da separação de Poderes, garantiu-se a independência do Judiciário. As relações entre o Executivo e o Legislativo, no entanto, são ambíguas: diversos poderes de controle foram dados ao Legislativo e, ao mesmo tempo, concedeu-se ao Executivo o poder de legislar por intermédio de medidas provisórias[34]. O arranjo federal também tem dado sinais de sua limitação. Basicamente, a distribuição de competências admi-

---

[31] "A Constituição de 1988 foi promulgada com a carta de direitos mais precisa e abrangente em toda história política do País. Apesar das garantias democráticas desde então vigentes, subsiste uma violência sistêmica, em que o arbítrio das instituições do Estado se combina com altos índices de criminalidade violenta [...]. Se na democracia o Estado não organiza mais a coerção paralela e ilegal, sua responsabilidade consiste em não se omitir, em impedir práticas repressivas ilegais por parte das agências do Estado e em debelar a impunidade desses crimes" (Pinheiro, 1996: 7-8).

[32] Sartori, 1994: 173.

[33] Pinheiro, 1996: 11.

[34] Para uma análise das relações entre o Executivo e o Legislativo, v. Ferraz, 1994.

nistrativas não é compatível com a distribuição da capacidade tributária. Já a autonomia dos estados ficou bastante minimizada ao atribuir-se à União a quase totalidade das competências legislativas de maior importância[35].

Por fim, o legislador de 1988 constitucionalizou diversos temas que não pertenciam tradicionalmente aos corpos constitucionais, mesmo que se tenha em mente Constituições de Estados sociais. Constitucionalizaram-se, por exemplo, a tipificação de crimes, as questões da ciência e da tecnologia, os interesses de diversas corporações, um detalhado sistema de previdência, o sistema financeiro etc.

A inflação constituinte, que ampliou a inclusão de matérias típicas de legislação ordinária no texto constitucional, colocando-as no mesmo patamar hierárquico que os temas mais essenciais – como os direitos fundamentais, a organização do Estado de Direito e a democracia –, além de banalizar esses princípios e valores, deu à Constituição um alto grau de detalhamento[36]. Em diversos setores a mecânica adotada pela Constituição não favorece a realização de princípios e direitos fundamentais por ela adotados. Mais do que isso, composta com base na conjunção de elementos fundamentais e circunstanciais, a Constituição corre o perigo, em face destes últimos, de um envelhecimento precoce, o que pode ser constatado pelo elevado número de emendas que recebeu.

Conscientemente ou não, o constituinte de 1988 estabeleceu um processo extremamente simplificado para a reforma consti-

---

[35] Almeida, 1991.
[36] Como afirma o professor Carlos Ari Sundfeld, lembrando Seabra Fagundes, esse detalhamento justifica-se na medida em que havia – e não sem motivos – uma grande desconfiança no legislador comum e nos demais Poderes como órgãos encarregados de aplicar a Constituição; nesse sentido, foi necessário restringir ao máximo o espaço de discricionariedade dos órgãos constituídos.

tucional, permitindo a constante atualização do texto por intermédio de emendas. No bojo dessa flexibilização da Constituição, caso não fosse estabelecido um rol mais amplo e dinâmico de limitações materiais ao poder constituinte reformador, os elementos fundamentais da Constituição ficariam em posição extremamente frágil. Assim, a construção de um grupo de cláusulas superconstitucionais inalteráveis favoreceu a formação de um *core* material da Constituição dentro do longo documento constitucional formal. Tendo a Constituição formal se tornado mais flexível, as cláusulas superconstitucionais vieram estabelecer outra barreira – esta mais alta – ao processo ordinário de reforma[37].

Destinadas à salvaguarda de valores nucleares e fundamentais da Constituição, as cláusulas superconstitucionais também servem de princípios que auxiliam a interpretação constitucional, suprindo as dificuldades e tensões impostas pela desformalização[38] do direito constitucional que acompanham a implementação de uma Constituição tão vasta como a brasileira. Tem-se, dessa maneira, um constitucionalismo social desformalizado, em que impera uma cultura jurídica positivista, porém submetido a regras superconstitucionais que pretendem assegurar a intangibilidade dos valores ético-constitucionais fundamentais.

Constituição e justiça

Um constitucionalismo fortalecido por dispositivos superconstitucionais – como os inscritos no texto de 1988 – pode servir de proteção contra a irracionalidade[39] ou a paixão daqueles envol-

---

[37] "Ordinário", aqui, inclui o processo de reforma constitucional por intermédio de emenda.
[38] Para uma análise do processo de desformalização do Direito, v. Weber, 1984: 648 e ss.
[39] De acordo com a proposição de Hayek (1983) – aqui não acatada –, a Constituição seria "Pedro sóbrio", enquanto a maioria "Pedro bêbado".

vidos pelo canto mítico das sereias. Porém, caso esses dispositivos superconstitucionais sejam mal formulados, compreendidos ou interpretados, poderão servir de barreira intransponível às decisões majoritárias, protegendo privilégios ou instituições incompatíveis com as necessidades impostas por uma história em constante fluxo. Nesse sentido, o constitucionalismo torna-se instrumento antagônico à democracia. Esse dilema clássico da teoria política – entre democracia e constitucionalismo, entre procedimento e valores, entre regra da maioria e direitos – é que pretendemos, a partir do estudo das limitações materiais ao poder de reforma estabelecidas pela Constituição de 1988, explorar neste trabalho.

O argumento fundamental deste estudo pode ser formulado da seguinte maneira: para que as limitações materiais ao poder de reforma não se transformem em uma simples barreira às deliberações levadas a cabo por uma maioria presente ou futura[40], elas devem assegurar proteção especial àqueles direitos, princípios e instituições que, além de essenciais à formação de uma vontade democrática, constituem verdadeira reserva constitucional de justiça[41]. Não se pode emprestar a dispositivos desprovidos de qualquer fundamentação ética, idiossincraticamente estabelecidos como pétreos pelo poder constituinte, as mesmas hierarquia e rigidez atribuídas às cláusulas superconstitucionais que limitam a possibilidade de erosão dos princípios de justiça de uma Constituição. Não é pelo simples fato de que uma Assembleia Constituinte determinou que certos preceitos não devem ser sujeitos a mudança que isso deve ser automaticamente respeitado[42]. Exemplo disso era o artigo original da Constituição

---

[40] Violando a regra da maioria, que constitui princípio básico da democracia.
[41] Para uma compreensão da ideia de "reserva constitucional de justiça", v. Capítulos 10 e 11, em que são analisadas as ideias de Rawls e Habermas.
[42] Canotilho, 1993: 111.

estadunidense que proibia qualquer reforma nos dispositivos que garantiam a escravidão. Para que a decisão do passado possa vincular e limitar o futuro, ela deve ser legítima, e para ser legítima não basta que tenha sido produzida por uma Assembleia eleita por certos procedimentos considerados democráticos. A legitimidade das cláusulas superconstitucionais está associada não apenas à sua origem, mas também ao seu conteúdo. Assim, além de derivarem de uma vontade democrática, devem poder ser justificadas racionalmente como pressupostos essenciais de qualquer processo de associação política que se baseie na igualdade e na autonomia dos indivíduos[43].

Se concebidas como paradigmas de justiça constitucional, adequadamente interpretadas e aplicadas pelo Judiciário, as cláusulas superconstitucionais podem se tornar um mecanismo que habilita e fortalece a igualdade e a autonomia, fundamentos e elementos essenciais à própria existência de um regime democrático. Ao retirar do âmbito de deliberação majoritária aqueles direitos, princípios e instituições que constituem a reserva de justiça da Constituição, as cláusulas superconstitucionais transformam-se em legítimo instrumento de preservação da democracia, paradoxalmente, ao limitá-la. Como na *Odisseia* de Homero, esses mecanismos de autovinculação e pré-comprometimento, se bem construídos, interpretados e aplicados, poderão favorecer a continuidade da jornada[44].

Os limites da empreitada constitucional

A existência de uma Constituição rígida, associada a mecanismos de controle da constitucionalidade de leis e emendas, comprovadamente não é elemento essencial ao funcionamento

---

[43] Habermas, 1996: 82.
[44] Para uma análise das restrições do constitucionalismo como mecanismos que habilitam e fortalecem a democracia, v. Holmes, 1995.

dos regimes democráticos. Em uma análise de 22 regimes democráticos[45], Lijphart aponta que cinco dessas democracias dispensam procedimentos supermajoritários que protejam direitos ou as regras básicas de seus sistemas políticos[46]. Nada indica que os regimes democráticos do Reino Unido, da Nova Zelândia, da Islândia, da Suécia ou de Israel sejam mais frágeis que os das demais democracias estudadas por Lijphart. Isso não significa que Constituição rígida, sistema de controle da constitucionalidade e limites ao poder de reforma sejam irrelevantes.

A importância de mecanismos de controle das maiorias e do próprio Estado, organizados e protegidos pelas Constituições rígidas, parece estar diretamente relacionada com o nível de submissão constitucional voluntária de cada sociedade, de cada sistema político. Em muitos sistemas políticos, as regras sociais e a cultura legal são tão fortes, ou os níveis de consenso na sociedade são tão altos, que uma instituição artificial com o poder de limitar o processo majoritário é dispensável. Nesse sentido, também alguns países, embora tenham sistemas de controle judicial das decisões da maioria, deles fazem pouco ou nenhum uso[47]. Porém, para sistemas políticos nos quais conflitos entre maiorias e minorias são uma constante – como nos Estados Unidos –, ou países com profundas tradições autoritárias – como a Alemanha ou o Brasil[48] –,

---

[45] Democracias estáveis desde pelo menos a Segunda Guerra Mundial: Austrália, Áustria, Bélgica, Canadá, Dinamarca, Finlândia, França, Alemanha Ocidental, Islândia, Irlanda, Israel, Itália, Japão, Luxemburgo, Holanda, Nova Zelândia, Noruega, Suécia, Suíça, Reino Unido e Estados Unidos.
[46] Lijphart, 1984: 189.
[47] Favoreu refere-se ao pouco ou quase nenhum uso feito do sistema de controle da constitucionalidade por parte dos países escandinavos (1990: 47-48).
[48] Não se está, aqui, equiparando as tradições autoritárias de Brasil e Alemanha – mesmo porque são absolutamente distintas –, mas apenas apontando para a maior importância de instituições construídas com o objetivo de limitar o autoritarismo nesses países.

o estabelecimento do sistema político por intermédio de uma Constituição rígida, que disponha, inclusive, de cláusulas superconstitucionais e de um ativo sistema de controle da constitucionalidade, parece crucial para estabilizar relações e expectativas quanto às regras básicas de justiça da comunidade, assim como quanto ao processo de competição política.

É à legitimidade e ao conteúdo dessas cláusulas superconstitucionais – que impedem, inclusive, o poder constituinte reformador de deliberar livremente – que pretendemos nos ater.

Plano de trabalho

Este trabalho não precisa ser lido sequencialmente. Para os que têm pressa, já adiantamos que o argumento fundamental se encontra desenvolvido mais ao fim do livro – mais especificamente nos dois últimos capítulos.

O trabalho está dividido em capítulos; nos Capítulos 1 e 2 analisamos de que forma o pensamento político moderno buscou fundamentar a supremacia da Constituição. A finalidade foi verificar se as justificações clássicas construídas por Locke, Sieyès e Madison, com as ponderações de Jefferson e Paine, podem servir para fundamentar uma teoria das cláusulas superconstitucionais consistente com os imperativos das teorias política e do Direito contemporâneas.

Estabelecidas as bases teóricas que fundamentam a supremacia e a rigidez constitucionais, buscamos, nos Capítulos 3 a 5, apresentar um quadro de problemas associados à adoção de Constituições mais ou menos rígidas por distintos sistemas políticos. Essa parte do trabalho não tem o objetivo de argumentar ingenuamente que a adoção de Constituições flexíveis gera, necessariamente, o risco de erosão da democracia ou, em sentido contrário, que Constituições extremamente rígidas provocam, obrigatoriamente, a ruptura do sistema político-constitucional, mas de trazer ao leitor fragmentos históricos concretos em que a engenharia constitucional favoreceu[49] um ou outro desfecho. No caso brasileiro, no entanto, o objetivo é outro: é demonstrar o papel crucial que passou a ser desempenhado pelas cláusulas superconstitucionais adotadas em 1988 – seja como limitação ao poder de erosão do cerne de uma Constituição pouco rígida, seja como conjunto de princípios que auxiliam a dar unidade à Constituição.

Em primeiro lugar foram analisados os riscos de adotar uma Constituição extremamente rígida, que impeça alterações impostas pela evolução histórica de uma sociedade. Fizemos uso de diversas etapas da história constitucional americana para apresentar os problemas decorrentes da super-rigidez constitucional. Como contraponto ao caso americano foi analisada a experiência de Weimar. A finalidade foi demonstrar os riscos de adotar uma Constituição extremamente frágil, que não seja capaz de bloquear decisões supermajoritárias que ponham em risco não apenas direitos fundamentais, como a própria democracia. Finalmente, fizemos uma análise das limitações materiais ao poder de reforma na história constitucional brasileira, assim como dos problemas impostos pelo modelo constitucional adotado em 1988.

Levantados teórica e politicamente os pontos favoráveis e desfavoráveis à adoção de cláusulas superconstitucionais por um sistema político-constitucional, os Capítulos 6 a 8 são dedicados aos problemas práticos decorrentes da adoção dessas limitações ao poder de reforma. Mais especificamente, foram estudadas as jurisprudências constitucionais norte-americana, alemã e brasileira relacionadas com o controle da constitucionalidade de

---

[49] Não "determinou".

emendas às respectivas Constituições. A finalidade, aqui, foi demonstrar a extrema dificuldade dos magistrados em interpretar e aplicar tais preceitos.

Postos esses problemas, nos Capítulos 9 a 11, a partir da discussão de algumas ideias desenvolvidas por John Rawls, John Hart Ely e Jürgen Habermas, buscamos construir um argumento que justifique democrática e eticamente a adoção de limitações materiais ao poder de reforma constitucional, tentando escapar tanto das armadilhas do direito natural como do cinismo imposto pelo positivismo normativista. Também é intenção da parte final do trabalho, sob a influência de Dworkin e Alexy, contribuir para o processo de argumentação e interpretação de dispositivos abertos à moralidade política incorporados pela Constituição, como os que estabelecem as limitações ao poder de reforma constitucional no Brasil.

CAPÍTULO 1

A SUPREMACIA DA CONSTITUIÇÃO

O que justifica que uma construção institucional não apenas limite a vontade da maioria em face de decisões políticas passadas incorporadas à Constituição, mas, inclusive, impeça maiorias qualificadas, presentes e futuras, de rever ou reformular certas decisões ou princípios sem que se rompa com a ordem constitucional? Enfim, o que justifica, de uma perspectiva democrática, que o passado, por intermédio de uma Constituição, governe o presente e o futuro, que certos direitos e interesses possam ser protegidos em face das pretensões contemporâneas e mudanças nas concepções de justiça de uma sociedade?

1.1. Constitucionalismo e direito natural em Locke

O primeiro a formular na teoria política moderna um argumento a favor do constitucionalismo certamente foi Locke. Ele não se detém no estudo da Constituição, como documento escrito e rígido, na obra *Segundo Tratado*. A leitura desse texto, no entanto, deixa claro que o Poder Legislativo – "constituído" a partir do pacto social como Poder supremo dentro da sociedade – se encontra limitado pelos direitos naturais e por alguma fórmula de separação de Poderes e de Estado de Direito, institucionalizados na passagem do estado de natureza para o estado civil.

A justificativa formulada por Locke, como se verá a seguir, funda-se, ao mesmo tempo, numa teoria de direitos naturais, que abstratamente antecedem o próprio Estado, e na ideia procedimental de contrato, pelo qual indivíduos livres e iguais exercerão a sua autonomia.

De acordo com Corwin, o modelo jusnaturalista de justificação da supremacia da Constituição precede os demais na teoria constitucional americana. Essa perspectiva de um constitucionalismo jusnaturalista pode ser encontrada na Declaração de Independência ou na Declaração de Direitos de Virgínia, que concebem os direitos como autoevidentes e inalienáveis. De acordo com as palavras de Jefferson,

> existem certos princípios de Direito e Justiça que estão intitulados a prevalecer por sua própria excelência intrínseca, não se levando em conta o propósito daqueles que manejam os recursos físicos da comunidade. Estes princípios não foram feitos pelas mãos humanas [...]. Eles são externos a toda vontade como tal e penetram toda a razão como tal. São eternos e imutáveis. Em relação a estes princípios, as leis humanas são [...] uma mera transcrição e sua promulgação não é um ato de vontade ou poder, porém um ato de descoberta ou declaração[1].

A formulação de Locke é, no entanto, mais complexa. Ao introduzir o *Segundo Tratado*, Locke toma como pressupostos alguns argumentos elaborados no *Primeiro Tratado*[2]. Locke critica uma visão hierarquizada da sociedade. Para ele o argumento que retira do poder paterno o modelo para o poder na esfera política não faz sentido; mesmo que o pai tenha domínio sobre os filhos

---

[1] *Apud* Corwin, 1928: 152.
[2] De acordo com Laslett (1980: 207), o *Primeiro Tratado* teve por objetivo desmontar a defesa da monarquia realizada por R. Filmer.

por uma parcela de tempo, quando estes chegarem à "idade da razão" só haverá poder com consentimento.

Partindo de uma interpretação dos textos bíblicos, Locke afirma que todos os homens são livres e iguais; livres entre si e iguais uns aos outros, isso na medida em que todos são obra divina. Dessa última afirmação o autor vai retirar um elemento básico para a sua teoria do direito natural, que é a indisponibilidade da vida; ela não pertence aos indivíduos, mas a Deus – portanto, não sendo possível que o poder sobre esta seja alienado no momento do contrato, muito menos que ela seja retirada por outro indivíduo; "os homens [...] são propriedade daquele que os fez"[3].

No esquema lockeano, para que se conheçam as leis da natureza deve-se consultar a razão, pois, sendo o homem um ser racional, na abstração do estado de natureza ele poderia viver sob os ditames das leis naturais. Conhecendo o Direito, os homens terão a possibilidade de aplicá-lo no caso de se verem prejudicados por terceiros. O que marca a principal diferença entre estado de natureza e estado civil para Locke é, fundamentalmente, a existência no segundo de um juiz independente que julgue conforme os mandamentos legais[4].

No estado de natureza, o que se tem é uma "justiça" individual (privada); cada indivíduo é juiz dos próprios atos. Diferencia-se, portanto, do "estado de guerra de todos contra todos" hobbesiano. Para Locke, os indivíduos vivem em comum e em

---

[3] Locke, 1963: § 34.
[4] De acordo com Bobbio, o estado natural é para Locke um estado ideal "somente para seres racionais, ou seja, para seres cuja conduta fosse inspirada somente pelos ensinamentos da lei natural. Os homens, porém, não agem como seres racionais; no estado de natureza, não havendo nenhum poder superior aos simples indivíduos, cada um é juiz em causa própria, e visa, quando ofendido, a vingar a ofensa de maneira desproporcionada. Disso deriva que o estado de natureza, o qual deveria ser um estado de paz perpétua, transforma-se num estado de guerra" (1992: 37-38).

paz se consultarem a razão, porém a falta de um juiz independente gera situação de insegurança. Para o autor, o "estado de guerra" terá início quando um indivíduo tentar colocar outrem sob poder absoluto[5], o que é claramente contra o direito natural de todos os indivíduos. Portanto, o que se busca no estado civil é a constituição de um árbitro que possa pôr em prática aquele direito ao qual se chega por meio da razão. Busca-se também criar um Poder Legislativo que possa deixar claro quais são esses direitos que se pode apreender pela razão. Não se trata de um Poder Legislativo que conceda direitos, mas que, reconhecendo-os, crie leis voltadas à sua preservação[6].

Embora utilize muitas vezes argumentos da tradição judaico-cristã para fundamentar a igualdade dos indivíduos como filhos de Deus, esses argumentos são mais uma concessão do que uma fundamentação. A racionalidade inerente a esse homem igual a todos os demais e a capacidade para agir autonomamente dela decorrente é que desempenham papel crucial na fundamentação de seu jusnaturalismo. O que diferenciará, portanto, o constitucionalismo moderno – que tem sua origem em Locke – do antigo é que a lei superior não mais resulta da vontade divina ou de um longo processo de decantação e sedimentação histórico[7]. Os direitos e a autoridade inscritos na Constituição resultam do consentimento dos indivíduos.

> Sendo os homens, conforme acima dissemos, por natureza todos livres, iguais e independentes, ninguém pode ser expulso de sua propriedade sem o seu consentimento. A maneira única, em vir-

---

[5] Locke, 1963: § 17.
[6] "A primeira lei positiva e fundamental de todas as comunidades consiste em estabelecer o Poder Legislativo" (Locke, 1963: § 134).
[7] Para uma perspectiva do constitucionalismo antigo, v. Burke, 1982; McIlwain, 1947; Skinner, 1996.

tude da qual uma pessoa qualquer renuncia à liberdade natural e se reveste dos laços da sociedade civil, consiste em concordar com outras pessoas e juntar-se e unir-se em comunidade para viverem com segurança, conforto e paz com as outras [...].[8]

É a partir do pacto social que se constituirá o governo. Governo este que deve respeitar os direitos e se pautar pelos limites impostos pelos indivíduos no momento em que lhe conferiram autoridade. Mesmo o Poder Legislativo – que se encontra numa posição quase sagrada para Locke, acima dos demais órgãos do Estado – está limitado pelos direitos conservados pelos indivíduos no momento em que deixaram o estado de natureza e constituíram a ordem política. Há uma construção racional da ordem institucional, a partir da vontade dos indivíduos. No entanto, a ideia de consenso e de autonomia do indivíduo, que se encontra na raiz do contratualismo lockeano, deve estar submetida aos direitos naturais. Como ninguém tem, de acordo com as leis da natureza, o direito de dispor de sua própria vida assim como da vida e da propriedade dos demais, não se pode transferi-lo ao Poder Legislativo. O Poder Legislativo

> não é, e nem poderia ser, um poder arbitrário sobre a vida e a fortuna das pessoas [...]. As obrigações da lei da natureza não cessam na sociedade mas somente, em muitos casos, se tornam mais rigorosas e por leis humanas se lhe anexam penalidades conhecidas. Assim, a lei da natureza fica de pé como lei eterna para todos os homens, tanto legisladores como quaisquer outros. As leis que elaboram para as ações de outros homens [...] devem estar de acordo com a lei da natureza [...] não ha[vendo] sanção humana que se mostre válida ou aceitável contra ela[9].

---

[8] Locke, 1963: § 95.
[9] Locke, 1963: § 135; v. também Friedrich, 1965: 122.

O legislador de Locke encontra-se, assim, limitado pelo que hoje se reconhece como excelências do Estado de Direito[10], devendo governar por leis promulgadas, claras e fixas. Também é importante que seja mantida a independência dos juízes, que devem ser autorizados e conhecidos da comunidade[11]. Uma transferência de poderes que excedesse esses limites seria inválida, pois colocaria os indivíduos numa situação pior do que aquela em que se encontravam antes de deixar o estado de natureza. O Legislativo – na linguagem de Locke – é supremo, porém sua supremacia é limitada àquilo que lhe foi devidamente confiado. É um poder delegado.

Nesse sentido, Locke já aponta para uma teoria constitucional que diferenciará o poder constituinte soberano, pertencente ao povo, do poder constituído, entregue aos representantes do povo por intermédio de uma Constituição:

> E, nessas condições, a comunidade conserva perpetuamente o poder supremo de se salvaguardar dos propósitos e atentados de quem quer que seja, mesmo dos legisladores, sempre que forem tão levianos e maldosos que formulem planos contra as liberdades e propriedades dos súditos; porque, não tendo qualquer homem ou sociedade de homens o poder de renunciar à própria preservação, ou, consequentemente os meios de fazê-lo, a favor da vontade absoluta e domínio arbitrário de outrem, sempre que alguém experimente trazê-los a semelhante situação de escravidão terão sempre o direito de preservar o que não tinham o poder de alienar, e de livrar-se dos que invadem esta lei fundamental[12].

---

[10] Para uma formulação dos elementos ou das excelências do Estado de Direito, v. Fuller, 1969; Vieira, 1996: 201-214.
[11] Locke, 1963: § 136.
[12] Locke, 1963: § 149.

O contrato social estabelece, portanto, uma limitação absoluta à soberania civil levada a cabo pelo Legislativo, que, caso ultrapassada, gera o direito à desobediência civil[13].

1.2. A crítica republicana

Ainda que os direitos naturais tenham deixado de ser algo que paira nos céus, como uma dádiva, para os críticos republicanos há no jusnaturalismo sempre um recurso a valores prévios não resultantes do processo de deliberação. Ainda que se busque demonstrar que esses valores são resultado da razão humana e não de uma força transcendente, vê-se uma mácula nesse procedimento intelectual, pois, embora o contratualismo de Locke parta da premissa fundamental de que os indivíduos são autônomos, eles estão impedidos de atingir certos valores que são precedentes a qualquer processo de deliberação.

A possibilidade de este processo de dedução, pelo qual se chega ao direito justo, não coincidir necessariamente com o resultado de um processo de deliberação de indivíduos autônomos e racionais é que gera uma contradição de difícil solução para o pensamento jusnaturalista moderno[14]. Pois, se os indivíduos são iguais e racionais, os resultados do seu processo de deliberação para a tomada de decisões públicas deveria vincular a comunidade, independentemente de seus resultados, como querem os democratas.

Para o jusnaturalismo, no entanto, as decisões que vinculam a população devem passar por um duplo teste: primeiro, se resul-

---

[13] Para um erudito estudo sobre a desobediência civil como direito fundamental, v. Garcia, 1994.
[14] Rousseau detecta esse problema quando discute a questão relativa à impossibilidade de erro por parte da vontade geral, "o que não significa que as deliberações populares estejam sempre igualmente corretas" (1997: Livro II, Capítulo 3).

tam de um procedimento que leva em conta a vontade dos indivíduos como seres iguais, racionais e autônomos; segundo, se essa decisão é compatível substantivamente com os princípios de justiça ou o direito natural. Caso não seja, o resultado do processo de decisão majoritário é inválido. Nesse sentido, a democracia fica submetida à Justiça, e para saber o que é o direito justo recorre-se ao estado de natureza. A abstração do estado de natureza, que permitiu aos contratualistas formular paradigmas racionais de justiça, também foi utilizada como simples mecanismo pelo qual se justificam preconcepções de direitos, fundamentais à estruturação de determinado sistema econômico. Posto que esses direitos não decorrem de um processo de deliberação de indivíduos racionais e autônomos, mas de uma construção racional voltada a estabelecer os limites da autoridade estatal, trata-se de direitos pré-políticos[15].

A possibilidade de os indivíduos verem suas escolhas políticas limitadas pelos valores decorrentes dessas abstrações formuladas pelos autores jusnaturalistas é fortemente criticada pelos chamados republicanos. Hume critica Locke e os demais contratualistas em relação ao uso que fazem tanto da racionalidade, ao dela derivarem o direito natural, quanto da ideia de contrato original, que, além de jamais ter existido, serve apenas para mistificar o verdadeiro exercício do poder. Para Hume os direitos naturais não são efetivamente derivados da razão, senão de convenções. Não há como derivar direitos de necessidades, como fazem os jusnaturalistas. Os valores são, na realidade, convencionais, e não naturais; assim, justiça e bondade são aquilo que em determinada sociedade habitualmente – por força da educação e dos

---

[15] Para uma análise das diferenças entre a concepção liberal lockeana de direitos e a visão democrática rousseauniana, v. Habermas, 1994: 1-13.

costumes – é aceitável como justo e bom[16]. Não há, portanto, como retirar da razão abstrata obrigações morais ou políticas, pois os valores que os jusnaturalistas apontam como obrigatórios não passam de justificação a determinada forma de exercício do poder.

O jusnaturalismo também é criticado por Hume por se utilizar do mito do contrato com a finalidade de criar obrigação política. A força e a violência é que, historicamente, servem de fundamento do poder dos governantes. Hume não nega que o consentimento seria a forma mais justa para se fundar o poder, porém não é a verdadeira:

> se os que assim argumentam passassem o olhar pelo mundo inteiro, nada encontrariam que tivesse a menor relação com suas ideias, ou pudesse justificar um sistema tão apurado e filosófico. Pelo contrário, em toda parte encontramos príncipes que consideram seus súditos como sua propriedade, e afirmam seu direito independente à soberania, baseado na conquista ou na sucessão. Encontramos em toda parte súditos que reconhecem a seu príncipe esse direito, considerando-se nascidos já submetidos à obrigação de obediência a seu soberano, do mesmo modo que nasceram já submetidos à obrigação de respeito e obediência a seus pais[17].

Ainda que se pudesse localizar na história um exemplo de união fundada no consentimento, esta seria tão antiga, teria sido submetida a tantas distorções e perversões, que não poderia mais servir de base legítima para governar as atuais gerações. Por último, Hume sustenta que permitir ao contrato original (caso este

---

[16] De acordo com Sabine: "Parecem válidas porque os homens as empregam habitualmente e são úteis porque por meio delas se criam regras mais estáveis de ação. Porém não se pode demonstrar que sejam necessárias [...]. Procedem menos da razão do que da imaginação ou de uma 'propensão a fingir'" (1994: 457).

[17] Hume, 1973: 228.

pudesse ser detectado) que vincule a vontade das gerações futuras seria o mesmo que admitir que os pais têm o poder de vincular os filhos "até as gerações mais remotas (coisa que os autores republicanos jamais admitirão)"[18]. Hume detecta, assim, uma contradição no pensamento de Locke. Pois, se Locke parte do princípio de que a autoridade paterna não pode fundamentar a autoridade pública, chega à conclusão de que o contrato original vincula e limita os que vêm depois dele.

No mesmo sentido a censura de Jefferson e Paine à possibilidade de que o passado governe o presente e o futuro. Esses autores têm como alvo original não as Constituições que estão ajudando a construir, mas as Constituições inglesa e francesa do antigo regime. Para Paine,

> [a] vaidade e presunção de governar para além do túmulo é a mais ridícula e insolente de todas as tiranias. O homem não tem propriedade sobre o homem; nem uma geração tem propriedade sobre as gerações que estão por vir [...] eu estou lutando pelos direitos dos vivos e contra a possibilidade [de eles] serem deixados de lado em função da presumida autoridade dos manuscritos deixados pelos mortos[19].

O radicalismo de Paine voltava-se contra uma sociedade hierarquizada que reproduzia uma Constituição impregnada de tabus e desigualdades. Era contra o tradicionalismo historicista de Burke[20] e sua crítica à Revolução Francesa que Paine se voltava. No mesmo sentido, Jefferson, ao redigir a Declaração de Independência dos Estados Unidos da América, afirmava que, "sempre que uma forma de governo se torne destrutiva destes fins

---

[18] Hume, 1973: 229.
[19] Paine, 1985: 16.
[20] Burke, 1982.

(para os quais foi concebida), é direito do povo alterá-la ou aboli-la, e instituir um novo governo"[21]. Porém não foi apenas contra a ilegitimidade da ordem anterior que esses republicanos se opuseram. O excesso de rigidez da Constituição produzida em Filadélfia também gerou severos ataques desses autores. "Pela lei da natureza, uma geração está para outra assim como uma nação independente para outra nação."[22] Para Jefferson cada geração deveria estabelecer sua própria Constituição, sendo imoral a pretensão de que os mortos governassem os vivos. Não se tratava, assim, de um argumento de circunstância, mas de princípio.

1.3. Poder constituinte e contrato social

As Constituições modernas, como resultantes de um processo constituinte, surgem a partir das ideias de racionalidade e igualdade propostas pelos jusnaturalistas[23]. O direito natural, no entanto, não conseguiu se recuperar completamente das críticas de Hume. A contradição entre o direito natural e a necessidade humana de construção convencional de sua própria forma de governo está presente desde Hobbes[24], passando por Locke e Rousseau. A lei, que deveria derivar de uma razão natural, a partir do contratualismo passa, de fato, a resultar da vontade humana[25]. Para alguns dos fundadores da nova nação americana o direito natural consistia apenas em uma ideia reguladora: visto como um paradigma a partir do qual se pudesse pensar os limi-

---

[21] Heffner, 1991: 15.
[22] Carta de Jefferson para Madison, de 24 de junho de 1813, *apud* Holmes, 1995: 141.
[23] Para o surgimento do constitucionalismo moderno, v. McIlwain, 1947: 12; v., ainda, Gilissen, 1986: 418.
[24] Lafer, 1980.
[25] Para Friedrich, "a filosofia jurídica de Locke, tal como a de Hobbes, está moldada na ideia de uma legislação positiva que resulta de decisões de vontade [...]. O lugar do soberano é considerado, por um poder constituinte, como a força legitimante sobre a qual a ordem constitucional se apoia" (1975: 119).

tes ideais ao exercício da autoridade, transformando-a em arranjos institucionais concretos. Nesse passo, a ideia de que o poder só poderia ser imposto a partir do consentimento concreto prevalece. Para os republicanos, o direito deve ser fruto de procedimentos coletivos de deliberação, e não de uma abstração, da qual deriva uma forma ideal de governo.

É no marco da teoria do contrato social, portanto, que surge a ideia de poder constituinte. Esse é o substrato humano – mais do que isto, coletivo e democrático – que substituirá o grande legislador mitológico ainda presente em Rousseau[26], capaz de descobrir as leis da natureza. Daí Carl Schmitt, em sua *Teologia política*, apontar a semelhança entre a teoria do poder constituinte e a concepção religiosa, pela qual Deus impõe de forma onipotente as bases da lei que deve governar os homens[27].

Mas, para além da discussão filosófica que levou ao estabelecimento de uma teoria do poder constituinte, tanto na França, com Sieyès, como nos Estados Unidos, com os *Pais Fundadores*, é necessário compreender que a teoria do poder constituinte decorre em grande parte da necessidade prática de resolver a contradição imposta pela necessidade de representação. A impossibilidade de realização da democracia direta nos Estados com vastos território e população obrigou ao estabelecimento de sistemas represen-

---

[26] "O legislador é sob todos os sentidos um homem extraordinário no Estado. Se o é pelo seu talento, não o é menos pelo seu cargo. Não é este de magistratura, nem de soberania. Este cargo, que constitui a República, não entra em sua Constituição: é uma função particular e superior, que nada tem em comum com o império humano" (Rousseau, 1997: Livro II, Capítulo 7).

[27] "Todos os conceitos significativos da moderna teoria do Estado são conceitos teológicos secularizados, não apenas em razão de seu desenvolvimento histórico – no qual eles foram transferidos da teologia para a teoria do Estado, como, por exemplo, a onipotência de Deus se transforma em onipotência do legislador [...]. A ideia do Estado constitucional moderno triunfa conjuntamente com o deísmo, uma teologia e metafísica que banem o milagre do mundo" (Schmitt, 1985: 36).

tativos[28]. O poder político ordinário seria, então, exercido por representantes e não pelos próprios cidadãos. Não havendo contrato social que determinasse os limites do poder a ser exercido pelos representantes, era necessário formular, na prática, algum mecanismo pelo qual o povo delegasse o seu poder. A elaboração de uma Constituição ofereceu essa possibilidade. A Constituição transformou-se na cristalização da vontade popular, a regular o comportamento dos delegados do povo nos longos períodos em que este não estivesse mobilizado em Assembleia[29].

O constitucionalismo moderno é, assim, mais do que uma ideia teórica desenvolvida pela filosofia política, uma solução prática[30] encontrada por estadistas nos séculos XVIII e XIX para a preservação de valores descobertos pelo jusnaturalismo iluminista, assimilando ao mesmo tempo a força irresistível da democracia – o que para os liberais permite o arbítrio das massas. Padece o constitucionalismo dessa tensão original.

O constitucionalismo liberal baseia-se na hipótese de que um documento constitucional que preserve direitos e institua um sistema de separação de Poderes pode estabelecer regras e limites às gerações futuras, inclusive contra a vontade da maioria dos cidadãos dessas gerações. Essa vinculação, obviamente, não é perpétua, pois, uma vez violados os termos básicos do pacto, pode o povo desfazer-se de suas obrigações e se reorganizar. Para os republicanos, por sua vez, a liberdade e a autonomia individual significam que a todo momento os indivíduos – e, consequente-

---

[28] Vega, 1985: 26-27.
[29] Vega, 1985: 27.
[30] Conforme nota de Pangle (1990: 9), "a Constituição americana é um produto não de filósofos, mas de estadistas e legisladores. Seu principal objetivo é obviamente a articulação, numa linguagem precisa e direta, da estrutura do governo. Não obstante esta estrutura institucional [...] ter sido desenhada [...] com a finalidade de promover metas morais superiores".

mente, a sociedade – podem deliberar sobre o governo e as regras fundamentais que o instituem e limitam[31].

No momento em que se nega a possibilidade de um direito natural, a justificação da supremacia da Constituição em face das gerações futuras e sua capacidade de limitar a vontade de maiorias deve procurar outro fundamento.

No plano da teoria constitucional moderna dois foram os argumentos elaborados. Para um primeiro grupo as Constituições formuladas em determinado momento histórico jamais se sobrepõem às gerações futuras, mas sim aos seus delegados e representantes que compõem o governo. Da mesma forma, não se está limitando a vontade da maioria do povo, mas apenas a de seus representantes. Sendo a Constituição uma decisão que decorre da vontade popular – diferentemente das decisões políticas cotidianas, que decorrem da vontade do governo ou do Parlamento –, a primeira encontra-se numa posição qualitativamente diferenciada e naturalmente superior às segundas. Não se trata, portanto, de uma superioridade de uma geração anterior sobre a posterior, mas de uma superioridade da decisão popular sobre as decisões governamentais.

Um segundo argumento, associado ao primeiro, seria o de que as decisões constitucionais do passado se encontram numa posição de supremacia em face das decisões legislativas e governamentais do presente e do futuro não apenas por sua origem popular, mas em consequência do processo de deliberação constitucional, que, sendo diferente da prática política cotidiana – em que imperam os interesses particulares do grupo majoritário –, é capaz de produzir instituições republicanas e, nesse sentido, mais próximas de paradigmas de justiça aceitos consensualmente.

---

[31] Habermas, 1994: 6 e ss.

A distinção qualitativa entre procedimento constituinte e procedimento legislativo ordinário é o que garante que a Constituição incorporará procedimentos justos e direitos fundamentais que resultam não de uma crença transcendente no direito natural, mas de uma razão ética.

Tem-se, assim, uma versão que justifica a supremacia da Constituição por sua origem popular, que se pode denominar majoritária, e outra que vai buscar na razão e no processo de deliberação especial o fundamento de sua superioridade em relação à política cotidiana. Teoricamente, como se verá, as fronteiras desses argumentos não se encontram bem delimitadas, pois a própria noção rousseauniana de democracia incorpora uma ideia de procedimento ideal de deliberação e – como a noção madisoniana de deliberação constitucional – não dispensa a manifestação popular.

1.4. Política constitucional e política cotidiana

A ideia de que as Constituições, por serem resultado da vontade popular, devem ser colocadas numa posição hierarquicamente superior à das demais decisões políticas, que decorrem da vontade dos representantes do povo reunidos no Parlamento, surge simultaneamente na França e nos Estados Unidos da América.

Na França será Sieyès, um abade, membro do Terceiro Estado, que formulará em 1788 a justificativa mais conhecida da Constituição como resultado da soberania popular, por meio da manifestação do "poder constituinte". Trata-se, portanto, de uma formulação que antecedeu a Constituição de 1791. Na realidade, o seu panfleto – *O que é o Terceiro Estado?*[32] – foi um instrumento pelo qual Sieyès buscou situar no Terceiro Estado a legitimidade para a elaboração da Constituição, pois apenas esse

---

[32] Sieyès, 1789.

grupo de produtores, comerciantes e profissionais liberais podia encarnar a nação.

Nos Estados Unidos o debate mais conhecido em torno da justificação da supremacia da Constituição ocorrerá *a posteriori*. Será uma resposta às críticas levantadas por Jefferson e Paine à extrema rigidez emprestada à Constituição. Para esses autores, cada geração deveria ter o direito de se autogovernar – afinal, foi por isso que os americanos fizeram sua revolução. Como estabelece a própria Declaração de Independência, redigida por Jefferson em 1776, ao povo é inerente o direito de alterar ou abolir a forma de governo quando esta for ofensiva aos fins para os quais foi criada. Não poderiam, portanto, os *Pais Fundadores* da nação americana pretender eternizar suas decisões aos que viessem depois.

Daí a formulação de Jefferson de que a cada dezenove[33] anos se deveria ter uma nova convenção que pudesse estabelecer uma nova Constituição sem levar em conta os limites estabelecidos pela Constituição anterior. Contra esse tipo de crítica é que Madison e Hamilton irão argumentar que não há na Constituição nenhuma pretensão do passado em governar o futuro, porém uma busca de limitar o governo criado pela Constituição, que foi, por sua vez, fruto da vontade popular, do *We the People*, que aparece no Preâmbulo da Constituição americana.

Tem-se, assim, em ambas as concepções uma distinção da política em duas esferas. A primeira – constitucional – é resultado da manifestação da nação (francesa) ou do povo (americano), respectivamente por meio de uma Assembleia Nacional Constituinte ou de uma convenção. A segunda – cotidiana – é desenvolvida nos debates e nas injunções parlamentares e governamentais,

---

[33] Pelos cálculos de expectativa de vida da época este seria o lapso temporal a partir do qual a Constituição deixaria de ser um instrumento de autogoverno e se transformaria numa imposição dos mortos, o "governo dos túmulos".

sem que a cidadania participe ativamente. É a política deixada aos seus representantes, profissionais, para que possam retornar às suas vidas privadas e cuidar da obtenção da felicidade.

1.5. Soberania popular e poder constituinte

A obra de Sieyès surgiu no bojo de um processo revolucionário que se iniciou com a convocação por Luís XVI de uma Assembleia de Notáveis, composta de 140 membros da aristocracia, clerical e laica, com o objetivo de solucionar a crise fiscal do Estado francês. Irascíveis quanto à perda de parcela de seus privilégios fiscais, exigiram a convocação dos velhos Estados Gerais, que haviam sido convocados pela última vez em 1614, pois para a aristocracia apenas essa Assembleia tinha competência para lidar com a crise fiscal do Estado. Pouco tempo depois de convocados os três Estados com o objetivo específico de contornar o problema de caixa do governo, o Terceiro Estado se autoproclama uma Assembleia Nacional Constituinte, com o objetivo de redigir uma Constituição moderna para a França[34].

O maior legado de Sieyès para a teoria política foi buscar traduzir para a realidade concreta a ideia de soberania popular antes formulada por Rousseau. Sieyès, como outros jusnaturalistas, parte do pressuposto de que "a liberdade é anterior a toda a sociedade, a todo o legislador"[35]. Essa frase de Sieyès, que se encontra no *Essai sur les Privilèges*, estabelece os fundamentos jusnaturalistas de sua teoria do poder constituinte. Sendo a nação composta de indivíduos, esta incorpora a liberdade de todos eles para decidir sobre o seu próprio destino. A soberania popular – na versão de Sieyès – nada mais é do que a soma das liberdades

---

[34] Sobre os eventos que resultaram no estabelecimento dos Estados Gerais, v. Hobsbawm, 1997.
[35] Citação de Francisco Ayala, s.d.: XVI.

individuais, que decorrem do direito natural; daí ser inalienável. Que indivíduos são esses? Quem efetivamente compõe a nação? Para Sieyès uma nação, para que se constitua, necessita de quatro classes de indivíduos: os que trabalham a terra, os que transformam os produtos, os que os comercializam e os profissionais liberais e cientistas. Todas essas tarefas recaem sobre o Terceiro Estado. Além disso, "dezenove vigésimos" das funções públicas também são exercidos por membros do Terceiro Estado. O que Sieyès busca demonstrar é que as classes ociosas – aristocracia e nobreza – são totalmente dispensáveis para a constituição e a sobrevivência de uma nação. Daí a sua definição de nação como "um corpo de associados que vive sob uma lei comum e representados pela mesma legislatura"[36]. A nação é composta de iguais, destituídos de privilégios, que se encontram representados pelo Terceiro Estado. Em outras palavras: a burguesia em ascensão. O mais importante nesse conceito de nação certamente é a igualdade de todos diante da lei. Essa qualidade é o que faz de um conjunto de indivíduos uma nação.

Já para a teoria constitucional, o principal legado de Sieyès foi demonstrar a necessidade de separar o poder constituinte – como manifestação do poder da nação, ilimitado por qualquer forma jurídica que não os princípios de direito natural – do poder constituído – poder este decorrente da Constituição e por ela limitado. Essa cisão buscava conferir autoridade para o Terceiro Estado na sua intenção de criar uma nova Constituição para a França, que rompesse com a ordem aristocrática. Para que essa ruptura fosse legítima, era necessário demonstrar que o poder da nação, investido no Terceiro Estado, era juridicamente ilimitado. "A nação existe antes de tudo, é a origem de tudo. Antes dela e

---

[36] Sieyès, 1789: 13.

por cima dela existe apenas o direito natural."[37] Portanto, somente a nação pode criar a Constituição, que busca dar forma ao novo corpo social, assim como estabelecer as suas funções.

No que se refere à formação de um governo voltado à realização das finalidades almejadas pela nação, este só passará a existir por força de delegação expressa na Constituição e nos termos por ela determinados. Há, assim, um poder soberano – poder constituinte da nação – e um poder delegado – poder constituído do governo, dos representantes. A divisão dessas duas esferas políticas impõe que

> nenhuma espécie de poder delegado pode alterar nada nas condições de sua delegação. É neste sentido que as leis constitucionais são fundamentais [...]. Assim todas as partes do governo se remetem e dependem em última análise da nação[38].

A solução da tensão, apresentada no início deste trabalho, entre a supremacia da vontade da maioria e a vontade constitucional vai se realizar – para Sieyès – a partir da submissão da vontade governamental, vontade da maioria expressa no Parlamento, à vontade da nação, expressa pela Assembleia Nacional Constituinte. Desaparece, portanto, o conflito intertemporal entre vontades expressas por maiorias num momento anterior e posterior, pois, na realidade, a vontade expressa no momento anterior é qualitativamente superior àquela expressa posteriormente. A primeira, vontade soberana da nação; a segunda, vontade limitada, domesticada, da maioria dos representantes da nação.

Sieyès não resolve, no entanto, a questão da possível necessidade de correção ou aperfeiçoamento da Constituição senão por intermédio de uma nova manifestação do poder constituinte so-

---

[37] Sieyès, 1789: 75.
[38] Sieyès, 1789: 77.

berano. Como a nação não pode comprometer-se consigo mesma, pode a qualquer tempo retomar sua função constituinte, que, na realidade, jamais abandonou. O que não é permitido é transferir ao governo a possibilidade de alterar o instrumento que lhe delega suas funções e poderes, pois, se isso fizesse, estaria autorizando que o governo legislasse em causa própria, o que certamente resultaria no surgimento de um poder absoluto.

1.6. Dualismo constitucional

Os membros da Convenção de Filadélfia não se encontravam na mesma situação de Sieyès e seus contemporâneos dos Estados Gerais. A ruptura com a ordem anterior já havia sido alcançada no caso americano há pelo menos uma década. Toda a justificação que autorizava a ruptura e a independência do povo americano em face da metrópole e suas leis já havia sido delineada por Jefferson na Declaração de Independência, de 1776. De acordo com a perspectiva jusnaturalista que inspirou esse documento, as seguintes verdades eram consideradas autoevidentes:

> que todos os homens são criaturas iguais; que são dotados pelo seu Criador de certos direitos inalienáveis; e que entre estes se encontram a vida, a liberdade e a busca da felicidade.

E mais:

> Os governos são estabelecidos entre os homens para assegurar estes direitos e seus justos poderes derivam do consentimento dos governados; quando qualquer forma de governo se torna ofensiva destes fins, é direito do povo alterá-la ou aboli-la, e instituir um novo governo [...] tomar providências para bem de sua segurança. Foi este o paciente sofrimento destas colônias e é agora a necessidade que as constrange a alterar o seu antigo sistema de governo[39].

---

[39] "Declaração de Independência dos Estados Unidos da América, de 4 de julho de 1776", *in* Miranda, 1974: 35-36.

Pelas palavras utilizadas por Jefferson, fica patente a influência que as ideias de Locke tiveram sobre os revolucionários americanos. O direito de insurgência contra o governo aparece toda vez que este abusa dos poderes que lhe foram transferidos pelos indivíduos por intermédio do contrato social[40]. Nesse sentido, a revolução significou o fim do consentimento para com a Coroa britânica[41].

O passo seguinte seria a construção de uma nova ordem governamental[42], e nessa tarefa a influência do contratualismo lockeano seria ainda mais decisiva:

> Os americanos eram agora uma comunidade política, no sentido do primeiro contrato por unanimidade de Locke, livre para decidir se continuaria como uma comunidade política e estabelecer uma nova forma de governo ou simplesmente dissolver-se.[43]

A ideia de consentimento, de que o poder deveria ser estruturado e exercido com aceitação dos governados, foi decisiva para os fundadores das novas Constituições. Os Estados, em sua maior parte, apressaram-se em reorganizar seus sistemas políticos, e para isso se utilizaram de Assembleias já existentes ou elegeram corpos legislativos para elaborar Constituições e depois continuar a legislar ordinariamente.

Embora a regra da maioria fosse o procedimento decisório adotado por essas Assembleias, a legitimidade das Constituições elaboradas por corpos legislativos ordinários foi fortemente ques-

---

[40] Cf. a já mencionada obra de Garcia, 1994.
[41] Richards, 1989: 91.
[42] De acordo com Hannah Arendt, o que mais preocupava os americanos não era como controlar o poder – pois todos estavam de acordo quanto à necessidade de estabelecer um governo constitucional –, mas "como fundar um novo" poder (1988: 118).
[43] Arendt, 1988: 118.

tionada[44], pois geravam a sensação de que se estava repetindo a fórmula inglesa de soberania parlamentar, em que não havia outro meio de resistir aos desmandos do Parlamento que não a revolução. James Adams, por exemplo, fez fortes críticas ao poder entregue aos Legislativos estaduais para elaborar e alterar suas Constituições, pois se os Legislativos deveriam receber suas atribuições e poderes de uma Constituição decorrente do contrato social, como poderiam eles próprios elaborar os documentos pelos quais lhes seria delegado o exercício do poder político? A função constituinte deveria localizar-se em outro lugar. A manifestação do poder do povo não poderia se confundir com a manifestação cotidiana de seus representantes. Aos representantes não era permitido promover uma autodelegação de poderes, mas apenas exercer suas atribuições dentro dos limites fixos impostos pela vontade popular.

A primeira e crucial experiência para o estabelecimento de uma escala superior de deliberação e ratificação constitucional deu-se em Massachusetts. A recusa de diversas cidades (*towns*[45]) em aceitar a proposta de Constituição formulada pelo Legislativo estadual impôs a necessidade de convocação, em 1º de setembro de 1779, da "primeira verdadeira convenção constitucional na história ocidental, um corpo de representantes eleitos com o propósito exclusivo de elaborar a Constituição [...]"[46]. Mais do que isso: o resultado das deliberações da convenção só passaria a vigorar depois de aprovado pelos cidadãos das *towns*. Essa forma de deliberação e adoção de uma Constituição estabeleceu novo paradigma para a concepção e justificação de Constituições[47].

---

[44] Arendt, 1988: 92.
[45] É necessário que se destaque a tradição de democracia direta das cidades da Nova Inglaterra, onde o povo se reunia nas chamadas *Town Meetings*.
[46] Cf. Willi Paul Adams, *apud* Richards, 1989: 92.
[47] Richards, 1989: 93.

A Confederação Norte-Americana, por sua vez, mantinha-se precariamente. Os Artigos da Confederação adotados pelos Estados como um meio de uni-los após o fim da revolução demonstraram-se ineficientes. Não criavam um poder central, o Congresso Continental – composto de um delegado de cada Estado – não podia estabelecer impostos, convocar tropas, punir aqueles que violassem as regras por ele estabelecidas, ou sequer levantar dinheiro para se autofinanciar. Além disso, as ex-colônias entraram numa grave depressão econômica a partir de 1785. Neste ambiente é que se deu a convocação, redigida por Hamilton, para que os Estados apontassem delegados para participar de uma Convenção em Filadélfia destinada a reformar os Artigos da Confederação e "projetar [...] um governo federal adequado às exigências da União"[48].

Esse lapso de tempo, a intensa experimentação política nos Estados que elaboraram suas Constituições e o próprio fracasso da Confederação alertaram para a necessidade de que a reformulação do sistema político federal[49] se desse sob o novo patamar estabelecido em Massachusetts. Impunha-se a elaboração de uma Constituição por um processo de deliberação qualitativamente distinto daquele incumbido da política cotidiana. Assim é que a Convenção de Filadélfia foi convocada com o objetivo específico de corrigir os erros e as deficiências apresentados pelo sistema político no passado próximo. Não se tratava de uma Assembleia Legislativa ordinária, porém constitucional, com a missão específica de reformar os Artigos da Confederação, para torná-la mais sólida.

---

[48] Madison, *in* Hamilton, Madison, Jay, 1984: n. 40.
[49] Os termos "Federação" e "Confederação" eram usados indiscriminadamente naquela época; só posteriormente, depois da adoção da Constituição Federal, é que se passou a diferenciar o novo sistema da antiga Confederação.

Não era preocupação inicial da Convenção justificar o poder do povo para estabelecer o seu próprio governo. Essa questão já estava previamente resolvida. Daí não se ter no documento constitucional produzido em 1787, nos debates que o precederam ou, mesmo, nos clássicos argumentos elaborados pelos Federalistas – para a ratificação da Constituição – uma necessidade de justificar o poder do povo de se autogovernar, como o fez Sieyès. O que se tem é uma procura para demonstrar que aquele documento que estava sendo ratificado pelo povo e que havia sido elaborado a partir das deliberações de seus delegados seria uma solução para os graves problemas políticos enfrentados nos primeiros anos de autogoverno.

O primeiro fator que justificará a submissão das Assembleias Legislativas – que representam no presente a vontade da maioria – às Constituições formuladas no passado é o fato de terem sido estas últimas resultado de um processo de deliberação e ratificação diferenciado. Para que essa diferenciação entre Convenção e Poder Legislativo ordinário não seja tomada como mera abstração é necessário compreender por que a deliberação exclusiva constitui processo qualitativamente superior à deliberação das Assembleias ordinárias – e, portanto, a elas pode legitimamente limitar.

1.7. As facções

O projeto constitucional americano voltava-se para a garantia dos fins últimos da sociedade por intermédio de uma engenharia institucional que controlasse os males "naturais" decorrentes do estabelecimento de um governo e de uma política dominados por facções. A concepção de política que norteia todo o pensamento constitucional de Madison e que justifica a adoção de uma Constituição tal qual a deliberada em Filadélfia pode ser encontrada de forma absolutamente transparente na antropologia política de David Hume.

Ao elaborar seu ensaio sobre a "origem do governo", Hume afirma que:

> Todo homem tem a consciência da necessidade de justiça para preservar a paz e a ordem, assim como todo homem tem consciência da necessidade da paz e da ordem para a conservação da sociedade. Mas, não obstante essa forte e evidente necessidade – tais a fragilidade e perversidade de nossa natureza! –, não é possível obrigar os homens a seguir de maneira fiel e constante a senda da justiça. Podem ocorrer certas circunstâncias extraordinárias, em que alguém considere seus interesses mais favorecidos pela fraude ou pela pilhagem do que prejudicados pela ofensa feita à união social por essa sua injustiça. Mas muito mais frequente é os homens serem distraídos de seus principais interesses, mais importantes, mas mais longínquos, pela sedução de tentações presentes, embora muitas vezes totalmente insignificantes. Essa grande fraqueza é incurável na natureza humana[50].

Para Hume – assim como para Madison – o homem é capaz de pensar o justo, porém é da sua própria natureza deixar o justo em segundo plano para satisfazer seus interesses e necessidades imediatos. Essa dupla característica humana – racionalidade e ambição – pode ser associada e utilizada para a preservação dos valores fundamentais, em detrimento dos interesses pessoais. Embora Hume seja um crítico ácido das formulações jusnaturalistas, que se utilizam da ficção do estado de natureza para justificar e traçar os limites do poder do Estado[51], sua percepção de que o homem, embora racional, não é capaz de aplicar a justiça contra seus interesses em muito se assemelha à justificativa do próprio Locke para que o homem deixe o estado de natureza e

---

[50] Hume, 1973: 225.
[51] Hume, 1973-a: 227 e ss.

constitua o estado civil[52]. É a necessidade de estabelecer uma terceira parte isenta, com a função de "proferir sentenças imparciais, punir transgressores, corrigir a fraude e a violência, e obrigar os homens, mesmo contra a sua vontade, a respeitar seus próprios interesses pessoais e permanentes"[53], que leva os homens a se autolimitar por intermédio de regras e instituições.

A Constituição elaborada por uma Convenção exclusiva e ratificada pelo povo dos Estados abria para Madison a possibilidade de estabelecer os princípios de justiça e os interesses permanentes aos quais se deveriam submeter o governo e os próprios representantes do povo, que, submetidos a situações "extraordinárias", certamente optariam pelos interesses imediatos, mesmo que isso fosse de encontro aos princípios de justiça e interesses permanentes reconhecidos pela sociedade. Essa é a função da Constituição. Essa posição de garantidora dos valores superiores em face das paixões e irracionalidades da política cotidiana é que legitimará sua autoridade sobre decisões majoritárias dos representantes do povo, inclusive em relação às gerações futuras.

Logicamente sua legitimação última é o consentimento do povo, como se depreende do *We the People* estampado na primeira linha da Constituição. Nos debates entre federalistas e antifederalistas em torno da ratificação da Constituição as características intrínsecas da Constituição foram a questão central: se era necessária a transferência de tanto poder ao governo federal e se seria a nova Constituição capaz de preservar os princípios sob os quais foi erigida a nação americana. Para Madison – um dos principais idealizadores do novo projeto constitucional –, o que justificava a adoção da Constituição, com um governo cen-

---

[52] Locke, 1963: § 20.
[53] Hume, 1973: 225.

tral fortalecido porém fragmentado por uma divisão vertical (federal) e horizontal (tripartição) de Poderes, era sua capacidade de limitar e impedir os malefícios da política, em que imperavam o arbítrio e o capricho das facções. Mais do que isso, o fato de se constituírem os Estados Unidos em uma grande República também era um empecilho para as facções que dominavam a política nas pequenas democracias.

A meta de Madison era controlar as facções – e esse objetivo justificaria a necessidade de impor a vontade constitucional sobre a vontade das maiorias eventuais. A exigência de controlar as facções decorre do fato de essas consistirem na maior ameaça aos governos populares. Sendo o novo plano capaz de contê-las, os honestos cidadãos não deixariam de aprová-lo. As facções constituem, no dizer de Madison,

> um grupo de cidadãos, representando quer a maioria quer a minoria do conjunto, unidos e agindo sob o impulso comum de sentimentos ou de interesses contrários aos direitos dos outros cidadãos ou aos interesses permanentes e coletivos da comunidade[54].

Na luta entre os diversos partidos e ideais nem sempre prevalecerá o mais justo ou aquele que está em maior conformidade com o interesse da comunidade, mas os que tiverem mais poder no momento de decisão. Se a facção que busca a realização de seus interesses particulares, em detrimento de direitos alheios, for minoritária, o próprio princípio "republicano" (majoritário) se responsabilizará por colocar obstáculos ao seu sucesso. No entanto, se esse grupo conquistar a maioria dos votos, o princípio majoritário será insuficiente para a proteção de direitos e preservação da justiça.

---

[54] Madison, *in* Hamilton, Madison, Jay, 1984: n. 10.

As facções são uma decorrência da própria natureza humana em um regime de liberdade[55]. Se se quisesse eliminar suas causas seria necessário em primeiro lugar transformar todos os homens, de seres autônomos – que pensam diferentemente, professam distintas religiões, buscam diferentes formas de realização profissional e econômica e principalmente discordam profundamente sobre as coisas da política – em seres iguais. A segunda hipótese seria suprimir a liberdade, pois essa é a condição para que os grupos possam divergir e buscar a realização de seus interesses. Porém, suprimir a liberdade, "condição essencial à vida política – porque ela alimenta as facções –, seria um erro não menor do que desejar a eliminação do ar"[56].

Para Madison a missão fundamental da Constituição e das instituições por ela criadas é buscar controlar os efeitos que decorrem da política praticada por homens que não são "anjos"[57], mantendo-se um regime de liberdade. É a melhor utilização da ambição e dos interesses pessoais, que precisam ser coordenados para a realização do bem comum. Muito embora isso possa eventualmente ser feito por um estadista[58], é muito provável que a nomeação de um juiz para arbitrar as disputas de interesses de diferentes facções constitua apenas a nomeação de um indivíduo que pertença a um dos grupos, que irá arbitrar e decidir em causa própria[59].

Essa não é uma tarefa para homens, mas para instituições. As instituições estabelecidas pelo novo plano constitucional –

---

[55] Madison, *in* Hamilton, Madison, Jay, 1984: n. 10.
[56] Madison, *in* Hamilton, Madison, Jay, 1984: n. 10.
[57] Madison, *in* Hamilton, Madison, Jay, 1984: n. 51.
[58] Madison diz que os estadistas dificilmente "estarão no leme" (*in* Hamilton, Madison, Jay, 1984: n. 10).
[59] Madison, *in* Hamilton, Madison, Jay, 1984: n. 10.

como a separação de Poderes, a Federação com a existência de um Poder central, o bicameralismo e o próprio sistema de representação – seriam capazes, na visão de Madison, de neutralizar os efeitos perversos da ação política das facções, sem suprimir a liberdade ou buscar alterar a natureza humana. Aliás, elas constituem ingredientes essenciais para o funcionamento do sistema político. Como explicitado pelo autor,

> a ambição será incentivada para enfrentar a ambição. Os interesses pessoais serão associados aos direitos constitucionais. Talvez seja um reflexo da natureza humana que tais expedientes tenham validade para o controle dos abusos do governo[60].

O que garante, portanto, a necessidade da ratificação da Constituição, o que a justifica, é a sua capacidade de criar essas duas esferas políticas – uma constitucional, que decorre da decisão popular e que estipula o funcionamento das instituições e princípios que devem reger a segunda esfera, a da política cotidiana, que está naturalmente submetida a interesses pessoais e às injunções das maiorias eventuais. Para que a Constituição alcance esse objetivo ela deve ser colocada fora do alcance das decisões tomadas no cotidiano – decisões que não são, portanto, tomadas pelo próprio povo, mas por seus representantes[61]. Para Madison, no entanto, a alusão à origem popular da Constituição parece mais uma utilização retórica; o que deve ser realmente definitivo é o conteúdo da nova Constituição, que será capaz de coordenar a política cotidiana, de forma que o interesse público

---

[60] Madison, in Hamilton, Madison, Jay, 1984: n. 51.
[61] A proposição de que o sistema político americano se organiza a partir de uma dicotomia entre política constitucional – que decorre da vontade do povo – e política cotidiana – que é fruto da vontade dos profissionais da política e do governo – tem sido recolocada por Ackerman, 1993.

seja preservado. Em termos contemporâneos, a Constituição representaria a tradição republicana, de participação popular, mas principalmente a garantia das virtudes éticas, enquanto a política cotidiana seria o pluralismo, no qual se busca apenas a realização dos interesses de cada grupo, por intermédio do sistema político representativo[62].

A Constituição deve ser obedecida, ainda que por uma geração que não a elaborou, não pelo simples fato de haver ela sido elaborada pelo povo, mas também por possuir características peculiares, capazes de reduzir os efeitos da política de facções – no dizer de Madison – ou pluralista – na linguagem da ciência política contemporânea. A Constituição justifica-se pela sua capacidade de contrapor interesses e facções, de forma que o triunfo de uma delas não viole os direitos dos indivíduos nem suprima as demais facções; mais do que isso, é a sua genialidade de canalizar essa competição de interesses privados, de forma que sirvam ao interesse de toda a comunidade, que a faz essencial. Assim, a Constituição não se legitima simplesmente por ter sido aprovada pelo povo, mas também por seu conteúdo – não no sentido jusnaturalista, mas institucional, de criação de bases sobre as quais as atividades de governo possam se desenvolver eficazmente, sem se perverter.

Como se sabe, nem a Convenção dos americanos nem a Assembleia Nacional dos franceses se confundem com a deliberação democrática no sentido rousseauniano de democracia direta. No caso americano é certo que o resultado das deliberações levadas a cabo em Filadélfia, pelos delegados dos Estados, foi posteriormente aprovado pelo povo, ou, pelo menos, pelo que se conside-

---

[62] Para uma distinção entre pluralismo político e democracia deliberativa no sistema constitucional americano, v. Sunstein, 1993-a.

rava o *demos* relevante naquele momento. A deliberação, em si, sobre o conteúdo da Constituição foi resultado das injunções de representantes dos Estados na Convenção, e não do povo.

O que justifica, no entanto, que o resultado desse processo deliberativo – que não foi autenticamente popular – se sobreponha no futuro a formas igualmente representativas de deliberação e tomada de decisão? Colocando de outra forma: o que nos faz crer que a Constituição produzida pela Convenção não resulte da mesma política de facções, de interesses pessoais, que para Madison ela deveria limitar? O que diferencia eticamente a decisão da Convenção das decisões tomadas pelas Assembleias de representantes no seu cotidiano, autorizando que a primeira se sobreponha à segunda mesmo quando as decisões tomadas pelas Assembleias sejam posteriores no tempo – portanto, mais próximas daqueles que serão submetidos a essas decisões?

A resposta de Madison não é simples, como a de Sieyès. Não se reporta exclusivamente a uma entidade abstrata, seja ela o povo ou a nação. A Constituição não é uma resultante direta da deliberação desse povo ou nação, mas de um grupo de "patriotas"[63] que compunham a Convenção. A participação do povo é posterior. Aliás, Madison não nutria muita simpatia pelas manifestações políticas em que o povo deliberava diretamente. Toda sua defesa do regime republicano, em face do democrático, buscava demonstrar que nos regimes democráticos, em que o povo deliberava diretamente, a possibilidade de manipulação política por grupos e facções era muito maior do que num governo republicano, em que as decisões ficavam por conta dos representantes. A República também se diferencia por possuir uma quantidade muito maior de cidadãos. O principal efeito da representação "é

---

[63] Madison, *in* Hamilton, Madison, Jay, 1984: n. 40.

aperfeiçoar e alargar os pontos de vista da população, filtrando-os por meio de um selecionado grupo de cidadãos, cujo saber poderá melhor discernir os verdadeiros interesses de seu país"[64].

Por que esse grupo de pessoas que se reuniu em Filadélfia é melhor do que o grupo de pessoas que se reúne em Washington todo ano? O que autoriza chamá-los de "patriotas", enquanto os demais são apenas membros de facções – e, portanto, devem ser vigiados por intermédio da obra constitucional, de valores e princípios estabelecidos pelos primeiros?

Jefferson fez-se essa pergunta e, aparentemente, não encontrou resposta plausível; daí sua sugestão de que a cada dezenove anos uma nova Convenção deveria ser convocada, a fim de deliberar sobre os elementos constitutivos do sistema político e para que houvesse mecanismos mais flexíveis para a reforma da Constituição do que aqueles estabelecidos pelo art. V.

Ao responder a Jefferson Madison alerta, em primeiro lugar, que uma constante revisão do projeto inicial poderia colocar em xeque o "respeito que o tempo confere e sem o qual nem mesmo o melhor e mais livre dos governos manteria a indispensável estabilidade"[65]. Um excesso de política constitucional, com a participação direta do povo, ampliaria as possibilidades de uma política passional e irracional. Para Madison,

> [não] obstante o êxito que coroou as revisões de nossas formas de governo e que tanto honra a retidão e a inteligência do povo da América, deve-se confessar que a natureza dos experimentos é por demais delicada para que sejam desnecessariamente repetidos[66].

---

[64] Madison, *in* Hamilton, Madison, Jay, 1984: n. 49.
[65] Madison, *in* Hamilton, Madison, Jay, 1984: n. 49.
[66] Madison, *in* Hamilton, Madison, Jay, 1984: n. 49.

Se não foi a participação popular por si o que transformou a experiência constituinte em algo distinto e qualitativamente superior à prática política cotidiana, o que, então, a fez ou a faz tão especial? Para Madison,

> convém não esquecer que todas as atuais Constituições foram elaboradas sob a ação de um perigo que conteve os sentimentos mais inamistosos e que propiciou a união e a concórdia; onde os líderes reprimiram as diversidades de opinião a respeito das grandes questões nacionais [...] a[s] futuras situações que provavelmente devemos enfrentar não apresentam, contra os perigos possíveis, uma segurança do mesmo teor[67].

O que fez a Constituição algo tão especial e distinto de outros documentos legislativos, além de sua legitimação popular, foi o ambiente político em que foi concebida. As ameaças externas e internas, o sentido de urgência, o fato de que os "convencionais estavam profunda e unanimemente impressionados com a crise que levou o país, quase que a uma voz, a fazer tão singular e solene experimento"[68], criaram uma possibilidade única em que os homens ali presentes colocaram em segundo plano seus interesses pessoais e deliberaram tendo em vista um plano superior de consenso. No dizer de Jefferson – ainda que crítico de diversos pontos da Constituição –, a sua maior qualidade é ter resultado de uma *everyone's second choice*, ou seja, a segunda melhor opção de todos. Assim, o que diferencia a experiência da Filadélfia não é a qualidade excepcional de seus participantes – muito embora Madison os considere patriotas –, mas a peculiaridade da situação e do ambiente a que estavam submetidos quando deliberavam.

---

[67] Madison, *in* Hamilton, Madison, Jay, 1984: n. 49.
[68] Madison, *in* Hamilton, Madison, Jay, 1984: n. 40.

Nesse sentido, a justificação madisoniana da supremacia da Constituição é uma antecipação do projeto de Constituição rawlsiana, como resultado de uma situação ideal de deliberação, em que se torna possível chegar mais perto de situações de justiça[69]. Afasta-se de um modelo jusnaturalista que confia em direitos transcendentes, dados *a priori*. Os direitos são resultado de uma construção humana racional. Madison em momento algum questiona a possibilidade de o homem refletir racionalmente, porém teme que essa capacidade esteja, no mais das vezes, submetida aos interesses e à ambição também humanas. Diversas circunstâncias alteraram a ordem de prioridades dos convencionais, de forma que os interesses imediatos e diretos foram substituídos por uma situação de deliberação ideal, em que puderam se manifestar o "patriotismo", as "virtudes republicanas" ou, numa linguagem da filosofia política contemporânea, a possibilidade de argumentação pública e racional. Essa situação ideal é que credencia o poder constituinte a legislar para o futuro.

1.8. Conclusão

A insuficiência da ideia de direito natural como fundamento da superioridade da Constituição sobre as decisões majoritárias exigiu que os pais do constitucionalismo moderno buscassem a fundamentação para essa supremacia em outro lugar. Como vimos, Sieyès pretende aplicar politicamente as proposições de Rousseau, equiparando o poder constituinte à vontade geral. É evidente que essa formulação abriga diversos problemas. Trata-se de equiparação inadequada, posto que o modelo de con-

---

[69] Não se está comparando o que ocorreu em Filadélfia com a posição original de Rawls; no entanto, pelo que se lê em Madison, para que uma Constituição não seja apenas o resultado da vitória de determinados interesses sobre outros há a necessidade de uma situação ideal, que não é necessariamente encontrada em qualquer Assembleia Legislativa.

trato proposto por Rousseau é apenas uma ideia reguladora, um ideal que se deve buscar. Ao equiparar a Assembleia Constituinte à ideia de soberania popular de Rousseau, Sieyès rompe com o pensamento de Rousseau, que repudiava a representação como instrumento legítimo para a realização da vontade popular. Além disso, por intermédio dessa equiparação Sieyès confere aos resultados do processo constituinte as mesmas características das leis produzidas pela vontade geral – ou seja: justiça e veracidade. Se a Constituição, quando produzida pelo poder constituinte, é, por definição, justa, não há como criticá-la. O fato é que, por mais democrático que seja um procedimento constituinte, ele dificilmente chegará a alcançar o modelo ideal de deliberação democrática desenhado por Rousseau. Assim, aceitar a supremacia da Constituição sob o simples argumento de que a Assembleia Constituinte representa a soberania popular é deixar-se levar por uma mistificação, voltada, em sua origem, a transferir a soberania da monarquia para a burguesia. Mais do que isso, se tomarmos o poder constituinte como uma figura quase teológica – como salientou Carl Schmitt –, ficaremos entregues aos arbítrios dessa vontade.

Daí o interesse, ainda hoje, em relação à teoria constituinte formulada pelos fundadores da nação americana. Muito embora haja uma aura mítica sobre as origens da Constituição de 1787, é fundamental que se destaquem três aspectos que compõem de forma mais consistente uma razão para colocar a Constituição numa posição de supremacia em face das demais deliberações políticas.

O processo de produção do texto constitucional americano – conforme a defesa que dele faz Madison – poderia aproximar-se de uma situação ideal, em que foi possível deliberar tendo em vista o interesse público, e não os interesses privados de cada um dos participantes. Por outro lado, essa Lei Básica passou por um processo de confirmação democrático (ainda que para os padrões da época) quando ratificada pela população dos Estados. Por fim, a ordem política constitucional estabelecida assumia a existência de direitos anteriores, limitando-se originalmente a estabelecer apenas os procedimentos para o exercício do poder da União. Trata-se, portanto, de uma teoria mais sofisticada de Constituição, que fundamenta sua supremacia em um somatório de razões, que associa valores substantivos, modelo de deliberação e processo de ratificação – ou seja: conjuga justificações valorativas, de racionalidade procedimental e majoritárias.

Por mais que todas essas teorias se esforcem para encontrar uma justificativa suficientemente robusta para fundamentar a supremacia da Constituição sobre as decisões políticas cotidianas, a experiência constitucional, desde o início, no final do século XVIII, demonstrou a necessidade de se estabelecer mecanismos que viabilizassem correções de rumo sem que houvesse necessidade de recurso à revolução, como propunha Locke. Nesse passo, a Constituição americana é pioneira em estabelecer o procedimento de emenda, pelo qual as novas gerações podem alterar o texto constitucional, adaptando-se às necessidades impostas pelo tempo ou, mesmo, corrigindo erros cometidos pela geração constituinte. Esse é o tema do próximo capítulo.

CAPÍTULO 2

INSTITUCIONALIZANDO A REVOLUÇÃO

O constitucionalismo moderno está inserido num mundo em constante progresso. Embora o constitucionalismo busque estabilizar as relações sociais e salvaguardar certos direitos e instituições da volatilidade da política cotidiana, é necessário ter consciência da temporalidade dos arranjos constitucionais concretos e da exigência de que possam ser revistos, ainda que de forma mais dificultosa e lenta do que as demais leis. Nesse sentido, o estabelecimento de procedimentos para a alteração de normas constitucionais, em que se exige um *quorum* superior ao necessário à alteração das normas ordinárias, é a principal característica diferenciadora das novas Constituições.

A ideia de criar uma lei superior, de difícil alteração, com o objetivo de estabilizar o processo político, unindo os Estados e afastando o risco de anarquia, não bloqueou a visão dos fundadores da nação norte-americana para a necessidade de criar um mecanismo que autorizasse a correção das instituições recém-estabelecidas caso elas produzissem efeitos indesejáveis ou inesperados. Também estavam alertas para a necessidade de constante atualização dessas instituições em virtude das exigências dos novos tempos e da sucessão de novas gerações. Diferentemente de Locke – que, ao redigir, em 1699, o projeto de Constituição para as duas Carolinas, estabeleceu "que estas Constituições fundamentais devem ser e permanecer [para sempre] a sagrada e inalterável forma e regra de governo"[1] –, os membros da Convenção de Filadélfia tinham clara a necessidade de deixar uma "porta aberta" para futuras e necessárias correções do novo plano de governo, sem que houvesse a necessidade de revolução, que era a alternativa lockeana[2].

2.1. A inviabilidade da unanimidade e o surgimento das emendas

A experiência com os Artigos da Confederação, elaborados em 1777 pelo Congresso Continental e ratificados por todos os Estados apenas em 1781, com o objetivo de assegurar a independência das ex-colônias assim como promover outros interesses comuns após a Independência, alertava para a necessidade de maior flexibilidade. É comumente reconhecido que um dos principais problemas que afetou a durabilidade da União com base nos Artigos da Confederação foi a sua rigidez. Mantendo cada Estado sua recém-adquirida soberania, era natural que as mudanças no instrumento de união apenas se dessem com o consentimento de cada um dos membros da Confederação.

De acordo com o art. VIII desse instrumento:

> os Artigos desta Confederação devem ser inviolavelmente observados por todos os Estados, e a união deve ser perpétua; nem deve nenhuma alteração em nenhum momento a partir de agora ser realizada em nenhum deles; a não ser que esta alteração seja aceita num Congresso dos Estados Unidos e depois confirmada pelo Legislativo de cada Estado.

---

[1] Locke, 1993; v., ainda, Levinson, 1995: 4.
[2] Locke, 1963: Capítulos XVIII e XIX.

O que fez da Constituição elaborada em 1787 em Filadélfia um documento incompatível com os Artigos da Confederação, pois entrou em vigor sem que fosse ratificada pela unanimidade dos legislativos estaduais[3].

A necessidade de obtenção de unanimidade para realizar qualquer alteração nos Artigos da Confederação certamente ampliou as dificuldades da precária união entre Estados soberanos. Consciente desse problema, ao abrir a discussão sobre o processo de alteração constitucional em Filadélfia, em 1787, George Mason, delegado de Virgínia, alertou

> que o plano que está agora sendo formulado será certamente defeituoso, como o foi a Confederação. Emendas serão portanto certamente necessárias, sendo melhor autorizar a sua existência, de forma fácil, regular e constitucional do que confiar na sorte ou na violência[4].

A mesma preocupação foi expressa por George Washington. Para o então Presidente da Convenção, mesmo os mais "calorosos amigos e melhores aliados da Constituição [...] não discutem ser esta livre de imperfeições", e é para remediar essas situações que existe uma "porta constitucional aberta". Para Washington, o povo, tendo a seu favor a experiência do passado, poderá decidir quais mudanças serão necessárias, pois "não penso que nós somos mais inspirados, temos mais sabedoria, ou possuímos mais virtude que aqueles que virão depois de nós"[5].

---

[3] De acordo com o art. VII da Constituição dos Estados Unidos: "A ratificação por Convenções de nove Estados deve ser suficiente para o estabelecimento desta Constituição entre os Estados que a ratificarem".

[4] Farrand, 1937: 202-203.

[5] Carta de George Washington para seu sobrinho Bushrod Washington, 10 de novembro de 1787, *in* Kammen (org.), 1968: 83.

A possibilidade de criar um mecanismo pelo qual mudanças pacíficas na estrutura básica do sistema político pudessem ser feitas consistia em excelente alternativa ao direito de revolução proclamado por Locke. Nesse sentido, a criação dos processos de emenda constitucional pode ser considerada a institucionalização de um contínuo processo revolucionário.

A primeira versão relativa ao processo de emenda, apresentada em Filadélfia, foi introduzida no Plano de Virgínia, que buscava uma revisão total dos Artigos da Confederação. Tratava-se de disposição extremamente simples, que apenas previa a possibilidade de emendas quando alterações na Constituição se fizessem necessárias. Para aqueles que preferiam apenas uma correção dos defeitos apresentados pelos Artigos da Confederação, e não a sua reposição, a exigência de unanimidade dos Estados para a aprovação de emendas parecia satisfatória[6].

Madison reagiu à ausência de um mecanismo de emenda, referindo-se a dificuldades enfrentadas por Estados e outros países que tinham Constituições que não previam a possibilidade de mudança. Segundo Madison, as poucas alterações ocorridas nestes Estados foram resultado de violência, "tumulto, facções ou pior"[7].

Aceita a necessidade de estabelecer um mecanismo de alteração pacífica da Constituição, o debate se concentrou em torno do papel que deveria ser destinado aos Estados e ao Legislativo da União no procedimento de emenda. Para os federalistas (que defendiam a maior centralização governamental), como Hamilton, o processo de emenda deveria estar concentrado no Congresso Nacional, e não nos Estados, como pretendiam os antifederalis-

---

[6] Nesse sentido, o Plano de New Jersey, que era apresentado apenas como um plano de revisão dos Artigos da Confederação, não trazia nenhuma proposta referente ao processo de emenda (Vile, 1992: 27-28).

[7] Farrand, 1937: 476.

tas. Ambos os grupos temiam que, se alijados do processo de reforma, a Constituição seria desvirtuada para eliminar os Estados ou destruir a União. Em função desse impasse, chegou-se a uma solução compromissória que buscava equilibrar a atuação entre União e Estados.

Essa versão – que em muito se assemelha ao atual art. V da Constituição norte-americana – foi ainda emendada para assegurar a importação de escravos até 1808 e para impedir que três quartos dos Estados pudessem eliminar ou abolir a representação igualitária no Senado Federal, que afligia profundamente os pequenos Estados. Essas são as únicas limitações materiais ao poder de reforma adotadas pela Constituição de 1787.

O mecanismo de emenda adotado pela Constituição norte-americana estabelece processo complexo, que faz daquele um dos documentos constitucionais mais rígidos hoje em vigor[8]. De acordo com esse art. V, emendas à Constituição podem ser propostas tanto por dois terços do Congresso como por dois terços dos Legislativos dos Estados. No primeiro caso a proposta de emenda deve ser ratificada por três quartos dos Legislativos dos Estados, enquanto no caso de emendas propostas pelos Estados será convocada uma Convenção para ratificá-las, também por uma maioria de três quartos. Dessa forma, o processo de emenda não ficou monopolizado pelo Legislativo federal. Abriu-se a hipótese de os Estados convocarem uma nova Convenção com o objetivo exclu-

---

[8] Não estamos, aqui, nos referindo à presença de cláusulas super-rígidas ou imutáveis, mas apenas aos mecanismos ordinários de alteração formal da Constituição. Para uma classificação das Constituições quanto à sua rigidez, v. Donald Lutz, que criou um "índice de dificuldade" para classificar as Constituições dos Estados americanos, a partir de seu processo de emenda; entre outras variáveis, esse índice leva em conta: a) quem tem iniciativa para emendar a Constituição; b) se a deliberação é unicameral ou bicameral; c) o *quorum* necessário; d) o procedimento de aprovação das emendas e seu respectivo *quorum* (Lutz, 1995: 246 e ss.).

sivo de apreciar as mudanças constitucionais por eles propostas, o que satisfez os membros da Convenção de Filadélfia que defendiam os interesses dos Estados em face da tendência centralizadora dos federalistas.

O art. V também é marcado por dois outros compromissos. O primeiro entre os representantes dos Estados que baseavam a sua produção econômica no regime de escravidão e aqueles delegados que a rejeitavam. A decisão de impedir qualquer alteração da Constituição que abolisse a importação de escravos até 1808 foi, na verdade, uma alternativa à proposta de delegados sulistas que pretendiam bloquear a possibilidade de emendas que interferissem na política doméstica de cada Estado em relação à escravidão. A questão, aqui, era estabelecer uma superproteção, que impedisse inclusive a possibilidade de emenda constitucional a esse respeito.

O segundo compromisso deu-se entre os representantes dos pequenos e grandes Estados, pelo qual assegurou-se a representação igualitária dos Estados no Senado Federal. Qualquer mudança nessa regra só poderia se dar com o consentimento do Estado que tem a sua representação minorada. Nesse sentido, não se trata de uma limitação material ao poder de reforma de caráter absoluto, mas de um procedimento mais rigoroso do que o necessário para a aprovação de uma emenda.

Após a sua elaboração a Constituição foi submetida a longo processo de deliberação e ratificação em cada um dos Estados, do qual *Os Artigos Federalistas*, redigidos por Hamilton, Madison e Jay, constituem, mais do que a sua principal defesa, uma autêntica interpretação da teoria política que informa o constitucionalismo americano. As críticas[9] daqueles que buscavam bloquear a ratifi-

---

[9] Para uma enumeração das críticas relacionadas com o procedimento de emenda – seja no referente à incompatibilidade com os Artigos da Confederação, seja em relação às suas próprias qualidades –, v. Vile, 1992: 32-33.

cação da Constituição pelos Estados resvalaram na questão das emendas apenas de forma marginal. A primeira dessas críticas refere-se à incompatibilidade entre o processo de ratificação adotado pela Constituição com aquele disposto originalmente pelos Artigos da Federação. Em vez da ratificação pela unanimidade dos Estados o art. VII exigia apenas que dez dos treze Estados ratificassem o documento para que este entrasse em vigor.

Essa ruptura[10] com os Artigos da Confederação foi justificada por Madison em termos consequencialistas. Embora Madison admitisse que a Convenção de Filadélfia houvesse se afastado de sua missão original, o produto de sua atuação era um documento mais habilitado a enfrentar os problemas da união entre os Estados do que a antiga Confederação. Por outro lado, os meios oferecidos pelo documento de convocação da Convenção de Filadélfia não eram compatíveis com os fins de criação de uma "união adequada às exigências de governo e preservação da União"[11], estipulados por esse mesmo instrumento convocatório.

A mácula (jurídica) de origem da Constituição norte-americana não deveria pôr em questão sua legitimidade, principalmente se levada em conta sua capacidade de corrigir os defeitos e enfrentar os problemas que inviabilizaram a Confederação. Os argumentos que buscavam demonstrar a ilegitimidade da nova Constituição, baseados no art. V dos Artigos da Confederação, que exigia a unanimidade dos Estados para a sua alteração, deveriam ser desqualificados, pois, do ponto de vista prático, a nova Constituição era substancialmente mais capaz de viabilizar a União.

---

[10] Para uma análise do processo de ruptura entre a ordem de convocação e o mandato assumido pela Convenção de Filadélfia pela Assembleia Constituinte em Paris, v. Elster, 1994: 57 e ss.

[11] Madison, *in* Hamilton, Madison, Jay, 1984: n. 40, citando a resolução do Congresso Continental autorizando a Convenção de Filadélfia.

Em *Os Artigos Federalistas* (n. 43), Madison utilizou a própria possibilidade de emenda prevista pela nova Constituição como argumento para demonstrar a sua superioridade em face dos Artigos da Confederação, pois os eventuais erros do novo plano de governo poderiam ser corrigidos pela experiência, sem maiores rupturas. O processo escolhido em Filadélfia asseguraria contra "a extrema facilidade, que permitiria que a Constituição fosse facilmente mutável; e a extrema dificuldade, que talvez perpetuasse os erros descobertos"[12]. Exemplo disso se deu com a questão do *Bill of Rights*.

A Constituição norte-americana não trazia originalmente uma carta de direitos, o que provocou a suspeita de muitos, inclusive Thomas Jefferson, que havia redigido a Declaração de Independência, que constituía uma defesa intransigente dos direitos naturais. Concebida como um simples instrumento de governo, que buscava unificar diversos Estados, Madison não via na Constituição uma ameaça aos indivíduos, uma vez que os poderes da União estavam estritamente enumerados e os Estados possuíam as próprias cartas de direitos, além dos direitos assegurados pelo *common law*.

Tal argumento, no entanto, não satisfez diversos Estados, que colocavam a existência de uma carta de direitos como precondição para a ratificação da Constituição. Em face do risco de se reabrirem os debates convencionais, por intermédio de uma nova Convenção, e da resistência de alguns Estados, Hamilton[13] defendeu a inclusão *a posteriori* de uma carta de direitos na nova Constituição, por intermédio de emendas, o que foi efetivamente realizado pouco tempo depois. Talvez por força da circunstância

---

[12] Madison, *in* Hamilton, Madison, Jay, 1984: n. 43.
[13] Madison, *in* Hamilton, Madison, Jay, 1984: n. 85.

– visto que Hamilton buscava convencer os antifederalistas de Nova York a ratificar a Constituição sem o *Bill of Rights* – o argumento em *Os Artigos Federalistas* (n. 85) seja bem mais contundente do que a comedida interpretação defendida por Madison em *Os Artigos Federalistas* (n. 43). Para Hamilton o art. V era um meio eficiente de elaborar mudanças, sendo muito mais fácil acrescentar uma carta de direitos após a ratificação da Constituição, por intermédio de emendas, do que buscar corrigir esse defeito antes da ratificação. Circunstancialmente ou não, o fato é que o procedimento de emenda estava sendo apresentado como um instrumento ágil, a ser usado sem grandes dificuldades.

Outra qualidade do procedimento de emenda era que União e Estados poderiam iniciar um processo de emenda. Assim, as críticas de que o Legislativo federal monopolizaria o processo de emenda, levantadas durante a Convenção, ficaram afastadas. Além do mais, tal como redigido, o art. V da nova Constituição, aliado à existência do Senado e ao sistema de freios e contrapesos, seria um poderosíssimo instrumento para limitar outro dos temores dos "fundadores" da Constituição norte-americana, que era a ação das facções[14]. Conforme fica claro pela leitura de *Os Artigos Federalistas* – especialmente o n. 10, redigido por Madison –, a questão das facções e sua capacidade de, por meio do voto, suprimir os interesses da minoria consistia num dos principais problemas a serem enfrentados pelo novo Estado. Por essa razão, justificava-se bloquear a vontade de maiorias eventuais por meio de mecanismo que exigia a formação de uma maioria qualificada no Congresso e nos Estados para alterar a Constituição.

---

[14] Que, no sentido contemporâneo, podem ser compreendidas como maiorias eventuais.

2.2. Críticas de Jefferson

A principal crítica ao processo de emenda não viria, no entanto, daqueles que buscavam proteger os Estados da escravidão do Legislativo federal, mas de Thomas Jefferson. Diferentemente de Madison, Jefferson não partilhava da ideia de consentimento implícito, pelo qual decisões tomadas no passado continuariam a ser legítimas pelo simples fato de não serem refutadas pelas gerações futuras – e isso se aplicava principalmente a Constituições. Para Jefferson cada geração detinha o direito natural de se autogovernar; e o que é mais importante para a noção de autonomia que a criação da própria Constituição? "A terra pertence aos vivos; os mortos não têm poder nem direitos sobre ela"[15].

Assim como Rousseau[16], Jefferson entendia que, se o povo não estivesse constantemente participando, os governos tenderiam a degenerar – e daí se justificarem convenções constitucionais periódicas. Utilizando estatísticas da época relativas à expectativa de vida dos indivíduos, ele propunha que as Constituições – assim como as demais leis – deveriam ser revistas a cada dezenove anos, não pelos procedimentos estabelecidos pelo

---

[15] Jefferson, *The Works of Thomas Jefferson*, v. 6, p. 3-4, *apud* Vile, 1992.

[16] "Assim como a vontade particular age sem cessar contra a vontade geral, o governo despende um esforço contínuo contra a soberania. Quanto mais esse esforço aumenta, tanto mais se altera a Constituição, e, como não há outra vontade do corpo que, resistindo à do príncipe, estabeleça um equilíbrio com ela, cedo ou tarde acontece que o príncipe oprime, afinal, o soberano, e rompe o tratado social" (Rousseau, 1997: Livro III, Capítulo X).

Para que se afaste o risco de usurpação, Rousseau entende que "não basta que o povo reunido tenha uma vez fixado a Constituição do Estado, sancionando um corpo de lei; não basta, ainda, que tenha estabelecido um governo perpétuo ou que, de uma vez por todas, tenha promovido a eleição dos magistrados; além das assembleias extraordinárias que os casos imprevistos podem exigir, é preciso que haja outras, de tal modo que, no dia previsto, o povo se encontre legitimamente convocado pela lei, sem que para tanto haja necessidade de nenhuma outra convocação formal" (Rousseau, 1997: Livro III, Capítulo XIII).

art. V para fazer emendas à Constituição, mas por uma nova Convenção, que democraticamente deliberasse e produzisse uma Constituição a ser ratificada popularmente[17].

Madison reage às ideias de Jefferson em *Os Artigos Federalistas* (n. 49), estabelecendo dificuldades práticas e teóricas que tornam a ideia de convenções periódicas indesejável. Em primeiro lugar, a convocação constante do povo pode gerar efeitos desestabilizadores no governo; de acordo com Madison, "cada apelo ao povo implica a admissão de algum defeito no governo", privando a "instituição daquele respeito que o tempo confere e sem o qual nem mesmo o melhor e mais livre dos governos manteria a indispensável estabilidade"[18]. Madison via com temor a mobilização constante da população, pois colocava em risco a tranquilidade pública e exacerbava as paixões. Para Jefferson isso não constituía problema – antes, pelo contrário, rebeliões ocasionais tinham um efeito positivo sobre a política. No entanto, sendo o Legislativo mais numeroso e próximo ao povo, poderia ele dominar os processos de revisão.

Por ocasião da aquisição do Estado de Louisiana pelos Estados Unidos, em 1803, quando Jefferson ocupava a Presidência, demonstrou de forma muito aguda sua percepção sobre as possíveis consequências da extrema dificuldade de se reformar a Constituição. Para ele a ausência de previsão constitucional autorizando a anexação de um território à União deveria ser suprida por emenda. Caso contrário a Constituição precisaria ser construída (interpretada) de maneira ampla, o que poria em risco sua própria autoridade:

> Eu prefiro pedir à Nação uma ampliação de poderes, quando isto se demonstrar necessário, do que assumi-lo mediante interpreta-

---

[17] Vile, 1992.
[18] Madison, *in* Hamilton, Madison, Jay, 1984: n. 49.

ção, o que tornaria os nossos poderes ilimitados. Nossa peculiar segurança está na existência de uma Constituição escrita. Não façamos dela um papel em branco mediante a interpretação[19].

A dificuldade de emendar a Constituição norte-americana levou a Suprema Corte, nas décadas seguintes, a assumir papel cada vez mais crítico na atualização do conteúdo constitucional, por intermédio de uma interpretação construtiva do texto original da Constituição, o que tem gerado enormes problemas teóricos e políticos, pois como justificar que um grupo de juízes não eleitos seja responsável por grande parte da atualização da Constituição?[20]

---

[19] Jefferson, *The Works of Thomas Jefferson*, v. 10, p. 10-11, *apud* Vile, 1992: 71.

[20] O argumento de Jefferson parece ser absolutamente compatível com a hipótese de Lutz (1995: 266) expressa em sua proposição 6: "Na ausência de uma alta taxa de reforma constitucional, quanto menor for a taxa de emendas formais, é mais possível que o processo de revisão seja dominado pelo corpo judicial".

CAPÍTULO 3

OS RISCOS DA EXTREMA RIGIDEZ
CONSTITUCIONAL: O CASO NORTE-AMERICANO

Os riscos da extrema rigidez constitucional serão explorados a partir da história dos Estados Unidos da América. Como visto no capítulo anterior, a própria Constituição da Filadélfia decorre de uma ruptura da ordem jurídica estabelecida, que só poderia ser reformada se obtivesse a aprovação da unanimidade dos Estados. Neste capítulo serão analisados três momentos da história constitucional norte-americana em que a rigidez do texto de 1787 colocou dificuldades para a concretização do processo de democratização racial, política e social da sociedade americana.

3.1. A proteção constitucional da escravidão

A questão da escravidão constituía o principal motivo de tensão entre Sul e Norte. A instituição da escravidão foi assegurada por intermédio de três cláusulas constitucionais[1]. Isso impedia que o Congresso, por meio de sua maioria, pusesse em xeque os interesses sulistas, principalmente o trabalho escravo. A defesa

---

[1] O art. I, seção 9, proibia ao Congresso declarar ilegal o comércio de escravos até 1808, inclusive por intermédio de emenda; o art. I, seção 2, obrigava a distribuição de representantes pelos distritos, conforme o número de "pessoas livres" em cada Estado e "três quintos de todas as outras pessoas"; o art. IV, seção 2, cláusula 3, obrigava que os Estados "devolvessem" os escravos fugitivos, proibindo a descriminalização dessa prática.

constitucional mais conhecida da instituição da escravidão deu-se com o caso *Dread Scott vs. Sandford*. Dread Scott mudou-se em 1834, com seu "proprietário", de Missouri para Illinois e posteriormente para Minessota, então parte do território de Louisiana. Tanto a Constituição de Illinois quanto uma lei aprovada pelo Congresso Nacional em 1820[2] proibiam a escravidão em seus respectivos territórios.

Em 1838, retornando para Missouri, Dread Scott foi vendido como escravo para John Sandford, cidadão nova-iorquino, tendo posteriormente interposto ação na Justiça Federal contra o seu novo "proprietário", por invasão de propriedade alheia. De acordo com Scott, após a sua passagem por Illinois e Minessota ele se transformara num cidadão livre, não podendo ser comercializado.

A Suprema Corte analisou a questão em duas etapas. Em primeiro lugar apreciou a questão da cidadania. Para promover uma ação na Justiça Federal era necessário que as partes fossem cidadãs de distintos Estados. Não satisfeita em afirmar que Scott não era cidadão de Missouri[3] – o que já o impediria de recorrer a uma Corte Federal –, a Suprema Corte passou a analisar a questão da cidadania da perspectiva federal. Para o Tribunal as palavras "povo dos Estados Unidos" e "cidadãos" são termos sinônimos e se referem àqueles que detêm a soberania dentro da nação.

A questão diante da Corte é se "a classe de pessoas" descrita nesse processo faz parte dessa soberania:

> Nós pensamos que não, que eles não estão incluídos, e que não houve a intenção de que eles fossem incluídos sob a palavra "cidadãos" na Constituição, não podendo, portanto, requerer nenhum dos direitos e privilégios que este instrumento assegura

---

[2] *Missouri Compromise*, 3 Stat. 545, de 6 de março de 1920.
[3] O que era indiscutível em face da legislação daquele Estado.

para os cidadãos dos Estados Unidos. Ao contrário, eles eram naquele tempo considerados como uma classe de seres subordinados e inferiores [...] e portanto incapazes de se associarem com a raça branca, seja em relações sociais ou políticas[4].

Muito embora toda a formulação da Corte seja no passado – referindo-se ao momento de ratificação da Constituição que assegurou em diversos de seus artigos a escravidão –, nada havia alterado naquele século a base da soberania norte-americana. Sendo assim, Dread Scott, ainda que se tornasse um homem livre, não poderia ser considerado um cidadão norte-americano, um membro da soberania federal.

Na segunda parte da decisão, a Suprema Corte declarou inconstitucional o ato[5] do Congresso Nacional que proibia a escravidão ou servidão involuntária em todo o território cedido pela França. Para a Suprema Corte a Constituição em nenhum momento autorizava o Congresso Nacional a assegurar liberdade aos escravos ou a restringir o direito de propriedade dos seus senhores. Dessa forma, retirou do Congresso norte-americano – consequentemente, da decisão da maioria – qualquer possibilidade de abolir ou, ao menos, enfraquecer a instituição da escravidão.

A tensão que surgia diretamente da adoção de dois sistemas econômicos distintos somada ao temor dos Estados do Sul de que a incorporação de novos territórios não escravagistas à União pudesse pôr em risco as "peculiares instituições" do Sul alcançou seu ápice com a eleição de Abraham Lincoln. O recém-eleito Presidente era temido pelo Sul por suas expressas manifestações contrárias à escravidão. Havia feito críticas severas ao *Chief Justice* que redigiu a decisão da Suprema Corte no caso *Dread Scott*.

---

[4] *Dread Scott vs. Sandford*, 60 US (19 How) 393 (1857).
[5] A lei que instituiu o já mencionado *Missouri Compromise*.

Sua vitória no pleito presidencial era o que de pior poderia ocorrer para os escravagistas dos Estados do Sul. O Norte já dominava o Congresso, e esse domínio deveria se estender com a imigração e a ascensão de novos territórios livres.

A eleição de um Presidente também do Norte e não simpático às causas do Sul havia levado, na opinião de muitos líderes do Sul, à perversão da Constituição de 1787. Para os sulistas a Constituição era um pacto entre Estados soberanos, e não uma República nacional, em que a força política estaria depositada nas mãos da maioria, consequentemente das regiões mais populosas. O único setor do governo que ainda era fiel aos interesses do Sul era a Suprema Corte. Entre seus nove membros, havia maioria de cinco *Justices* sulistas e um do Norte, simpático, porém, aos interesses do Sul[6].

Contudo, essa garantia não era suficiente; controlando os Poderes Legislativo e Executivo, o Norte poderia, no futuro, alterar a composição da Suprema Corte e assegurar interpretações constitucionais favoráveis à expansão dos poderes do Legislativo federal. Embora ainda não fosse possível alcançar a maioria necessária à ratificação de uma emenda pondo fim à escravidão, a expansão decorrente da incorporação de novos Estados no Oeste era, certamente, uma grande ameaça para as elites sulistas.

As ameaças de secessão, subestimadas pelos Estados do Norte, foram finalmente levadas a cabo. Em de 20 de dezembro de 1860 a Carolina do Sul rompeu o laço federativo, sendo seguida por Mississipi, Flórida, Alabama, Geórgia, Louisiana e Texas, num primeiro momento. Tentou-se uma série de medidas com o objetivo de atrair os Estados do Sul de volta para a União. A principal

---

[6] Para uma introdução à política constitucional Pré-Guerra Civil, v. Brandon, 1995: 215 e ss.

delas foi a "emenda Corwin", denominada com base em seu proponente, Thomas Corwin, representante do Estado de Ohio. A emenda impossibilitava qualquer interferência do Legislativo federal, ainda que por intermédio de emenda[7], nos assuntos domésticos dos Estados, incluindo especificamente a questão das pessoas submetidas a trabalho escravo[8].

Embora a emenda tenha sido aprovada pelas maiorias necessárias[9] na Câmara e no Senado, chegou a ser ratificada apenas por três Estados[10]. A deflagração de conflitos militares e a secessão de mais quatro Estados que faziam fronteira com os Estados do Norte puseram fim a qualquer alternativa de resolver constitucionalmente esse confronto, que foi o mais sangrento da história dos Estados Unidos, causando a morte de mais americanos do que nas duas Guerras Mundiais, somadas às Guerras da Coreia e Vietnã[11].

Em 22 de setembro de 1863 Abraham Lincoln anunciou a Proclamação de Emancipação que buscava reverter em parte[12] a decisão da Suprema Corte no caso *Dread Scott*, assegurando liberdade para os escravos que fugissem do Sul para os domínios da União. Em 31 de dezembro do mesmo ano Lincoln anunciou que recrutaria negros para combater a insurreição. Foram alista-

---

[7] Nesse sentido, criava uma cláusula super-rígida de proteção à escravidão nos Estados do Sul.
[8] O texto da emenda Corwin era o seguinte: "Nenhuma emenda deverá jamais ser feita a esta Constituição que autorize ou dê ao Congresso poder de abolir ou interferir, em qualquer Estado, com suas instituições internas, incluindo a de pessoas mantidas para trabalho e serviços pela lei dos Estados".
[9] Maioria de dois terços.
[10] Ohio, Maryland e Illinois.
[11] Hobsbawm, 1995: 44.
[12] Tanto a Proclamação de Independência quanto a XIII Emenda, que lhe deu *status* constitucional, apenas asseguram a liberdade pessoal para os ex-escravizados, não plenos direitos de cidadania.

dos quase 200 mil negros, sendo que a imensa maioria era proveniente dos Estados do Sul – portanto, escravos foragidos. Afirmando a Proclamação de Emancipação decorrer dos poderes de emergência do Presidente, a Suprema Corte se absteve de apreciar a constitucionalidade da referida "ordem executiva"[13]. Com o final da guerra, o Presidente Lincoln e a União impuseram a emancipação dos escravos como um dos requisitos para a reintegração dos Estados à União.

Em 1864, após a eleição do Congresso que marcou a vitória dos republicanos[14], foi proposta e logo aprovada no Senado a XIII Emenda à Constituição norte-americana, que punha fim à escravidão. Essa emenda encontrou forte reação por parte de membros do Partido Democrata na Câmara dos Deputados, que continuavam a defender a ideia de que a escravidão era instituição de caráter doméstico (estadual) e protegida pela Constituição, mesmo contra emendas. Por outro lado, também alguns republicanos viam com temor a XIII Emenda, pois, emancipando um grande número de escravos no Sul, estes passariam a ser contados como pessoas inteiras para a designação dos representantes de cada Estado na Câmara, o que aumentaria enormemente a representação do Sul. A emenda foi finalmente aprovada, após tremendo trabalho de persuasão da Casa Branca sobre os representantes do Partido Democrata. A aprovação da proposta da XIII Emenda, assim como da XIV e da XV Emendas, apenas foi possível graças à ausência dos representantes dos Estados Confederados no Congresso Nacional, o que equivalia a um terço do total dos membros do Congresso[15]. Porém, o mais difícil

---

[13] Sobre a Proclamação de Emancipação, v. Levy, 1986: 626.
[14] Partido de Lincoln, que interpretava a Constituição não como pacto entre os Estados – como os democratas do Sul e muitos do Norte –, mas como lei nacional.
[15] Bernstein e Angel, 1993: 106.

ainda estava por vir. Os republicanos sabiam não contar com o apoio de três quartos dos Estados para que a emenda fosse ratificada e finalmente entrasse em vigor.

Utilizando-se da presença militar da União nos Estados do Sul, os republicanos impuseram a ratificação da XIII Emenda como requisito para a reintegração desses Estados à União e para o recebimento de suas delegações pelo Congresso[16]. Esses dois fatos permitiram a neutralização das minorias, que poderiam, de acordo com uma estrita interpretação do art. V da Constituição, bloquear a propositura e a ratificação de qualquer emenda contrária aos interesses do Sul – o que por muito tempo gerou, e ainda hoje gera, dúvidas sobre a legalidade dessa emenda.

A XIII Emenda, embora pusesse fim à escravidão, não eliminava a discriminação, a posição de inferioridade a que eram submetidos os negros, nem mesmo lhes assegurava cidadania. Nesse sentido, a doutrina expressa pela Suprema Corte em *Dread Scott* ainda não havia sido completamente suprimida. Os grilhões da escravidão foram imediatamente substituídos pelos *Black Codes*, que estabeleciam, entre outras coisas, a segregação racial, a impossibilidade de adquirir propriedade e de dar testemunho em Cortes quando houvesse algum homem branco como parte. O Ato de Direitos Civis promulgado pelo Congresso em 1866, com o objetivo de dar eficácia à XIII Emenda, foi prontamente vetado pelo Presidente Johnson[17]. Daí a necessidade de complementar o trabalho iniciado pela XIII Emenda, por meio de uma XIV e, num segundo momento, XV Emenda.

Assim como a emenda que colocou fim à escravidão, a XIV Emenda foi aprovada sob pressão militar nos Estados, ausência

---

[16] Bernstein e Angel, 1993: 102.
[17] Stone, 1991: 482.

de representantes dos Estados do Sul no Congresso e ameaça de não reintegração – portanto, em confronto com uma interpretação mais próxima do art. V[18]. Mais do que isso, os Estados de Ohio, New Jersey e Oregon, depois de terem ratificado a emenda, retiraram sua ratificação, o que não foi aceito pelo Congresso.

Muitos eram os objetivos dessa emenda, até hoje motivo de vasta discórdia jurisprudencial. De forma genérica, pode-se afirmar que a finalidade primeira era assegurar aos ex-escravizados a cidadania norte-americana, assim como a cidadania estadual, revertendo a decisão prolatada pela Suprema Corte no caso *Dread Scott*. Também ficou assegurado pela seção 1 da XIV Emenda que os Estados não deveriam estabelecer nenhuma lei que restringisse os privilégios e as imunidades dos cidadãos dos Estados Unidos, bem como não deveriam privar nenhuma pessoa de sua vida, propriedade ou liberdade sem o devido processo legal. A seção 2 da mesma emenda estipulava uma cláusula punitiva para os Estados que não dessem direito de participação política aos novos cidadãos – que seria a restrição de sua representação no Congresso. Entre outras medidas, ao Congresso era entregue o poder de aplicar, pela legislação apropriada, as provisões da emenda. Essas medidas, no entanto, não tranquilizaram totalmente os republicanos, pois, embora a XIV Emenda trouxesse remédios punitivos pelo seu descumprimento[19] (que nunca chegaram a ser aplicados), os Estados do Sul não interpretavam a concessão de cidadania como uma automática autorização para os negros participarem ativamente das eleições.

---

[18] De acordo com Bernstein e Angel, "no fim, a ratificação foi conquistada através de uma campanha pública, fundamentada em princípios, assim como no exercício do poder político" (1993: 109).

[19] Como a redução da representação proposta pela seção 2 da Emenda XIV para aqueles Estados que negassem o direito a voto a qualquer indivíduo.

Como resposta à falta de implementação pelos Estados da XIV Emenda propôs o Congresso uma XV Emenda, ampliando explicitamente o direito de voto a todos os cidadãos americanos, independentemente de sua cor ou prévia condição de servidão[20]. A introdução da franquia eleitoral, embora fundamentada pelos abolicionistas e republicanos radicais em argumentos de princípio[21], não era objeto de nenhum consenso, mesmo no Norte. Esperava-se que a extensão do voto aos ex-escravizados criasse uma força política de oposição aos democratas do Sul e, ao mesmo tempo, não provocasse maiores alterações no sistema político do Norte, uma vez que a população negra dos Estados do Norte era extremamente pequena.

Uma série de subterfúgios utilizados pelos Estados – como a exigência de alfabetização para o exercício do voto, o remanejamento dos distritos eleitorais e uma Suprema Corte resistente à aplicação das novas normas constitucionais – permitiu que os direitos recém-adquiridos fossem violados em muitos Estados. Diversos casos[22] buscaram limitar os efeitos das novas emendas,

---

[20] Emenda XV: "Nenhum cidadão dos Estados Unidos poderá ser privado do direito de voto pela União ou qualquer Estado, com fundamento na raça, cor ou anterior condição de escravo".

[21] Por ocasião da apresentação da Emenda XV, que estendia o direito de voto aos negros, porém não incluía as mulheres, diversas líderes do movimento sufragista – como Susan B. Anthony – romperam com os abolicionistas. A extensão do direito de voto às mulheres apenas viria a ser ratificada em 1920, mais de cinquenta anos depois da XV Emenda.

[22] Dois casos demonstram a resistência da Suprema Corte em adotar o novo federalismo decorrente do resultado da Guerra Civil: no *Slaughter-House Cases*, 83 US (16 Wall) 36 (1873), a Corte entendeu que a proteção dada pela XIV Emenda aos "privilégios e imunidades" se referia apenas à proteção dos cidadãos dos Estados Unidos em face dos Estados, e não à proteção dos cidadãos de cada Estado diante de seus próprios Estados; no caso *Plessy vs. Fergusson*, 163 US 537 (1896), a Suprema Corte declarou que a cláusula da igualdade estabelecida pela XIV Emenda estaria sendo satisfeita se os Estados provessem instalações iguais para negros e brancos, embora estas pudessem ser segregadas, na infame doutrina do

porém nenhuma medida desafiou a constitucionalidade das emendas diretamente diante da Suprema Corte. Anos mais tarde iria surgir uma reação contra as emendas de reconstrução. Num artigo publicado na *Harvard Law Review*, em janeiro de 1910, Arthur W. Machen Junior iria postular a inconstitucionalidade da XV Emenda, nos mesmos termos com que no futuro seria desafiada, diante da Suprema Corte, a constitucionalidade da XIX Emenda, que estendia o direito de voto às mulheres. Em termos práticos, as XIV e XV Emendas não geraram muitos de seus efeitos concretos até a metade do século XX, quando o movimento pelos direitos civis revolucionou a América do Norte.

As emendas de "reconstrução", que reconfiguraram o sistema político norte-americano, principalmente no que se refere à relação dos Estados com a União e à questão dos negros, apenas foram propostas e ratificadas em face da peculiar situação de um Congresso dominado pelo Norte republicano e um Sul submetido a intervenção militar pelas tropas da União. Só assim foi possível alcançar dois terços dos membros do Senado e da Câmara para a propositura das referidas emendas, assim como três quartos dos Estados para a respectiva ratificação.

Pela segunda vez na história republicana dos Estados Unidos foi necessário diminuir os padrões de rigidez constitucional para a reformulação do sistema político. Na primeira substituíram-se os Artigos da Confederação pela Constituição de 1787, adotando um sistema de ratificação mais flexível do que a unanimidade

---

separate but equal; no *Civil Rights Cases*, 109 US 3 (1883), a Suprema Corte declarou inconstitucional o Ato de Direitos Civis de 1875, que proibia a discriminação em estabelecimentos privados que oferecessem serviços ao público, como hotéis e restaurantes. Outras decisões buscaram impedir a expansão dos poderes da Federação para legislar na proteção dos direitos civis recém-conquistados pelos negros. Exemplos: *United States vs. Reese*, 92 US 214 (1875); *United States vs. Cruikshank*, 92 US 542 (1875).

exigida pelos Artigos da Confederação; na segunda restringiu-se o poder dos Estados em relação à União e ampliou-se a base constituinte da soberania norte-americana, pondo fim à escravidão, outorgando a cidadania e o direito ao voto para os negros[23].

3.2. A criação do Estado de Bem-Estar Social

O *New Deal* – e seu programa de intervenção na economia e criação do Estado de Bem-Estar Social – pode ser considerado o terceiro momento em que, devido à extrema rigidez constitucional, os norte-americanos encontraram outros caminhos que não o imposto pelo art. V da Constituição para realizar mudanças estruturais em seu sistema político. O *New Deal* era um conjunto de programas e medidas legislativas adotadas pelo Presidente Franklin D. Roosevelt para buscar amenizar os efeitos da grande depressão dos anos 1920 e possibilitar, por meio de reformas estruturais, a retomada do crescimento e da estabilidade econômica.

A depressão iniciou-se com a quebra da Bolsa de Nova York em 1929. As ações mais estáveis do mercado caíram mais de duzentos pontos em uma semana. Em um mês acionistas perderam mais de quinze bilhões de dólares. Porém, os efeitos não foram

---

[23] A rigidez imposta pelo art. V à Constituição pode ser comprovada pelo fato de que, terminado o período de reconstrução, desocupado o Sul pelas tropas da União e reintegradas as delegações dos ex-confederados, uma nova emenda só seria ratificada em 1913 – portanto, mais de 43 anos após a entrada em vigor da XV Emenda. Como as emendas de reconstrução não provocaram o efeito esperado – que seria o estabelecimento de uma força política republicana no Sul, baseada no voto dos negros –, o país viveu nas décadas seguintes uma situação de equilíbrio constitucional, em que as maiorias do Norte não eram suficientes para se sobrepor aos bloqueios constitucionais do Sul, o que levou muitos líderes progressistas a buscar reduzir a dificuldade do processo de emenda. Cf. especialmente Wilson, 1961; Taylor, 1906; Bryce, que em seu *The American Commonwealth* (1906) estabelece a diferença entre Constituições rígidas e flexíveis, atribuindo às últimas mais qualidades. Para uma análise desses autores em relação ao processo de emenda, v. Vile, 1992.

apenas financeiros: fábricas e estabelecimentos comerciais fecharam suas portas, bancos faliram e milhões de desempregados vagavam pelas ruas, procurando emprego. Em 1932 esse número chegava a 12 milhões. O poder público perdeu a sua capacidade de arrecadar impostos, escolas foram fechadas e obras paralisadas. Famílias perderam suas casas, sem que nada parecesse poder ser feito. Para o Partido Republicano, então no poder, o mercado, por seus próprios mecanismos, deveria ser capaz de se restabelecer, e a sociedade, por meio de caridade, deveria auxiliar aqueles que honestamente passavam privações[24]. Para Hoover, o Estado tinha papel menor na reorganização da economia.

Assim que tomou posse, em 1933, Roosevelt propôs ao Congresso uma série de medidas governamentais buscando amenizar as terríveis consequências da depressão iniciada nos anos 1920. As principais mudanças afetavam diretamente o conceito de propriedade e a divisão de competências entre União e Estados. Como não possuía a maioria necessária para levar a cabo as novas medidas por intermédio de mudanças formais no texto da Constituição, Roosevelt e seus aliados no Congresso passaram a promulgar uma série de leis ordinárias que ampliavam a capacidade da União de intervir e regular o sistema produtivo. Como era de se esperar, devido ao caráter conservador da Suprema Corte, formada em sua maioria por *Justices* da chamada "era Lochner", em que a Corte se colocava como principal defensora do *laissez-faire*[25], essas novas medidas encontraram forte resistência no Tribunal. As iniciativas de intervenção na esfera econômica não partiam, no entanto, apenas da União, mas tam-

---

[24] Nevins e Commanger, 1992: 414-415.
[25] Para uma análise desse modelo de jurisprudência da Suprema Corte norte-americana, v. *Lochner vs. New York*, 198 US 45 (1905); para comentários, v. Stone, 1991: 796 e ss.

bém de diversos Estados, que acreditavam no papel curativo do poder público.

A resistência da Suprema Corte em assimilar a intervenção da União e dos Estados na esfera econômica se dá sob diferentes fundamentos. Na esfera federal as competências legislativas do Congresso Nacional são estritamente enumeradas na seção 8 do art. I da Constituição, que é composta de dezoito incisos. Não se encontra entre esses incisos nenhuma autorização explícita para que o Congresso Nacional interfira na economia (salvo para regular o comércio entre os Estados) ou nas relações de trabalho, o que era objeto da maior parte das intervenções realizadas por Roosevelt.

Sendo assim, a quase-totalidade das medidas legislativas adotadas durante o *New Deal* buscava fundamentar sua validade na chamada *Commerce Clause*[26], que autorizava o Congresso a legislar sobre as relações comerciais que afetassem mais de um Estado. A argumentação da Suprema Corte, com intenção de bloquear a nova legislação federal, buscava demonstrar que a União estava utilizando indevidamente a *Commerce Clause* para alcançar objetivos distintos daqueles autorizados pela Constituição. Ao extrapolar suas competências, invadia a esfera de poder reservada aos Estados.

Ao contrário da União, os Estados têm competências legislativas residuais, não enumeradas constitucionalmente, que foram por eles mantidas quando da elaboração da Constituição de 1787. Os limites impostos aos Legislativos estaduais são os previstos pelas suas próprias Constituições, além daqueles expressamente[27] estabelecidos pela Constituição Federal. Entre esses limites

---

[26] Confere poderes ao Congresso para "regular comércio com nações estrangeiras e *entre os diversos Estados* e com as tribos indígenas" (grifamos).
[27] "Expressamente" talvez não seja o termo mais correto. O fato, porém, é que as limitações inscritas na Constituição Federal a princípio apenas vinculavam o go-

encontrava-se o direito de propriedade, assegurado pela XIV Emenda à Constituição Federal. Dentre as competências tradicionalmente concebidas como estaduais estava o poder regulamentar de polícia de limitar os interesses e as liberdades individuais em favor do interesse público.

Como se verá, a Suprema Corte privilegiará durante a "era Lochner" a propriedade em face dos interesses públicos, razão pela qual no conflito entre liberdade contratual e determinação de um mínimo salarial a Corte favorecerá a liberdade contratual. A proteção da propriedade e dos demais direitos dela decorrentes não se dá apenas em face de ser protegida constitucionalmente.

Como expresso no caso Lochner,

> a interferência por parte dos Legislativos de diversos Estados, no comércio ordinário e na ocupação das pessoas parece estar crescendo [...]. É impossível para nós fechar os olhos para o fato de que muitas das leis deste teor, embora aprovadas sob a justificativa de fazerem parte do poder de polícia, com o propósito de proteger a saúde e o bem-estar públicos, são na realidade aprovadas por outros motivos[28].

Assim, o direito de propriedade só poderia sofrer restrições quando o poder de polícia fosse devidamente utilizado para assegurar a saúde pública e o bem-estar da população, em um sen-

---

verno federal; será apenas a partir da ratificação da XIV Emenda que os direitos inscritos nas demais emendas, que constituem o *Bill of Rights*, passam gradativamente a limitar os Legislativos estaduais. Para um debate sobre a incorporação dos direitos inscritos nas primeiras oito emendas da Constituição Federal pelos Estados, v. *Slaughter-House Cases*, 83 US (16 Wall) 36 (1873), em que a Suprema Corte nega que esses direitos limitem a ação dos Estados, e uma série de casos que se iniciam com *Barron vs. Mayor & City Council of Baltimore*, 32 US (7 Pet.) 243 (1833), em que a Suprema Corte passa a incorporar gradualmente os direitos assegurados nas primeiras oito emendas, como garantia contra os Estados.

[28] *Lochner vs. New York*, 198 US 45 (1905).

tido absolutamente restrito, e não para assegurar o bem-estar econômico, no sentido do Estado de Bem-Estar Social.

Iniciaremos pelos casos que buscavam limitar o poder de intervenção da União na esfera econômica. No caso *A. L. A. Schechter Poultry Corp. vs. United States*[29] a Suprema Corte declarou inconstitucional o *National Industrial Recovery Act* ("Ato de Recuperação da Indústria Nacional"), que consistia num dos instrumentos fundamentais para buscar estabilizar a economia e assegurar níveis mínimos de salário e condições de trabalho em todo o país. O referido Ato autorizava o Presidente a aprovar "códigos de competição justa" desenvolvidos por direções setoriais de várias indústrias. Com base nesse poder, o Presidente aprovou o *Live Poltry Code* ("Código de Aves Vivas"), aplicável na região metropolitana de Nova York, que consistia no maior mercado de aves vivas do país. O Código estabelecia uma jornada semanal de quarenta horas de trabalho e um salário mínimo de cinquenta centavos por hora para os empregados naquele setor; proibia o trabalho de menores e estabelecia o direito dos empregados de se organizarem para negociar coletivamente. O Código também regulava algumas práticas comerciais ilegais.

Quase todas as aves vendidas em Nova York eram provenientes de outros Estados. Após desembarcarem na cidade eram vendidas a agentes e revendedores, como os Schechter, que, por sua vez, repassavam a mercadoria para açougueiros, que revendiam as aves diretamente para os consumidores. Os Schechter foram condenados por violar as cláusulas que estabeleciam o salário mínimo e as horas de trabalho, assim como outras práticas comerciais ilegais, como a venda de aves doentes. Recorreram à Suprema Corte, argumentando que o referido Ato que dava vali-

---

[29] *A. L. A. Schechter Poultry Corp. vs. United States*, 249 US 495.

dade ao Código de Aves Vivas era inconstitucional, pois estava regulamentando o comércio local, uma vez que a atividade dos Schechter não tinha efeitos em outros Estados, portanto não sendo passível de regulamentação pela *Commerce Clause*.

Para o governo, situações de emergência, como as resultantes da depressão, exigiam medidas extraordinárias. Assim justificava-se regular a economia e as relações de trabalho por meio da *Commerce Clause*. Para a Suprema Corte, no entanto, as medidas tomadas pelo governo deveriam se ater às competências entregues ao governo federal pela Constituição. De acordo com o *Chief Justice* Hughes, a legislação federal que autorizou a condenação dos réus excedia os poderes outorgados para o Congresso pela *Commerce Clause*. As cláusulas do Código de Aves Vivas aplicadas aos réus não se referiam a uma atividade entre Estados, mas simplesmente a uma atividade doméstica, com efeitos apenas indiretos no comércio entre Estados, uma vez que a atividade dos Schechter se circunscrevia ao comércio de aves dentro da região metropolitana de Nova York. Não se argumentou que a atividade dos réus se encontrava no meio do fluxo de mercadorias para outros Estados, uma vez que a mercadoria por eles comercializada seria revendida para o consumidor final na cidade de Nova York.

Se os efeitos fossem ao menos diretos sobre o comércio entre os Estados, o governo federal estaria autorizado a agir; porém, "sendo os efeitos meramente indiretos, essas medidas permaneceram no domínio do poder dos Estados". A Corte não acatou o argumento do governo de que o salário pago aos empregados, assim como o horário de trabalho regulamentado, tinham reflexo sobre os preços e, consequentemente, sobre o comércio entre os Estados. Essa decisão teve uma importância simbólica muito grande, pois demonstrava a propensão da Suprema Corte de fazer todo o possível para assegurar a liberdade contratual sob o domínio dos Estados.

No ano seguinte, a Suprema Corte reiterou essa decisão ao declarar inconstitucional o *Bituminous Coal Conservation Act* ("Ato de Conservação do Carvão Betuminoso") de 1935, no caso *Carter vs. Carter Coal Co.*[30]. O Ato tinha o objetivo de regular preços e salários, estabelecer relações comerciais mais racionais e justas e aumentar a eficiência do setor. No seu Preâmbulo, o Ato alertava para a existência de práticas ineficientes que "afetavam diretamente" o comércio de carvão entre os Estados. As indústrias ficariam obrigadas a acatar as decisões de determinado número de negociações coletivas entre trabalhadores e empregadores em suas regiões. Um acionista da Carter Coal Co. provocou o Poder Judiciário, objetivando a anulação do referido Ato.

De acordo com a decisão da Corte, prolatada pelo *Justice* Sutherland, as justificativas do governo federal, inscritas no Preâmbulo do Ato, embora reclamassem a existência de uma relação direta entre as práticas reguladas e o comércio entre os Estados, na realidade provavam que a intenção do governo federal era legislar em favor do "interesse público, a saúde e o conforto das pessoas", e não regular o comércio entre os Estados. Assim, o governo estava se utilizando de um falso "pretexto" para legislar sobre matéria distinta das autorizadas pela Constituição. E, não havendo autorização expressa da Constituição para que o Congresso legislasse nesses setores, o Ato deveria ser considerado inconstitucional. Para a maioria da Corte o Ato regulava relações de produção, que, por antecederem o momento da troca mercantil, não se encontravam na esfera propriamente comercial, devendo, assim, ser anulado.

---

[30] *Carter vs. Carter Coal Co.*, 298 US 238 (1936).

Quanto aos efeitos da situação regulada em face do comércio entre os Estados, entendeu a Suprema Corte tratar-se de uma relação meramente indireta e, sendo assim, deveria aplicar-se o precedente estabelecido em *Schechter*. Em seu voto vencido, o *Justice* Cardozo (acompanhado por Brandeis e Stone) analisa o impacto da legislação sobre o comércio entre Estados, chegando à conclusão de que os efeitos dos Atos regulados não eram tão remotos como pensava a maioria da Corte, devendo, portanto, a legislação ser considerada constitucional.

Após essas duas derrotas, somadas à resistência da Suprema Corte em autorizar os Estados a regulamentar a propriedade e limitar a liberdade contratual, ficou claro para Roosevelt e seus aliados que as principais medidas propostas pelo *New Deal* seriam aplacadas pela Suprema Corte. Em 1936 Roosevelt é reeleito pela maior margem de votos jamais existente na história dos Estados Unidos, obtendo 27.480.000 votos contra 16.675.000 de seu adversário, Alfred London. Por força do sistema distrital, assegurou-se para Roosevelt uma esmagadora maioria de 528 delegados, contra míseros oito de London, no colégio eleitoral encarregado de eleger o Presidente[31].

Roosevelt propôs alterações na estrutura da Suprema Corte, com o objetivo de neutralizar sua reação ao *New Deal*. Criticando a morosidade da Corte, Roosevelt utilizou-se do fato de que seis dos nove *Justices* tinham mais de 70 anos para propor um aumento no número de magistrados. Para cada *Justice* com mais de 70 anos deveria ser nomeado um novo membro para a Corte, limitando em quinze o número máximo de *Justices*. A sua mensagem ao Congresso propondo o *court packing* – como ficou conhecido esse plano – foi recebida com suspeição e como uma

---

[31] Nevins e Commanger, 1992: 421.

afronta ao Judiciário[32]. Os objetivos de Roosevelt eram muito claros: alcançar uma maioria de *Justices* simpáticos ao *New Deal*, assegurando liberdade ao governo federal para interferir e regular a economia[33].

Enquanto a proposta era debatida no Congresso, a Suprema Corte, suscetível às circunstâncias e à pressão resultante das urnas, passou a interpretar de forma mais flexível a Constituição, permitindo as medidas de caráter interventivo, primeiro dos Estados e depois da União. Em *West Coast Hotel Co. vs. Parrish*, em decisão apertada, uma maioria de cinco *Justices* decidiu que o estabelecimento de salário mínimo pelos Legislativos estaduais não era violação do direito de propriedade ou da liberdade contratual. Essa decisão punha fim à chamada "era Lochner", em que o direito de propriedade, entendido como natural, não podia ser suspenso por medida legislativa. Era uma matéria constitucional, à qual os governos não tinham acesso.

Redigindo para a maioria da Corte, o *Chief Justice* Hughes formulou a seguinte proposição:

> A violação alegada por aqueles que atacam a regulamentação do salário mínimo para mulheres é de que esta viola a liberdade contratual. O que é a liberdade contratual? A Constituição não fala de liberdade contratual. Fala de liberdade e proíbe a privação desta liberdade, sem o devido processo legal. [Regulamentação] que seja razoável em relação ao seu objeto e adotada no interesse da comunidade é *due process of law*[34].

---

[32] Para o processo de *court packing*, v. Stone, 1991: 180-181.
[33] Para Bruce Ackerman (1995: 81), o projeto de alteração da composição da Suprema Corte, para alcançar as medidas democraticamente legitimadas nas urnas com a reeleição de Roosevelt, em muito se assemelhava com a ameaça de *impeachment* imposta ao Presidente Andrew Johnson no período da "reconstrução" quando este se opôs às medidas que buscavam reverter a escravidão e seus legados.
[34] *West Coast Hotel Co. vs. Parrish*, 300 US 379 (1937).

Mais do que submeter o direito de propriedade ao interesse, bem-estar ou saúde pública, a Suprema Corte foi explícita ao justificar a atuação do legislador em suprir a falta de consciência de empregadores que pagassem salários insuficientes para a sobrevivência de seus empregados. Assim, havendo um vínculo de razoabilidade entre a questão a ser remediada e o ato emanado pelo Legislativo estadual e não sendo o objetivo desse ato contrário à Constituição, a intervenção dos Estados na esfera econômica seria plenamente constitucional.

Deve-se compreender que a propriedade era, até então, defendida pela Suprema Corte como um valor substantivo[35]. A partir de West Coast Hotel, essa proteção passa a ser meramente procedimental – ou seja: comprovada a existência de um vínculo razoável entre a legislação adotada e o objeto da regulamentação, a medida seria válida. Nos anos seguintes a Suprema Corte reformulou uma série de decisões tomadas na "era Lochner", diminuindo cada vez mais sua interferência no processo de revisão da atuação legislativa, como fica claro principalmente a partir de *United States vs. Caroline Products Co.*[36].

---

[35] A propriedade é assegurada pela Constituição norte-americana pela chamada *due process clause*, que aparece nas Emendas V e XIV, que impõe que ninguém "deve ser privado de sua vida, liberdade e propriedade sem o devido processo legal".

[36] *United States vs. Caroline Products Co.*, 304 US 144 (1938). No caso *Ferguson vs. Skupa*, 372 US 726 (1963), a Suprema Corte formulou o seguinte argumento: "Sob o sistema de governo criado pela Constituição, é de competência do Legislativo, não dos tribunais, decidir sobre a sabedoria ou utilidade de uma legislação. Houve um tempo em que a cláusula do devido processo legal era usada por esta Corte para invalidar leis que eram tidas como não razoáveis, ou seja, insensatas ou incompatíveis com algum particular plano econômico ou filosofia social. Essa doutrina foi há muito descartada. Hoje é pacífico que os Estados têm poder de legislar contra o que for entendido como práticas injuriosas no seu comércio doméstico, desde que as suas leis não estejam indo de encontro com alguma proibição específica da Constituição Federal".

Ainda em 1937 a Suprema Corte cede também ao governo federal o direito de intervir na esfera econômica, ao declarar constitucional o *National Labor Relations Act* ("Ato Nacional das Relações de Trabalho"), por ocasião do julgamento do caso *NLRB vs. Jones & Laughlin Steel Corp.*[37]. É importante notar que esse caso foi decidido enquanto o Senado debatia a proposta de *court packing* formulada por Roosevelt. O senador Joseph Robinson, líder da maioria no Senado, afirmava que o *court packing* seria aprovado no final do mês de julho.

A decisão da Suprema Corte favorável ao governo federal no caso *NLRB vs. Jones & Laughlin Steel Corp.* tornou o plano de *court packing* desnecessário. O *Justice* Roberts, antigo adversário do *New Deal* ou de qualquer forma de interferência do Estado na esfera do direito de propriedade, alterou a sua forma tradicional de votar, assegurando maioria de cinco *Justices* favoráveis à ampliação das competências da União e dos Estados, retirando os obstáculos constitucionais ao desenvolvimento de um modelo de Estado de Bem-Estar Social na América do Norte. A mudança de Roberts, no exato momento em que a proposta de *court packing* estava sendo considerada pelo Senado, ficou conhecida como *the switch in time that save nine* ("a mudança em tempo que salvou nove").

Nos anos seguintes a Suprema Corte restringiu ainda mais o seu papel de supervisão da atividade legislativa da União na esfera econômica, retirando basicamente todos os obstáculos constitucionais à manifestação da maioria parlamentar. Em *Wickard vs. Filburn*[38], a Corte julgou constitucional o "Ato de Ajuste da Agricultura", que penalizava agricultores que produziam acima da quota estipulada pelo Secretário da Agricultura[39]. Finalmen-

---

[37] *NLRB vs. Jones & Laughlin Steel Corp.*, 301 US 1 (1937).
[38] *Wickard vs. Filburn*, 317 US 111 (1942).
[39] Para evitar o problema da superprodução e queda de preços o governo federal estabelecia quotas máximas de produção por agricultor. Tendo sido penalizado,

te, em *United States vs. Darby*⁴⁰ a Suprema Corte abre mão de rever os motivos e propósitos que levaram o Congresso a legislar com base na cláusula do comércio. Julgar se o ato é compatível com a justificativa dada pelo Congresso para sua emanação é função do próprio Congresso: "o Judiciário não pode prescrever limitações ao setor legislativo do governo sobre o exercício de poderes reconhecidamente seus"⁴¹. A partir de *Darby*, o Congresso estava livre para interferir na esfera econômica.

3.3. Conclusão

A análise dessas etapas críticas do constitucionalismo norte-americano busca demonstrar que a extrema dificuldade em alterar a Constituição por intermédio de emenda é muitas vezes incompatível com uma sociedade em desenvolvimento e constante fluxo. O esquema originalmente traçado pela Constituição norte-americana, principalmente no que se refere ao seu processo de emenda, torna extremamente difícil que mudanças substanciais sejam realizadas na esfera de interesse dos Estados ou de interesses econômicos assegurados pelos Estados. As Constituições, ao mesmo tempo em que podem funcionar como excelente instrumento para garantir direitos legítimos de uma minoria, bloqueando a vontade opressora de uma maioria, também podem servir de defesa de privilégios absolutamente ilegítimos de uma minoria, como fica claro no caso da escravidão.

A resistência oferecida pelo constitucionalismo americano nos períodos da Guerra Civil e do *New Deal* às mudanças impos-

---

Filburn argumentou que o que ele havia produzido acima da quota não seria destinado para comércio, mas sim consumido em sua própria fazenda. A Corte, no entanto, entendeu que o fato de ele garantir o próprio consumo por meio de uma produção acima da quota poderia afetar o comércio entre os Estados, pois Filburn deixaria de comprar grãos de outros estabelecimentos.

⁴⁰ *United States vs. Darby*, 312 US 100 (1941).

⁴¹ *Justice* Stone *in Darby vs. United States*, citando *Bank vs. Fenno*, 8 Wall 533.

tas pela maioria demonstra o risco de um constitucionalismo que assegura privilégios, em face da tendência igualizante da democracia. Daí ser marcante no pensamento constitucional americano a tensão entre democracia e constitucionalismo, entre vontade da maioria e limitações impostas pela Suprema Corte, com base em um documento jurídico cada vez mais distante do presente.

Como visto, a extrema rigidez constitucional pode gerar a necessidade de buscar alternativas ao processo formal de emenda, para realizar as necessárias alterações no sistema constitucional. No caso americano, tanto no estabelecimento da União e no abandono da Confederação como na imposição das emendas de reconstrução que puseram fim ao trabalho escravo, rompeu-se com os mecanismos formais de mudança. No primeiro caso, de forma explícita a Constituição foi ratificada por um procedimento distinto daquele previsto pelos Artigos da Confederação. No caso das emendas de reconstrução, embora o procedimento estabelecido pelo art. V tenha sido formalmente respeitado, as ratificações necessárias à aprovação das XIII, XIV e XV Emendas foram fruto da imposição, e não do consentimento. Portanto, é razoável afirmar que em ambas as ocasiões houve uma ruptura.

No que se refere às mudanças impostas pelo *New Deal*, a ruptura com a Constituição se deu de forma mais sutil, uma vez que nem chegou a haver nenhuma alteração formal no texto da Constituição. Por meio de imenso apoio oferecido a Roosevelt e seu partido em duas eleições, o sistema político elaborou mudanças que, embora largamente refutadas pela Suprema Corte num primeiro momento, pois afetavam o direito de propriedade e a distribuição de poderes entre União e Estados originalmente estabelecida pela Constituição, foram estrategicamente aceitas pelo Tribunal como constitucionais. Nesse sentido, a ameaça de ampliar o número de juízes da Corte, para obtenção de uma maioria simpática ao *New Deal*, pode ser comparada às ameaças de *impeachment* ao Presidente Andrew Jackson feitas pelos republicanos, para que ele apoiasse as emendas de reconstrução, após o assassinato de Lincoln, ou, ainda, às ameaças do Congresso aos Estados Confederados para que ratificassem as emendas de reconstrução.

O objetivo deste capítulo foi demonstrar de que forma uma extrema rigidez da Constituição pode bloquear medidas democratizantes tomadas pelo Legislativo. E mais: busca demonstrar que, se não houver um controle sobre o conteúdo de justiça das normas entrincheiradas pela Constituição, pode-se chegar ao absurdo do sistema constitucional americano de proteger por meio de uma cláusula super-rígida a instituição da escravidão.

No capítulo seguinte, o argumento será construído de maneira oposta. A partir da crise da República de Weimar, da ascensão "constitucional" de Hitler ao poder e da subversão, também "constitucional", da Constituição de Weimar, pretende-se demonstrar de que forma um constitucionalismo formal, que admita qualquer transformação de seu conteúdo, desde que realizada de acordo com o texto da Constituição, também pode impor risco de erosão do sistema democrático.

CAPÍTULO 4

A FRAGILIDADE CONSTITUCIONAL DE
WEIMAR E O SURGIMENTO DAS CLÁUSULAS
CONSTITUCIONAIS INTANGÍVEIS

4.1. Introdução

O constitucionalismo europeu, que vem estruturar a nova ordem que sucede ao antigo regime, em muito vai se diferenciar dos rumos assumidos pelo modelo americano. Apesar de uma origem revolucionária comum, que colocou o povo como detentor da soberania popular e a assembleia constituinte como órgão capaz e legitimado para estabelecer uma nova Constituição, as sucessivas crises políticas e a restauração monárquica, sob o signo de uma soberania partilhada, não permitem que esses novos documentos constitucionais, pelo menos durante o século XIX, assumam uma posição clara de lei superior, como ocorrido nos Estados Unidos. Nesse sentido, é suficiente lembrar que as Constituições europeias do século XIX, em sua grande maioria, apesar de escritas, eram flexíveis.

Diversos fatores contribuíram para que as Constituições não alcançassem a posição de lei suprema, postada no ápice do sistema jurídico, como sólida limitação ao sistema político. O primeiro – e talvez o mais relevante deles – decorre da própria ambiguidade com que a teoria do poder constituinte passou a ser compreendida no Continente europeu.

Com a Restauração, a ideia de que o poder constituinte residia no povo foi substituída por uma concepção compartilhada, em que a soberania deveria ser partilhada entre o rei e o Parlamento[1]. À exceção das Assembleias Constituintes francesas de 1848 e 1870-1875, as demais Constituições europeias do século XIX foram outorgadas[2]. O fato de haver uma associação, na figura do rei ou imperador, entre aquele que concede a Constituição e o chefe de governo – e que, portanto, continuará à frente dos negócios estatais e do Poder Legislativo – explica a razão pela qual essas Constituições não previam procedimentos rígidos para sua reforma – aliás, não traziam nenhuma referência a esse tipo de procedimento. Nesse sentido, Guizot, ao comentar a Carta francesa de 1830, alertava que,

> se se pretende que existam ou devam existir dois poderes no seio da sociedade, um deles ordinário e outro extraordinário, um constitucional e outro constituinte, diz-se uma insensatez cheia de perigos e fatal. O governo constitucional é a soberania social organizada [...]. Estejam tranquilos, senhores, nós, os três poderes constitucionais, somos os únicos órgãos legítimos da soberania nacional. Fora de nós mesmos não há mais do que usurpação ou revolução[3].

Não há poder popular incondicionado, que determina o poder governamental. Esse se autorregula, pois a soberania encontra-se e permanece em constante exercício no Parlamento e por intermédio do rei.

---

[1] Vega, 1985: 42.
[2] Disso são exemplos a Constituição espanhola de 1812, a francesa de 1815, 1830 e 1852, a belga de 1831, a italiana e a austríaca de 1848 ou, ainda, a prussiana de 1850 (Mateucci, 1988: 240).
[3] Guizot, *apud* Vega, 1985: 43.

A dificuldade de conceber a Constituição como lei suprema decorre, assim, da não aceitação de uma doutrina da soberania popular. É sempre bom lembrar que, ao justificar a legitimidade da Suprema Corte americana em exercer o poder de controlar a constitucionalidade das leis, Marshall afirmava que, ao declarar uma lei inválida, a Corte estava apenas apontando a incompatibilidade entre a vontade dos representantes e a do povo, expressa na Constituição. A Constituição, como lei superior, só tem razão de ser na medida em que cristalize uma expressão de vontade distinta daquela que se manifesta cotidianamente por meio do Parlamento. Não havendo dualismo que separe vontade soberana popular de vontade governante limitada, não existe Constituição no sentido moderno, mas apenas uma lei orgânica do poder, que por este pode, a qualquer momento, ser alterada.

O fato de as Constituições europeias do século XIX serem em sua grande maioria desprovidas de mecanismos de reforma não significava, para vários autores, no entanto, que elas deveriam ser compreendidas como documentos flexíveis. Tocqueville, por exemplo, entendia que o fato de as Constituições francesas de 1814 e de 1830 não estabelecerem procedimentos de reforma significava, de forma contrária à interpretação prevalecente à época, que eram imodificáveis. Pois, se os reis e o Parlamento derivavam seus poderes da Constituição, não poderiam alterá-la; caso a alterassem, estariam destruindo a própria base de legitimação do poder que exerciam.

Também Von Mohl, um dos principais expoentes do liberalismo alemão no século XIX, buscava assegurar à Constituição uma posição de superioridade diante das demais leis, o que era impossível em face da reserva monárquica da soberania[4]. Apesar

---
[4] Vega, 1985: 46.

dessas posições favoráveis à supremacia da Constituição, a prática constitucional estava afinada com o princípio monárquico, pelo qual as Constituições eram, antes de tudo, instrumentos à disposição dos governantes.

Esse parece ser um dos aspectos cruciais que dificultaram ao constitucionalismo europeu desenvolver-se no mesmo sentido que o americano. O segundo aspecto que inviabilizou a consolidação da Constituição como norma superior na Europa do século XIX foi a ausência de um sistema judicial de controle da constitucionalidade. São questões conexas, pois o sistema de controle da constitucionalidade somente faz sentido num sistema político que aceite plenamente a ideia de soberania popular e supremacia da Constituição. Caso isso não ocorra, a atribuição do Judiciário de invalidar normas emanadas do Parlamento parecerá uma indevida e ilegítima intervenção na esfera legislativa.

Embora a prática da soberania popular não se tenha consolidado na Europa, a força da ideia rousseauniana de soberania popular, transferida a uma Assembleia, exerceu grande influência no sentido de impedir a adoção de um sistema de controle judicial da constitucionalidade. Sendo o centro do exercício da soberania a atuação conjunta de monarca e Parlamento, realmente não fazia sentido autorizar a limitação desse poder em face de uma decisão anterior tomada pelo mesmo corpo. Na hipótese de conflito entre a vontade soberana passada e presente, deve sempre prevalecer aquela que se manifeste por último, ou seja, lei posterior revoga lei anterior.

O fato de o constitucionalismo ter encontrado enormes dificuldades para se consolidar na Europa do século XIX não representa a inexistência de mecanismos de controle do poder estatal. Apenas significa que essa limitação não se dava pela existência de uma lei superior. Basta ter em mente que grande parte das "monarquias constitucionais"[5] assegurava o modelo liberal de livre mercado. Na França, na Alemanha e na Itália, por exemplo, a função de controle da administração se realizará fundamentalmente pelos mecanismos do Estado de Direito[6]. A Constituição é compreendida como um estatuto da corporação estatal, uma lei como outra qualquer, que, no entanto, regulamenta a organização do Estado, e não a relação entre particulares, o que fica a cargo dos códigos da era napoleônica. Na Inglaterra, sob a doutrina da soberania parlamentar[7], também não pode haver rigidez constitucional. A função de assegurar a liberdade é depositada nas mãos do Judiciário, responsável pela manutenção do *rule of law*, e na própria forma da lei, como ordem geral e abstrata. A lei será, então, o mecanismo por excelência para garantir os princípios liberais. Não havendo ainda democracia – e, portanto, demanda por uma maior intervenção do poder público na esfera econômica –, o Estado limita-se àquelas funções mínimas de manutenção da ordem e defesa da propriedade.

Nesse contexto de Constituições flexíveis e de um Estado com pretensões de neutralidade, que atravessa todo o século XIX, a ideia de cláusulas constitucionais intangíveis é quase inconcebível[8]. Mesmo as Constituições rígidas do início do século XX,

---

[5] A expressão aparece entre aspas pois, embora possuíssem Constituições, não significa, como demonstrado, que fossem constitucionalistas na acepção moderna do termo.

[6] Unger, 1979: 167 e ss.

[7] De acordo com A. V. Dicey, em seu clássico *The Law of the Constitution*: "O princípio da soberania do Parlamento significa nada mais nada menos do que isso, a saber, o Parlamento assim definido – o Rei, a Casa dos Lordes e a Casa dos Comuns – tem, sob a Constituição inglesa, o direito de fazer ou deixar de fazer qualquer lei; e mais, que nenhuma pessoa ou corpo é reconhecida pela lei da Inglaterra como tendo o direito de suprimir ou colocar de lado a legislação do Parlamento" (1982: 3-4).

[8] Exceto a Constituição norueguesa de 1814 – que, por intermédio de seu art. 112, impedia reformas que "contradissessem os princípios que integram a presente

que não foram outorgadas por um monarca, como a Constituição de Weimar, de 1919, não estabelecem limites materiais ao poder de reforma exercido extraordinariamente pelo Parlamento. As Constituições de diversos países europeus apenas vão se familiarizar com o conceito de cláusulas dotadas de uma rigidez superior às demais normas da Constituição após a Segunda Guerra, como reflexo do nazismo e do fascismo.

A tomada do poder por Mussolini e as alterações do *Estatuto Albertino* de 1848[9], levadas a cabo para legalizar o regime fascista, do ponto de vista constitucional não oferecem muitos problemas, visto tratar-se esse Estatuto de uma Constituição de caráter flexível. Assim, a alteração da base da soberania pôde ser realizada sem que houvesse nenhuma ruptura com a Constituição formal. Nesse sentido serão as alterações do sistema constitucional de Weimar, realizadas dentro dos limites estabelecidos pela própria Constituição, logo nos primeiros meses de governo de Hitler, que alertarão para a necessidade de construção de barreiras mais seguras contra a erosão constitucional.

4.2. Formalismo jurídico e a Constituição de Weimar

A compreensão dos debates constitucionais travados em Weimar é particularmente importante para a discussão dos limites da reforma constitucional, pela forma com que a democracia liberal foi sendo transformada, constitucionalmente, em um regime militarista e totalitário. Assim, as fragilidades demonstradas pela Constituição de Weimar e os erros praticados por

---

Constituição" – e a Constituição francesa de 1875, com as reformas de 1884 – que estabeleceu em seu art. 2º que a "forma republicana de governo não pode ser objeto de uma proposta de revisão" –, as demais Constituições europeias não dispunham sobre os limites materiais à reforma constitucional.

[9] Como ficou conhecida a Constituição italiana, outorgada pelo rei Carlos Alberto em 8 de fevereiro de 1848 (Biscaretti di Ruffia, 1973: 263).

seus operadores constituem um substrato privilegiado para os que se debruçam sobre o problema das defesas da democracia contra a vontade da maioria. Também os debates em torno da crise político-constitucional travados entre os principais constitucionalistas de Weimar – como Carl Schmitt, Ernst Forsthoff e Franz Neumann – constituirão uma das principais referências para o constitucionalismo europeu do pós-guerra, principalmente no que se refere ao fundamento último da Constituição[10].

O debate constitucional alemão tem como pano de fundo a crise do jusnaturalismo e a ascensão do positivismo como doutrina jurídica dominante, não apenas na Alemanha, assim como em quase toda a Europa[11]. O positivismo é, paradoxalmente, uma decorrência do jusnaturalismo racionalista. Hobbes, como propõe Celso Lafer[12], pode, nesse sentido, ser considerado um dos precursores do positivismo, não só por conceber o soberano como fonte exclusiva do Direito, em contraste com o pluralismo do direito medieval, mas principalmente por estabelecer uma cisão entre Direito e Moral – *auctoritas non veritas facit legem* –, que futuramente consistirá no cerne das teorias positivistas desenvolvidas pelos neokantianos, como Kelsen. O positivismo, ao separar Direito e Moral, permite que o Direito se transforme em um instrumento de organização social mais flexível que o direito liberal, fundado no jusnaturalismo, adaptando-se à democracia de massa e a um Estado que, com intensidade cada vez maior, intervém e regula a esfera privada.

Para Max Weber uma das principais características do mundo moderno é o surgimento de uma nova racionalidade instrumen-

---

[10] Para uma compreensão dos embates teóricos constitucionais em Weimar, v. Verdú, 1987; Caldwell, 1993.
[11] Gilissen, 1986: 518.
[12] Lafer, 1980.

tal[13]. O surgimento da empresa capitalista impõe a necessidade de atitudes calculadas, gerando um desencantamento do mundo. Nesse mundo moderno a dominação não mais se funda em valores transcendentes ou tradicionais, mas na crença em um direito racional que legitima o exercício do poder político. Assim, circularmente, a legitimidade do Direito passa a fundar-se na sua própria legalidade. O poder no Estado moderno decorre da atribuição de competências determinadas pelo Direito – Direito, esse, produzido conforme os procedimentos determinados para a sua produção, ou seja, por regras jurídicas. O caráter racional desse tipo de dominação – conforme Weber – "descansa na crença na legalidade de ordenações estatuídas e dos direitos de mando dos chamados por essas ordenações a exercer a autoridade (autoridade legal)"[14].

Nessa perspectiva de afastar o Direito de uma valoração ética predeterminada, Kelsen irá formular uma *Teoria Pura do Direito*, transportando para a Teoria do Direito uma série de conclusões da Sociologia Jurídica de Weber. Para que a ciência jurídica pudesse se tornar autônoma[15] – conforme Kelsen –, deveria ser depurada de valores éticos e pré-compreensões políticas ou sociológicas, pois o seu objeto era o conjunto de normas estabelecidas pelo Estado, que se fundavam em outras normas, que, por fim, eram deduzidas de uma norma hipotética fundamental[16]. No mundo real, a Constituição colocava-se no ápice de um sistema escalonado de normas, e sua legitimidade não poderia, em última instância, ser aferida senão pela sua efetividade.

---

[13] Bendix, 1960: 64 e ss.
[14] Weber, 1984: 172.
[15] Para uma análise da importância da obra de Kelsen na redignificação da ciência jurídica no século XX, v. Reale, 1985: 19-20.
[16] Kelsen, 1976.

Diversamente dos jusnaturalistas, que buscam a fundamentação última do Direito num critério abstrato ou transcendente de justiça, conforme as diversas correntes, Kelsen buscou evitar essa operação, pois argumenta que o jusnaturalismo, com muita frequência, serve mais para legitimar sistemas de poder injustos do que de paradigma seguro para dar ou negar validade ao ordenamento jurídico positivo. Salienta, nesse sentido, que não há nenhuma lógica em fundar o direito positivo em uma ordem de valores, em um direito natural sobre o qual não há nenhum consenso[17].

Para Kelsen, a Constituição, materialmente falando, "significa a norma positiva, ou normas positivas através das quais é regulada a produção das normas jurídicas gerais"[18]. Formalmente, essas Constituições podem ser escritas ou consuetudinárias; o que é, porém, essencial à Constituição é o fato de ser ela a fonte primeira da qual decorrem as demais normas do sistema jurídico. Não havendo uma norma superior, da qual a Constituição possa extrair sua legitimidade, é necessário pressupor uma norma hipotética que apenas estabeleça que devamos obedecer à Constituição[19]. Em última instância, a questão da validade da Constituição fica reduzida à sua eficácia – e, portanto, à autoridade, e não à verdade ou justiça de seu conteúdo, como já propunha Hobbes.

---

[17] Fundar o direito na natureza humana, na autoevidência do conteúdo justo das normas, é incorrer em erro, pois não há nenhum consenso sobre qual seja a natureza humana ou, ainda, sobre o que é imediatamente evidente, segundo Kelsen; fundar o direito numa vontade divina parece mais arriscado ainda, pois "não pode ser aceita pela ciência em geral e pela ciência do Direito em especial, pois o conhecimento científico não pode ter por objeto qualquer processo afirmado para além de toda experiência possível" (1976: 309).
[18] Kelsen, 1976: 278.
[19] Kelsen, 1976: 278.

O positivismo tem fortes antagonistas no direito público alemão do início do século XX. Carl Schmitt[20], Rudolf Smend[21] e Herman Heller[22], embora partindo de perspectivas filosóficas e políticas absolutamente distintas, criticaram a ideia de uma Constituição que paire sobre si própria, não estando escorada ou fundada por uma ordem anterior de valor, no caso de Smend, e política, nos casos de Schmitt e Heller. Para esses autores a falta de uma pressuposição material, não hipotética, transforma o positivismo formalista numa teoria estéril que, na realidade, não é capaz de responder a questões a respeito do fundamento da Constituição. Sendo o direito constitucional um direito que tem por objeto a política, uma teoria constitucional desprovida de uma conceituação do político, como a positivista, responde, no máximo, às indagações do direito administrativo[23].

4.3. A crítica de Carl Schmitt

A Constituição de Weimar, envolvida nessa cultura desencantada e formalista do Direito, não estabelecia limites substantivos à sua reforma. De acordo com o art. 76, "a Constituição poderia ser reformada por via legislativa ordinária. No entanto, somente se pode adotar deliberações do *Reichstag* (Câmara Baixa) sobre reforma da Constituição quando estão presentes dois terços do número legal de seus membros e votam a favor, pelo menos, dois terços dos presentes". Os mesmos dois terços eram exigidos no *Reichsrat* (Câmara Alta). Assim, aprovada pelas duas Câmaras, a Constituição de Weimar poderia sofrer qualquer

---

[20] Para uma compreensão do decisionismo de Schmitt, v. seu *O Conceito de Político*, 1992.
[21] Smend, 1985.
[22] Heller, 1968.
[23] Verdú, 1987: 73.

tipo de alteração, o que efetivamente ocorreu a partir de 1933. Para Karl Bracher um dos pontos que tornou possível a "revolução jurídica" levada a cabo por Hitler foi que, "na opinião de uma grande maioria de juristas, a Constituição não proibia a erosão ou ab-rogação da sua substância por meios constitucionais"[24].

Essa rigidez meramente procedimental, no entanto, não era aceita pela unanimidade dos juristas alemães. Carl Schmitt foi uma das principais vozes a pregar a existência de limites materiais internos à reforma de qualquer Constituição, o que negava validade às mudanças constitucionais levadas a cabo pelo Parlamento alemão a partir de 1933. Isso não deixa de ser um tanto quanto paradoxal, uma vez que Carl Schmitt serviu ao regime nazista em seus primeiros anos[25]. Utilizando-se de um argumento semelhante ao formulado por Tocqueville, Schmitt entende que a competência legislativa, ainda que expressa por meio de um *quorum* extraordinário, não pode suspender as bases do seu próprio poder: "A faculdade de 'reformar a Constituição', atribuída por uma normação legal-constitucional, significa que uma ou várias disposições legais-constitucionais podem ser substituídas por outras disposições legais-constitucionais, mas somente sob o pressuposto de que se mantenham garantidas a identidade e continuidade da Constituição considerada como um todo"[26].

O poder de reforma resume-se, assim, a uma competência. Como competência, deve estar limitada a fazer adições, correções, substituições – mas jamais perverter a identidade da Cons-

---

[24] Bracher, 1991: 245.
[25] Isso é paradoxal, uma vez que Carl Schmitt, jurista conservador católico, aderiu ao regime nazista, mantendo-se filiado ao partido de Hitler até 1936, quando foi deste desligado após ter sido objeto de uma investigação por parte da SS por atividades antinazistas (para uma pequena biografia política de Carl Schmitt, v. Bendersky, 1987).
[26] Schmitt, 1982: 119.

tituição. O poder reformador não se confunde – de acordo com Carl Schmitt – com o poder constituinte, estando, portanto, a este limitado. É ilógico que um poder inferior possa anular ou substituir as decisões fundamentais que foram tomadas pelo poder superior. Schmitt também argumenta contra a possibilidade de dupla revisão[27], que consiste na alteração do procedimento de reforma, reduzindo o *quorum* necessário de dois terços para maioria simples, ficando, assim, o legislador ordinário livre para promover qualquer alteração constitucional. Estabelece, assim, uma teoria de limitações implícitas ao procedimento de reforma.

Não há em Schmitt uma defesa dos valores inscritos na Constituição de Weimar, porém uma dedução lógica de sua teoria política, na qual se insere o problema do poder constituinte. Uma transformação constitucional que provoque substituição da "soberania popular" pelo "princípio democrático" seria inconstitucional, consistindo numa verdadeira "destruição da Constituição"[28], uma vez que estaria havendo mudança do próprio titular do poder constituinte.

Sob o sistema de Weimar, em que a soberania pertence ao povo,

> o sistema de sufrágio democrático, por exemplo, não poderia ser substituído, seguindo o art. 76, por um sistema de conselhos; os elementos federais contidos hoje na Constituição do *Reich* não podem ser suprimidos [...] se convertendo de golpe, por uma "lei de reforma da Constituição", em um Estado unitário[29].

Os atos de reforma não podem se confundir com autênticos atos de soberania, que para Schmitt somente ocorrem naqueles

---

[27] Para compreensão do conceito de dupla revisão, v. Miranda, 1983: 162.
[28] Schmitt, 1992: 119.
[29] Schmitt, 1992: 120.

momentos de exceção[30]. Dentro da normalidade há somente poderes limitados, competências, no sentido emprestado pelo direito administrativo. As decisões políticas fundamentais só podem ser tomadas pelo detentor do poder constituinte – no caso da República de Weimar, pelo povo alemão. Fora disso estará havendo uma usurpação. Schmitt em nenhum momento discute abstratamente[31] que valores devem e quais não devem compor a Constituição.

Sua argumentação volta-se apenas à proteção da decisão fundamental tomada em 1919; enquanto não houver uma nova manifestação do poder constituinte, essa é a ordem a ser assegurada. Os limites implícitos não decorrem de uma teoria abstrata do direito natural, de uma ordem valorativa transcendente ou, mesmo, de uma teoria política democrática, mas apenas de sua teoria decisionista do Direito, pela qual a ordem que põe fim ao caos deve ser preservada pelo simples fato de ser ordem.

A legitimidade para Schmitt decorre da capacidade de, no momento de exceção, surgir uma força soberana capaz de impor a nova ordem, e esta deve hobbesianamente ser mantida e preservada. Para Schmitt, mesmo essa ordem soberana, que deveria ser a qualquer custo mantida, era precária. Conforme sua concepção de política, que foi, de certa forma, uma leitura extrema-

---

[30] Schmitt, 1992: 120.
[31] Carl Schmitt pode ser incluído na geração de pensadores românticos do primeiro pós-guerra, uma vez que desacredita no racionalismo universal dos contratualistas liberais, que veem a possibilidade de uma organização racional da sociedade, pois para esse autor a ordem funda-se numa decisão dotada de autoridade, única forma de suprimir a constante ameaça do caos. Isso talvez justifique por que Carl Schmitt destine tanta energia para buscar salvar a República, seja por meio da limitação do poder de reforma, seja pela necessidade de extinção dos Partidos Comunista e Nazista, que, dentro de sua lógica da política como uma relação amigo-inimigo, iriam destruir a Constituição, seja, por fim, pela sua adesão ao nazismo, como força capaz de pôr fim ao caos (v. diversos artigos sobre Schmitt *in Telos* 72, 1987).

mente realista da política de Weimar, a normalidade política esconde um confronto latente entre inimigos que buscam a mútua eliminação. O contrato liberal, pelo qual os indivíduos ou grupos abrem mão da violência em favor de um Estado juridicamente limitado, é uma mistificação que encobre a vitória da burguesia sobre os demais grupos da sociedade. Porém, a paz burguesa é constantemente ameaçada pelos demais grupos que com ela não se compõem.

Nesse sentido, o conceito de política de Schmitt é pré-hobbesiano, pois "nenhuma quantidade de discussão, compromisso [...] pode resolver pendências entre inimigos"[32]. O conceito de política de Carl Schmitt não admite uma autêntica pacificação da sociedade, por intermédio do contrato, como ocorre em Hobbes. Isso faz da Constituição uma representação do domínio de um grupo soberano sobre grupos inferiorizados, que o tempo todo laboram pela sua extinção, razão pela qual deve ser protegida, inclusive por meio de limites implícitos ao poder de reforma, impedindo qualquer alteração na sua base de sustentação ou nos seus elementos identificadores, pois, caso isso seja permitido, significará uma autêntica ruptura da ordem soberana.

4.4. Romantismo jurídico

No plano das ideias, diversos intelectuais alemães são tomados pelo que se convencionou chamar de "romantismo". Esse movimento tem como pontos básicos a negação da ideia de progresso, bem como a das generalizações universalizantes da ilustração. De acordo com Thomas Mann o país estava receptivo ao irracionalismo, dominando por toda parte uma vontade de "restabelecer em triunfo, no seu direito vital primitivo, as forças das

---

[32] Hirst, 1987: 19.

trevas e das profundezas abissais, o instintivo; o irracional"[33].
Nesse mesmo ambiente de refutação à razão abstrata encontra-se o existencialismo de Heidegger. Não há que se fazer idealizações normativas do comportamento conforme uma ética atemporal e universal. As decisões devem levar em conta o aqui e agora, o fato concreto[34].

Carl Schmitt encarna esse romantismo e existencialismo em sua jurisprudência decisionista, que justificará a tomada de poder por Hitler e a imposição de uma nova ordem à situação de caos e humilhação em que se encontrava a Alemanha. Ao partilhar da ideia de que se deve dar relevância às distinções, e não às universalizações, como também a sua fixação com a ideia de ordem coloca-se Schmitt como um jurista romântico. Como todo conservador, Schmitt vê à sua frente o caos, e um caos que deve ser organizado não por uma ação política entre os cidadãos, mas por uma decisão provida da força necessária para o restabelecimento de uma ordem estatal. Diferentemente de autores como Hobbes, Locke e Kant, Schmitt não busca as respostas para o convívio social na racionalidade humana e na sua autonomia para o contrato. A moralidade da decisão exigida por Schmitt para a reposição da ordem não passa de uma moralidade maquiavélica, ou seja, julgada *a posteriori*. Se efetiva, será moral; se não, imoral. Não se trata, portanto, de um processo racional de construção de uma ordem justa e, nesse sentido, moral.

O romantismo de Carl Schmitt e sua descrença da razão como instrumento de construção da ordem constitucional explicam sua teoria do político baseada no binômio amigo-inimigo. Nesse sentido, a sua análise de que a competição entre os parti-

---

[33] Thomas Mann, "Die Stellung Freuds in der modernen Geistesgeschichte", *apud* Richards, 1988: 246.
[34] Bendersky, 1987: 27 e ss.

dos e grupos de direita e esquerda só terminaria com a extinção de um deles anteviu o que ocorreria nos últimos dias da República de Weimar. Para que isso não ocorresse, para que a guerra entre os inimigos políticos não pusesse fim à própria República, Schmitt pregou que tanto os grupos de extrema direita quanto os de extrema esquerda deveriam ser colocados na ilegalidade. Isso não foi feito, permitindo a chegada dos nazistas ao poder por vias formalmente legais.

4.5. A situação política de Weimar

A situação política na Alemanha é crítica entre o final dos anos 1920 e o início dos anos 1930. A principal base de sustentação política da República está no Partido Social-Democrata – de esquerda –, no Partido Democrata – liberal – e no Centro Católico – conservador –, além das Forças Armadas, derrotadas na Primeira Guerra e humilhadas em Versalhes. À margem dessas correntes políticas, que pouco tinham em comum exceto o frágil compromisso de aceitar as regras da Constituição de Weimar, existiam duas forças principais de oposição ao regime: o Partido Nazista e o Partido Comunista[35].

A Constituição de Weimar, promulgada em 11 de agosto de 1919, embora tenha exercido enorme influência sobre o direito público europeu do século XX, jamais alcançou hegemonia no período em que vigorou. O fato de ter sido promulgada pela mesma Assembleia que meses antes ratificara o Tratado de Versalhes[36] certamente desmoralizava a sua fonte produtora, em face da direi-

---

[35] Depeux, 1992: 27.
[36] O Tratado de Versalhes foi ratificado em Weimar em 28 de junho de 1919; impunha a perda da Alsácia-Lorena para a França, além de territórios para a Polônia, a Tcheco-Eslováquia e a Bélgica; limitava o número das tropas germânicas, criava mecanismos de controle pela sociedade das nações, além de outras obrigações consideradas abusivas e humilhantes.

ta nacionalista alemã. Para os nacionalistas, a Constituição era espúria, por ter sido o seu projeto inicial produzido por um jurista de origem judaica, Hugo Preuss. Era, portanto, fruto de uma "conspiração judaica" e internacionalista, pois "importada, fora desejada pelo Presidente Wilson e chegara nos furgões estrangeiros"[37].

À margem dessas críticas, levadas a cabo pelos que conspiravam contra a República Constitucional de Weimar[38], a pressão política sobre a Constituição irá aumentar em face das grandes dificuldades econômicas e sociais enfrentados pela Alemanha. A hiperinflação[39] gera perversões no mercado, que privilegia os especuladores em detrimento dos que produzem, principalmente os pequenos produtores. O desemprego é alarmante[40]. São criadas frentes de trabalho. Há uma situação de esgarçamento do tecido social e humilhação do povo alemão, que constitui um caldo de cultura extremamente fértil para o fortalecimento de doutrinas nacionalistas, militaristas e, sobretudo, antissemitas. Somado a isso, com a invasão do Ruhr pelas tropas francesas, retirando dos alemães o controle sobre o centro de sua produção industrial, deslegitima-se ainda mais a República de Weimar[41].

Comunistas e grupos nacionalistas de extrema direita aproveitaram a debilidade da República de Weimar para promover uma série de golpes e levantes, até mesmo estabelecendo novas repúblicas dentro de Weimar[42]. O sistema de Weimar encontra-

---

[37] Richards, 1988: 56.
[38] Bracher, 1991: 217.
[39] A moeda alemã começa sua derrocada em 1921, quando eram necessários 75 marcos para cada dólar; em novembro de 1923, quando Hitler realiza sua primeira tentativa de golpe, eram necessários 4 bilhões de marcos para se comprar um dólar (Shirer, 1990).
[40] De acordo com Bracher, uma em cada duas famílias alemãs era afetada pelo desemprego (1991: 216).
[41] Shirer, 1990: 61.
[42] Entre esses golpes estão os de Kapp-Luttwitz, março de 1920; Kustrin, outubro de 1920; Hitler, novembro de 1923 – todos de extrema direita; pela extrema es-

va-se sob constante ameaça. Os Partidos Comunista e Nazista, este fundado em 1920 por Hitler, incluem em seus programas princípios e métodos de ação antagônicos aos assegurados pela Constituição de 1919. Os partidos dispunham de milícias e braços armados, que se preparavam para uma guerra civil. Por outro lado, o Exército, que jamais aceitou a paz de Versalhes, colocava-se como força autônoma dentro da República. Embora pequeno – pois limitado a 100 mil soldados pelo Tratado de Versalhes –, exercia influência tremendamente grande nos assuntos internacionais e de segurança interna: era "um governo dentro do governo"[43]. Esse Exército logo se deixou seduzir pelos *slogans* nazistas, que falavam em nome da pátria e do povo alemão. Tropas de voluntários organizadas pelos nazistas e destinadas a ampliar as forças militares eram formadas à revelia das limitações internacionais. A reação aos atentados de esquerda era sempre mais severa do que a resposta estatal às tentativas de golpe promovidas pela direita.

A República também não podia contar com a fidelidade do Poder Judiciário. Este se configurava como um dos corpos burocráticos de reação ao sistema republicano. O tratamento privilegiado dado aos autores (de direita) de atentados e tentativas de golpe é uma prova disso. No julgamento dos responsáveis pela instauração da República Soviética da Baváría (de esquerda), o Judiciário condenou 2.209 "líderes", um deles à morte. Já no golpe de Kapp (provocado pela direita), de março de 1920, que obrigou o governo a deixar Berlim e colocou a Alemanha à beira de uma guerra civil, apenas um líder foi condenado à pena mínima por traição: cinco anos. Hitler, por sua vez, após uma tentativa de

---

querda: República Soviética da Baváría, abril de 1919; levante comunista na Alemanha Central, julho de 1921, entre muitos outros (Koch, 1984).

[43] Shirer, 1990: 60.

golpe em Munique, em que proclamou a independência da Baváría e a deposição do Presidente Ebert, também foi condenado à pena mínima de cinco anos de prisão pelo Tribunal Popular de Munique e colocado em liberdade nove meses depois. Mesmo quando condenados pela Justiça, esses poucos radicais de direita eram saudados pelos membros do Ministério Público e Magistratura por estarem agindo "por motivos nobres" e por "amor à terra paterna". Quando funcionários ou militares, embora julgados por traição, suas pensões militares eram mantidas[44].

4.6. O caminho "constitucional" para o poder

A partir de uma doutrina de defesa nacional, os tribunais tomaram o lado dos nazistas no confronto com os comunistas, como no julgamento do General Litzmann, em Dresden, em 1930, ou dos três oficiais acusados de criar células nazistas nas Forças Armadas, que eram instruídas para não enfrentar as milícias nazistas. Este último caso, julgado pela Suprema Corte entre 23 de setembro e 4 de outubro de 1930, é particularmente importante, pois a única pessoa admitida pela Corte para testemunhar a respeito da intenção dos nazistas de infiltração nas Forças Armadas e tentativa de derrubar o governo foi Adolf Hitler[45]. A Hitler foi dada a oportunidade de se manifestar durante duas horas diante da mais alta Corte do país. Hitler encontra-se numa posição delicada, pois é testemunha de defesa, que precisa demonstrar que os réus não praticaram nenhum ato de traição, e, ao mesmo tempo, não pode frustrar o ímpeto revolucionário daqueles que o apoiam. Apesar das fortes críticas que faz à democracia parlamentar, Hitler afirma que:

---

[44] Para uma análise detalhada do papel da Justiça nesse período, v. Müller, 1991: 12 e ss.
[45] Müller, 1991: 20.

Nosso movimento não precisa de força. O momento virá em que a nação alemã conhecerá nossas ideias; então trinta e cinco milhões de alemães se colocarão atrás de mim [...]. Quando possuirmos os direitos constitucionais, então formaremos o Estado da maneira que consideramos ser a correta.[46]

No que foi imediatamente indagado pelo Presidente da Suprema Corte: "Isto também por meios constitucionais?". Ao que Hitler respondeu: "Sim". Reafirmada sua fidelidade à Constituição, Hitler ameaçou que, chegando ao poder, seria estabelecida uma Suprema Corte Nacional-socialista, e "então a Revolução de 1918[47] será vingada e cabeças irão rolar"[48].

Para a Corte essas ameaças de Hitler não configuravam, elas próprias, um ato de traição, pois haviam sido precedidas por uma promessa de respeito aos procedimentos constitucionais. As ameaças apenas se cumpririam após a tomada constitucional do poder, e seriam promovidas por meios também constitucionais. Isso foi suficiente para que a mais alta Corte do país aceitasse o testemunho de Hitler, conferindo ao Partido Nazista legitimidade em suas ações. Muito embora o Partido Nazista continuasse a fazer uso sistemático da violência, os tribunais se negavam a reconhecê-lo[49].

Utilizando uma retórica da legalidade, ainda que eivada de evidências de que as garantias de direitos e o próprio sistema parlamentar de Weimar não sobreviveriam à ascensão dos nazistas ao poder, Hitler tranquiliza aqueles que almejavam colaborar, mas não o fariam caso a revolução por ele prometida se desse à margem da legalidade. Como não dispunha de quadros para

---

[46] Hitler, *apud* Shirer, 1990: 140.
[47] Alusão ao movimento que estabeleceu a República de Weimar. Seus protagonistas eram denominados pelos nazistas "traidores de 1918".
[48] Hitler, *apud* Shirer, 1990: 141.
[49] Müller, 1991: 21.

governar, Hitler necessitava da lealdade da burocracia e do Judiciário, e isso dificilmente seria conquistado sem o respeito, ainda que meramente formal, pelas regras do Direito[50].

A estrada constitucional que levaria Hitler ao poder começava a ser aberta. Em março de 1930 o último chanceler social-democrata, Hermann Müller, renuncia ao cargo. É substituído pelo conservador, líder do Partido de Centro Católico, Heinrich Brüning, militar condecorado e respeitado pelas Forças Armadas. Brüning não consegue que o Parlamento aprove medidas de ordem financeira. Pede, então, ao Presidente Von Hindenburg que invoque o art. 48 da Constituição e, por meio de seus poderes de emergência, aprove suas medidas por decreto. O Parlamento rebela-se e requer a revogação do decreto. Brüning requer ao Presidente a dissolução do Parlamento. Novas eleições são convocadas para 14 de setembro de 1930.

É a grande oportunidade de Hitler. Há uma crise econômica, milhões de desempregados, falta de perspectivas para os jovens[51]. Hitler promete tirar a Alemanha da miséria,

> repudia o Tratado de Versalhes, coloca-se contra a corrupção, [promete] levar os barões do dinheiro para o inferno (especialmente se fossem judeus) e zelar para que todo alemão tivesse emprego e pão[52].

De doze membros no Parlamento anterior, o Partido Nazista passa para 107, situando-se como segunda maior força dentro do *Reichstag*. Em 1932 Hitler disputa as eleições presidenciais, alcançando 36% dos votos, enquanto Hindenburg recebe 53%. A reeleição de Hindenburg, apoiado pelos social-democratas, le-

---

[50] Bracher, 1991: 250.
[51] Bracher, 1991: 216.
[52] Shirer, 1990: 138.

vou a um endurecimento com os nazistas. As tropas privadas de Hitler foram colocadas na ilegalidade. Hitler não reagiu à medida; era hora de ampliar seu apoio junto ao eleitorado. Em 31 de julho de 1932 a Alemanha realiza a sua terceira eleição nacional em cinco anos. O Partido Nazista sai como grande vitorioso, embora não conquistando a maioria absoluta, e assume 230 das 608 cadeiras, tornando-se o maior partido do Parlamento[53]. Ainda houve dois governos desastrosos, Papen e Schleicher, antes que Hitler fosse nomeado Chanceler em 30 de janeiro de 1933, formalmente de acordo com a Constituição.

Para Karl Loewenstein,

> a transição do poder do Gabinete de von Schleicher para o Gabinete de Hitler estava de acordo com as exigências atuais [...] e preservava a continuidade legal. Conformava-se ainda à prática assim chamada de Gabinete presidencial [...]. Este pervertia plenamente o governo parlamentar, enfatizando mais a confiança no Presidente do que na necessidade de uma maioria parlamentar sustentando o governo[54].

Essa transformação do governo parlamentar em governo presidencial apenas foi possível graças à transferência dos poderes legislativos do Parlamento para a Presidência, graças aos poderes de emergência conferidos pelo art. 48 da Constituição[55].

Onze dias depois da nomeação como Chanceler, sem que possuísse uma maioria estável no Parlamento, este é dissolvido pelo Presidente, com base no art. 25 da Constituição, e novas eleições são convocadas[56]. O partido de Hitler aumentou sua par-

---

[53] Bracher, 1991: 241.
[54] Loewenstein, 1937: 539.
[55] Loewenstein, 1937: 539.
[56] Cf. o Decreto de 6 de fevereiro de 1933, reproduzido em Pollock e Heneman (org.), 1934: 9.

ticipação no Parlamento, passando a ocupar 44,5% das cadeiras, enquanto seu aliado, Partido Nacional do Povo Alemão, conquistou 8% dos votos[57].

É importante notar, além do mais, que essas eleições, que deram à coligação liderada por Hitler uma maioria muito tênue, de 52,5%, não ocorreram sob a plenitude das garantias constitucionais, o que certamente favoreceu os nazistas. Diversos decretos presidenciais fundados nos poderes de emergência atribuídos ao Presidente foram editados entre 30 de janeiro, quando Hitler foi chamado a formar o governo, e 5 de março de 1933, data das eleições parlamentares. Esses decretos punham sob controle da polícia as reuniões políticas, que poderiam ser impedidas caso pusessem em risco a paz pública; autorizavam a apreensão de publicações que ameaçassem a segurança e a paz pública;[58] suspendiam liberdades individuais e políticas, além de agravar penas para crimes políticos[59].

Seguindo a promessa de tomar o poder e transformar a estrutura constitucional de forma legal, Hitler consegue a aprovação pelo Parlamento da "Lei para Combater a Crise Nacional"[60], também denominada "Ato de Habilitação". Conforme seu Preâmbulo:

> o *Reichstag* editou a seguinte lei que, com o consentimento do *Reichsrat* e depois de determinação de que os requisitos para leis alterando a Constituição haviam sido cumpridos, é por meio deste promulgada[61].

---

[57] Na Oposição, os social-democratas conseguiram 18,3%, enquanto os comunistas, 12,5% (Loewenstein, 1937: 540).
[58] Cf. o Decreto de 6 de fevereiro de 1933, reproduzido em Pollock e Heneman (org.), 1934: 9.
[59] Cf. o Decreto de 28 de fevereiro de 1933, reproduzido em Pollock e Heneman (org.), 1934: 10.
[60] Cf. a Lei de 24 de março de 1933, reproduzida em Pollock e Heneman (org.), 1934: 13.
[61] Pollock e Heneman (org.), 1934: 13.

A finalidade desse prefácio era demonstrar que o "Ato de Habilitação", que dava enormes poderes para Hitler, havia sido promulgado em estrita conformidade com os procedimentos traçados pelo art. 76 da Constituição de Weimar, que regulava o processo de emendas. Estando presentes mais de dois terços dos parlamentares, a emenda foi aprovada por larga maioria de quatro quintos dos parlamentares: 444 a favor, 94 contra. Apenas os social-democratas presentes votaram em bloco contra a emenda. Os comunistas, por sua vez, estavam impedidos de exercer seus mandatos em face do incêndio no Parlamento a eles atribuído. É bom destacar que mesmo que estivessem presentes a emenda seria aprovada. O fato é que, exceto os social-democratas e os comunistas, o restante dos partidos cometeu um ato suicida ao transferir a Hitler todos os poderes inscritos no "Ato de Habilitação"[62].

De acordo com o art. 1º dessa emenda à Constituição de Weimar: "Leis nacionais podem ser editadas pelo Gabinete Nacional assim como em conformidade com o procedimento estabelecido pela Constituição"[63]. Essa medida, embora não suprimisse o Parlamento, concedia ao Executivo o poder de legislar não apenas em situações de emergência, como previa o art. 48 da Constituição, mas ordinariamente, alterando de forma indireta os artigos 68 a 77 do texto original[64]. O mais assustador, no entanto, encontrava-se no art. 2º da emenda à Constituição, que dispunha:

> As leis nacionais editadas pelo Gabinete Nacional podem desviar da Constituição uma vez que não afetem a posição do *Reichstag* e do *Reichsrat*. Os poderes do Presidente permanecem intocados[65].

---

[62] Koch, 1984: 309.
[63] Pollock e Heneman (org.), 1934: 13.
[64] Como nota Loewenstein, o art. 1º da emenda suplementava o processo legislativo originalmente estabelecido pela Constituição (1937: 541).
[65] Cf. o art. 2º da Lei de 24 de março de 1933, reproduzida em Pollock e Heneman (org.), 1934: 13.

Como nota Loewenstein:

> Com poucas linhas impressas nos códigos o governo não apenas monopolizou as funções legislativas regulares, mas também capturou o poder de emendas, que a Constituição de Weimar tinha reservado às maiorias qualificadas das duas Casas do Legislativo agindo em conjunto[66].

As únicas limitações aos poderes do governo eram a manutenção das casas do Parlamento e do Presidente. As leis nacionais editadas pelo Gabinete passaram a ser o meio ordinário pelo qual o Estado produzia sua legislação.

Como já se viu, para a doutrina dominante a Constituição de Weimar deveria ser considerada um documento neutro. Sua legitimidade não decorria de valores transcendentes, mas apenas de sua própria normatividade. Assim, qualquer mudança que ocorresse dentro dos procedimentos estabelecidos pela Constituição era válida. Ainda que se argumente que diversas liberdades estavam suspensas no momento da eleição que aprovou a referida emenda, e também no instante de sua aprovação, o fato é que também essas medidas eram autorizadas pelos poderes de emergência atribuídos ao Presidente.

A emenda não era, no entanto, uma simples reforma ou alteração da Constituição, mas alterava a fonte do Poder Legislativo. Mais do que isso, desconstitucionalizava o restante da Constituição. Ao autorizar que as leis editadas pelo Gabinete podiam contrariar a Constituição, o "Ato de Habilitação" estava, na realidade, retirando a Constituição do ápice do ordenamento jurídico alemão e transformando-a numa lei ordinária, numa lei orgânica do Estado. Não havia uma revogação do seu texto, mas de seu *status*.

---

[66] Loewenstein, 1937: 542.

A questão é se isso poderia ou não ser objeto de emenda. Pois, suprimida sua supremacia e entregue o Poder Legislativo a Hitler, findava a democracia liberal de Weimar e se iniciava um novo sistema, em que o *Führer* encarnava a soberania.

Carl Schmitt, embora aderindo ao novo governo, não deixou de ser coerente com sua formulação referente aos limites materiais ao poder de reforma, elaborada em sua Teoria da Constituição nos anos 1920, ao afirmar que o "Ato de Habilitação", de 24 de março de 1933, consistia na imposição de uma nova ordem constitucional. Um verdadeiro ato revolucionário[67].

O ato final da conquista do poder deu-se a partir da morte do Presidente Von Hindenburg, em 1º de agosto de 1934. Pelo "Ato de Sucessão", os Gabinetes do Presidente e dos Ministros foram unificados, ficando Hitler, agora, com a chefia de governo, o Poder Legislativo e, por fim, o comando das Forças Armadas. Esse Ato seria posteriormente aprovado por 84% do eleitorado, em plebiscito realizado em 12 de novembro de 1933[68]. Consolida-se a doutrina partidária da liderança do *Führer*. Todos devem obediência e fidelidade ao líder, e este é responsável perante a nação.

As leis editadas durante o regime nazista eram vagas e de conteúdo aberto. Ao governo caberia regulamentar esses dispositivos. O Judiciário também tinha um amplo espaço de discricionariedade para aplicação da lei a casos concretos. Essa discricionariedade, no entanto, não deve ser compreendida em termos de independência. Na aplicação dos preceitos abertos, inscritos na legislação, deveria o magistrado fazer uso dos princípios que governavam o regime nazista. Assim, não era apenas

---

[67] Carl Schmitt, Das Gesetz zur Behebung der Not von Volk und Reich, *Deutsche Juristen-Zeitung* vol. 38, 1933, p. 455-458, *apud* Caldwell, 1995: 407.
[68] Loewenstein, 1937: 561.

a democracia que ruía, mas o próprio Estado de Direito. Nada mais separava a legislação do governo.

Os preceitos legislativos não mais consistiam em normas gerais e abstratas, que, por mais injustas que fossem, assegurariam um grau de previsibilidade aos cidadãos. A desformalização que Weber anunciava com o surgimento do Estado de Bem-Estar alcançou uma situação extrema. Mesmo as doutrinas básicas do direito penal, tão bem sedimentadas a partir do Iluminismo, foram rapidamente suprimidas. Com a alteração do art. 2º do Código Penal suprimiu-se o princípio *nulla poena sine lege* (nula a pena sem lei):

> Será punida a pessoa que cometer um ato que a lei declare punível ou que mereça punição de acordo com os princípios fundamentais da lei criminal ou da saudável opinião popular[69].

O Direito transformou-se em mero instrumento de dominação do *Führer*, de imposição de seus valores. As ideias de desformalização iniciadas pela Escola Livre do Direito, no início do século XX, como interpretação criativa, método teleológico, foram perversamente apropriadas, garantindo aos aplicadores uma total discricionariedade na realização do "espírito do povo". Conforme Carl Schmitt, o direito alemão "deve ser governado apenas e exclusivamente pelo espírito do Nacional Socialismo [...]. Toda interpretação deve se dar de acordo com o Nacional Socialismo"[70].

Diferentemente do comunismo e do fascismo, que demoraram alguns anos para eliminar por completo a ordem anterior, a "revolução legal" realizada por Hitler desestruturou as bases do sistema

---

[69] Art. 2º do Código Penal alemão, conforme alterações de 1935, citado por Müller, 1991: 74.
[70] Carl Schmitt, Nationalsozialismus und Rechtsstaat, *Juristische Wochenschrift*, v. 63, 1934, p. 713, *apud* Müller, 1991: 70.

constitucional de Weimar em menos de um ano[71]. Os resultados desse Estado de não Direito foram a barbárie e o holocausto.

4.7. A reação jusnaturalista

A ideologia constitucional que estrutura a Lei Fundamental de Bonn, de 1949, é uma reação ao nazismo; não apenas ao nazismo, mas também ao positivismo e ao decisionismo jurídico que facilitaram a erosão do sistema de Weimar. Busca corrigir as falhas da Constituição de Weimar, que eventualmente favoreceram a tomada constitucional do poder por parte de Hitler. Seria temerário propor que outra Constituição teria impedido a ascensão de Hitler. Em contrapartida, também não seria correto deixar de reconhecer que defeitos da Constituição de Weimar – como o modelo de Estado de emergência adotado pelo seu art. 48 e sua própria neutralidade em relação às reformas que poderiam ser feitas ao seu texto, no contexto de uma cultura jurídica positivo-relativista – não criaram obstáculos à perversa reformulação de sua estrutura básica[72].

Com o fim da Guerra a Alemanha encontrava-se ocupada. Em julho de 1948 o comando das forças de ocupação aliadas autoriza os Ministros-Presidentes dos *Länder* (Estados) a convocar uma Assembleia Constituinte com a finalidade de

> escrever uma Constituição democrática que estabelecerá para os Estados participantes uma estrutura governamental do tipo federal, que melhor se adapte ao eventual estabelecimento da unidade alemã, no momento rompida, que protegerá os direitos dos Estados participantes, provida de adequada autoridade central, e que contenha garantias de direitos e liberdades individuais[73].

---

[71] Bracher, 1991: 243.
[72] Bracher, 1991: 245-246.
[73] Essa passagem da autorização editada pelos comandantes das forças de ocupação foi encontrada em Klein, 1983: 23.

Os líderes dos Estados aceitaram a tarefa nos limites estipulados pelas forças de ocupação: Federação *com* direitos. Nada mais foi exigido. O projeto Herrenchiemsee – referência ao castelo no lago Chiemsee, no qual se reuniu um seleto grupo de juristas alemães[74] – foi elaborado sem nenhuma interferência das forças de ocupação, e depois enviado para o Conselho Parlamentar, composto de 65 membros, eleitos pelos parlamentos dos *Länder*. A Lei Fundamental foi posteriormente ratificada pelos Legislativos estaduais, como previa seu art. 144. A decisão de não submeter o projeto de Constituição à aprovação popular decorria do trauma da má utilização por Hitler dos mecanismos diretos de participação, principalmente o plebiscito. Finalmente, a Lei Fundamental foi promulgada pelo futuro Chanceler Adenauer, então Presidente do Conselho Parlamentar, em 23 de maio de 1949.

Em sentido inverso da Constituição de Weimar, que iniciava pela estrutura do poder, deixando os direitos para sua segunda parte, a Lei Fundamental põe os direitos em primeiro lugar. Não se trata simplesmente de técnica legislativa, mas da proposição de que a ordem estatal tem a finalidade de preservação de certos direitos "inalienáveis", que não eram concedidos pelo Estado, como ocorria nas Constituições anteriores. A natureza desses direitos jamais ficou claramente determinada, seja pela doutrina, seja pela jurisprudência alemã. No primeiro projeto de Constituição os democratas-cristãos buscaram fundamentar esses direitos numa ordem divina ou natural, caracterizando-os como "direitos eternos" ou "concedidos por Deus"[75]. Essas formula-

---

[74] Kommers, 1989: 8.
[75] De acordo com o primeiro projeto constitucional elaborado no lago Chiemsee, "a dignidade do homem está fundada em direitos eternos com os quais todas as pessoas são dotadas pela natureza" (*apud* Kommers, 1989: 308).

ções, no entanto, não foram aceitas pelos social-democratas, tendo, porém, os constituintes acatado a ideia de "dignidade humana" como conceito fundador da nova ordem legal. Conforme dispõe o art. 1º da Lei Fundamental:

> (1) A dignidade do homem é inviolável. Respeitá-la e protegê-la é obrigação de todo poder público e pessoa. (2) O Povo Alemão reconhece os direitos humanos invioláveis e inalienáveis como fundamento de qualquer comunidade humana, da paz e da justiça no mundo.

Além disso, os direitos descritos na Constituição deveriam ser diretamente aplicáveis pelos Poderes Legislativo, Executivo e Judiciário. A Lei Fundamental enumera nos seus dezoito primeiros artigos uma série de direitos, entre os quais os direitos a igualdade, vida, liberdade de expressão, religião, consciência, reunião, associação, privacidade etc. Esses direitos, no entanto, não são concebidos isoladamente. São direitos que devem ser exercidos dentro de uma comunidade, admitindo, dessa maneira, restrições estabelecidas legalmente. Essa "lei tem que ser genérica e não limitada a um caso particular" (art. 19, 1). Mais do que isso, nenhum direito fundamental pode ser "violado em sua essência" (art. 19, 2). Caso qualquer violação a direitos seja perpetrada pelos poderes públicos, caberá recurso ao Poder Judiciário (art. 19, 4).

Há, assim, uma completa inversão na posição dos elementos fundadores da ordem política alemã, em que o Estado, como entidade espiritual superior – de inspiração claramente hegeliana –, do qual decorriam todos os direitos dos membros da comunidade, deixa de ser o ponto de partida e passa a ser mero instrumento de realização de direitos inalienáveis. Essa perspectiva é reforçada ainda mais pelo disposto no art. 20 (3) da Lei Fundamental, que prevê a vinculação do Judiciário à "lei e ao Direito"

– Direito, aqui, compreendido como algo que transcende a mera norma posta. Essa moralização do direito constitucional alemão, como concebe Habermas[76], finalmente se completa pela inclusão de um dispositivo na Lei Fundamental que impede qualquer modificação constitucional que "afete" certos princípios fundamentais reconhecidos pela Constituição, entre os quais o da "dignidade humana"[77].

A inserção desses dispositivos supraconstitucionais, ou de direito natural, na Lei Fundamental foi uma consequência da ação de juristas teóricos e práticos que buscavam reagir aos

> antijurídicos positivismos finalistas e legalistas do período anterior, pela necessidade de uma fundamentação da situação constitucional do Estado de Direito, mais capaz de resistir do que se mostrou o relativismo do tempo de Weimar[78].

Com todas as dificuldades de fundamentação, compromissos e concessões, era necessário estabelecer bases mais sólidas para o sistema político do que uma Constituição que fosse o simples resultado arbitrário de um processo constituinte. Como nota Wieacker, havia a necessidade de proteção jurídica absoluta de certos direitos[79]. O grande problema é que essa necessidade de incorporação de valores absolutos na Constituição jamais encontrou consenso entre filósofos e juristas:

> A reação ética contra o positivismo legalista e o naturalismo até hoje se limitou, na maior parte dos casos, a derivações normativas da tradição jusnaturalista cristã ou da ética material dos va-

---

[76] Habermas, 1991: 28.
[77] Art. 79 (3).
[78] Wieacker, 1980: 699.
[79] Wieacker, 1980: 699-700.

lores e a problemática da determinação destes valores permanece em aberto[80].

Quais são os fundamentos dessas normas supraconstitucionais, como se pode apreendê-los ou, ainda, com que grau de certeza podem e devem ser impostos como obrigações morais? Isso para não dizer quem deve ser responsável pelo seu descobrimento e sua aplicação.

A doutrina constitucional alemã enfrentou na prática todos esses problemas, dando respostas que, se não satisfatórias do ponto de vista filosófico, tiveram efeitos concretos sobre a ordem legal alemã. O esforço de Otto Bachof em buscar fundamentar a Lei Fundamental numa ordem supraconstitucional é paradigmático desse período. Bachof sustenta que a validade da Constituição

> compreende a sua legitimidade em ambos os aspectos: a *positividade*, no sentido de sua "existência como plano e expressão de um poder efetivo", e a *obrigatoriedade*, no sentido da vinculação jurídica dos destinatários das normas ao que é ordenado[81].

A obrigatoriedade do Direito – e, portanto, sua própria existência – estaria na dependência de que o legislador constituinte, no caso da Constituição, tenha se submetido aos princípios supralegais. Afasta, dessa maneira, a possibilidade de um poder constituinte soberano. A Constituição apenas será válida se condizente com a supralegalidade constitucional. Caso contrário, a

> restrição da legitimidade de uma Constituição à sua positividade redundaria, ao fim e ao cabo, como [Ernst von] Hippel convincentemente mostrou, na igualdade poder = direito e correspon-

---

[80] Wieacker, 1980: 700.
[81] Bachof, 1977: 42.

deria assim, transposta para o terreno teológico, a uma argumentação que extraísse do poder do diabo a obrigatoriedade religiosa pelas leis infernais[82].

Destaque-se que mesmo juristas que antes se opunham a qualquer forma de direito natural buscam, após o nazismo, defendê-lo. Radbruch, numa profunda reformulação de seu pensamento, afirma que a concepção positivista do Direito, que sempre sustentou,

> foi a que deixou sem defesa o povo e os juristas contra as leis mais arbitrárias, mais cruéis e mais criminosas. Torna equivalentes, em última análise, o Direito e a força, levando a crer que só onde estiver a segunda estará também o primeiro[83].

Para o autor o Direito só é válido quando respeitar princípios básicos de justiça, que uns chamam de "direito natural", e outros, de "direito racional". Pairam sobre esses conceitos grandes dúvidas.

> Contudo, o esforço de séculos conseguiu extrair deles um núcleo seguro e fixo, que reuniu nas chamadas declarações dos direitos do homem e do cidadão, e fê-lo com um consentimento de tal modo universal que, com relação a muitos deles, só um sistemático cepticismo poderá ainda levantar quaisquer dúvidas[84].

Bachof deixa pistas ainda mais abstratas sobre de que forma esse direito supraconstitucional deve ser reconhecido. Reporta-se apenas à existência de um

---

[82] Bachof, 1977: 45.
[83] Radbruch, 1979: 415.
[84] Radbruch, 1979: 417.

consenso social acerca, pelo menos, das ideias fundamentais da justiça. Apesar de todas as divergências no pormenor, creio que deve reconhecer-se um tal consenso: o respeito à proteção da vida humana e da dignidade do homem, a proibição da degradação do homem num objeto, o direito ao livre desenvolvimento da personalidade, a exigência da igualdade de tratamento e a proibição do arbítrio são postulados da justiça de evidência imediata[85].

Desses postulados, associados à ideia de que a validade da Constituição apenas se dá quando esta respeita os princípios de justiça supraconstitucionais, Bachof apresenta a ideia aparentemente contraditória de que possam existir normas constitucionais inconstitucionais.

A grande dificuldade é que essas respostas têm alcance limitado, pois estão marcadas por preconcepções religiosas, históricas e políticas. Como o próprio Bachof concede, a

> existência e o caráter preceptivo de uma ordem de valores anterior ao Direito não se pode provar com uma evidência racional. Em última instância, sua afirmação é uma crença [...] que, segundo creio, abarca o que nós entendemos sob o nome [...] de "Cultura Ocidental"[86].

Embora tanto Bachof quanto Radbruch não busquem ancorar a supralegalidade constitucional numa vertente transcendente ou religiosa do direito natural, referindo-se a ideias e concepções históricas sobre os limites ao direito positivo como "declarações dos direitos do homem e do cidadão" ou a "cultura ocidental", suas concepções precisam ser mais bem desenvolvidas. A ideia de "cultura ocidental" – e o que dela se possa extrair – é muito vaga: ela

---

[85] Bachof, 1977: 2.
[86] Bachof, 1987: 47.

produziu várias coisas boas, mas também extremamente perversas, como a escravidão, o colonialismo (inerentemente ocidental) e os próprios fascismo e nazismo. Nesse sentido, a âncora de Radbruch é mais sólida, pois se refere a uma das criações mais fantásticas da "cultura ocidental", que são as declarações de direitos. Não fica clara, no entanto, a extensão desses direitos: civis ou políticos? E o que dizer dos direitos de subsistência, que se colocam como interdependentes dos primeiros?

Nesse sentido, os diversos constitucionalistas alemães buscaram enfrentar o problema da construção de uma ordem constitucional capaz de se defender de ameaças como a de 1933 sem que fosse necessário recorrer a uma ordem transcendental de valores, pois a "ordem de valores" mais suscita interrogações do que responde. A Constituição é, então, concebida como construção histórica, que tem limite na própria racionalidade humana, principalmente na capacidade dos cidadãos de buscarem a preservação daqueles direitos que julguem importantes em determinado momento. A História e seus eventos devem ser lidos e compreendidos. Serão a experiência e a ação concreta os melhores mecanismos para resguardar os valores considerados relevantes. Não há, assim, pretensão de se contar com qualquer ajuda externa contra ameaças totalitárias ou autoritárias.

A formulação de Bachof de que normas constitucionais podem ser declaradas inconstitucionais não deve, no entanto, ser deixada de lado. Principalmente quando se refere a normas trazidas ao corpo constitucional por intermédio de manifestação do poder constituinte reformador. A inclusão de limites materiais ao poder de reforma inscrito no art. 79 (3) da Lei Fundamental não precisa, necessariamente, ser sustentada por uma teoria de direito natural. Não há uma supraconstitucionalidade das normas que são colocadas à margem do processo de reforma, no sentido de que estas pertençam a outro código que não o do direito positivo. O que se estabeleceu com a presença do art. 79 (3) foi uma hierarquia dentro da Constituição[87].

Há preceitos que podem ser alterados pelo *quorum* determinado para reforma e outros que, por tão importantes, não ficam à disposição do poder constituinte reformador. Essa proposição coloca dois problemas. O primeiro deles, já abordado, é que, estando esses valores fora da possibilidade de reformulação por via parlamentar ou constituinte reformadora, limitam o campo de ação ordinária das maiorias. Portanto, incompatibilizam-se, a princípio, com a democracia. Essa incompatibilidade, no entanto, pode ser superada, mas para isso é necessário justificar esses direitos e princípios como mais importantes do que a democracia ou como essenciais à sua existência.

Um segundo problema é que, sendo os princípios protegidos pelo art. 79 (3) extremamente abertos – como o Estado de Direito e a dignidade humana –, exigem do órgão que os for aplicar um exercício interpretativo muito grande. Ou seja: os magistrados serão obrigados a retirar dessas formulações éticas colocadas na Lei Fundamental consequências jurídicas concretas – portanto, realizar alguma forma de operação de descobrimento de dispositivos supraconstitucionais. Pois o fato de chamar os princípios do Estado de Direito ou da dignidade humana de constitucionais não os transforma automaticamente em conceitos dotados de conteúdo claro e determinado. Nesse sentido, parece estar correto Habermas ao lembrar outro autor que ironicamente denomina essa operação interpretativa de "administração pelos juristas do direito natural"[88].

---

[87] Stern, 1987: 265 e ss.
[88] Habermas, 1991: 28.

A alternativa de buscar escapar da armadilha positivista inserindo nas Constituições preceitos morais e elevando sua estatura, para que não possam ser atingidos pelas paixões das maiorias, embora crie maiores dificuldades para a erosão do texto, como ocorrida em Weimar, estabelece enormes problemas na órbita da interpretação e da aplicação desses dispositivos.

4.8. Conclusão

Como foi dito na introdução deste trabalho, a empreitada constitucional tem seus limites. Muito embora o Direito seja um dos elementos que conformam a realidade política e social, não se pode pretender atribuir a esse instrumento mais força do que ele realmente tem. Sendo assim, ninguém seria suficientemente ingênuo para argumentar que a ascensão do nazismo poderia ter sido bloqueada caso a Constituição de Weimar dispusesse de cláusulas superconstitucionais. Por outro lado, não se pode deixar de argumentar que a Constituição de Weimar, assim como era majoritariamente interpretada naquele momento, favoreceu – ou, pelo menos, não criou os obstáculos que uma Constituição poderia ter criado – a tomada do poder por Hitler por caminhos legais.

Não se pretende, aqui, argumentar hipoteticamente o que teria ocorrido caso a Constituição de Weimar fosse diferente ou tivesse sido interpretada diferentemente. A questão que se coloca neste trabalho é que pressupostos essenciais ao sistema democrático devem ser retirados da esfera de deliberação majoritária com o objetivo de prevenir uma erosão da democracia. A experiência nazista aponta-nos que a simples regra da maioria não é suficiente para assegurar uma associação política baseada na igualdade e na autonomia dos indivíduos.

O ressurgimento do jusnaturalismo alemão após a Segunda Guerra aponta para a necessidade de reconstituir a comunidade política com base em pressupostos mais substantivos do que aqueles que nos foram legados pelo positivismo formalista ou pelas teorias procedimentais de democracia. A barbárie do nazismo impõe às ciências humanas – e mais especificamente ao Direito – uma demanda ética a que esses não necessariamente serão capazes de responder. Politicamente, no entanto, a comunidade internacional reagirá a partir da criação de um sistema internacional de direitos humanos, construído sob um consenso histórico entre as nações. Dentro da Alemanha a reação virá pela forte carga ética emprestada à Lei Fundamental.

CAPÍTULO 5

A RIGIDEZ CONSTITUCIONAL NO BRASIL

Não se pode pretender estabelecer uma relação de dependência direta entre estabilidade institucional e qualidades intrínsecas de um documento constitucional. Mais errado ainda seria pretender que a adoção de cláusulas intangíveis seria suficiente para afastar o esmagamento dos valores por elas defendidos. No entanto, as Constituições podem, por intermédio da organização do sistema político e da canalização das energias sociais, favorecer a estabilidade ou instabilidade de um regime, caso consigam institucionalizar-se. Por instituições entendam-se

> as regras do jogo em uma sociedade ou, mais formalmente, as limitações humanamente construídas que modelam as interações humanas. Em consequência, elas estruturam incentivos em trocas humanas, políticas, sociais ou econômicas[1].

Nesse sentido, as Constituições que não são simples instrumentos formais[2] funcionam como um dos elementos determi-

---

[1] North, 1990: 3.
[2] Karl Loewenstein divide as Constituições em "normativas", que efetivamente regulam a ordem política; "nominais", que, em face de uma dissociação entre condições sociais e a realidade, têm dificuldade para exercer a sua força normativa, servindo, porém, como meta a ser alcançada; e "semânticas", que, embora exerçam a sua força normativa e sejam condizentes com a realidade, apenas espe-

nantes na conformação da vida política. Estipulam as regras do jogo, induzem a certos comportamentos e põem limites a certos resultados indesejáveis. Embora possam ser alteradas pelo jogo que regem, devem oferecer certa estabilidade – o que exige que sejam colocadas numa posição de superioridade diante da política cotidiana, funcionando como metanormas. Para a política, portanto, o estudo das Constituições só tem interesse quando essas deixarem de ser um simples pedaço de papel e se transformarem em instituições que, ao mesmo tempo, habilitam, limitam e balizam o agir político.

Tarefa dos legisladores constitucionais deveria ser o estabelecimento de instituições que canalizem as energias contraditórias e competitivas do meio social, dando-lhes capacidade organizativa, para que superem as tendências de autodestruição e de produção de injustiças, presentes nos sistemas políticos e nas sociedades. De acordo com Cass Sunstein, as Constituições, além de negativas no sentido de defender os indivíduos do Estado, também deveriam ser negativas no sentido de se "dirigir contra os aspectos mais patológicos e perigosos" da cultura política que pretendem regular[3].

A história constitucional alemã deixa bastante claras as razões que levaram os arquitetos da Lei Fundamental de Bonn, de 1949, a estabelecer barreiras constitucionais intransponíveis voltadas à proteção de princípios e instituições básicas do Estado de Direito. A experiência de Weimar, na qual a frágil Constituição de 1919 sofreu um processo de erosão, abrindo espaço ao surgimento do regime nazista, impôs à geração do pós-guerra a criação de barreiras substantivas aos processos de mutação constitucional.

---

lham o exercício da concentração do poder, e não o ideal constitucional (1937: 217-218). Para uma classificação contemporânea das Constituições, v. Neves, 1994.

[3] Sunstein, 1993.

As razões que levaram o constituinte brasileiro de 1988 a adotar um extenso rol de limitações materiais ao poder de reforma são semelhantes àquelas que impulsionaram o grupo que se reuniu no lago Chiemsee a estabelecer a intangibilidade de diversos aspectos do que veio a ser a Lei Fundamental de Bonn. Há que se lembrar que as ondas e os regimes autoritários brasileiros não tiveram pudor em romper com as ordens constitucionais precedentes. Exceto algumas reformas voltadas a enrijecer o regime e concentrar mais poderes nas mãos do Executivo – como as promovidas entre 1840 e 1841, no Segundo Reinado, em 1926, no Governo Arthur Bernardes, e em 1935, no primeiro regime Vargas, para permitir o combate à "comoção intestina grave, com finalidades subversivas"[4] –, as demais situações de fechamento do regime deram-se à margem do processo constitucional, sendo "legalizadas" por decretos, leis e atos institucionais[5].

Assim, em vez de erosão por emendas às Constituições tivemos rupturas constitucionais. Do movimento militar que proclamou a República ao golpe, também militar, imposto a partir de 1964, as Constituições foram suprimidas e não reformadas. Porém, mesmo o regime militar buscou alguma forma de legitimação por intermédio da organização constitucional. Nesse aspecto, é interessante notar as alterações reduzindo o *quorum* necessário para a reforma da Constituição que foram inseridas nos textos constitucionais de 1967 e 1969.

---

[4] Emenda n. 1 à Constituição de 1934, Decreto Legislativo n. 6, de 18 de dezembro de 1935, *in* Campanhole, 1984: 563.
[5] Em vez de emendas constitucionais, as rupturas sempre se deram por outros atos jurídicos, absolutamente inconstitucionais, porém respaldados pela força: foi assim com o Decreto n. 1, que estabelece a República, o Decreto n. 19.398, de 11 de novembro de 1930, que estabelece o Governo Provisório, e os diversos atos institucionais utilizados pelo regime militar. Para uma enumeração dos diversos atos que tiveram papel constitucional na história brasileira, v. Franco, 1976: 145 e ss.

Para os casos de supressão constitucional, pura e simples, o estabelecimento de cláusulas intangíveis é de pouca ou nenhuma validade, como parecem concordar autores consagrados do direito constitucional, como Karl Loewenstein[6] e Carl Friedrich[7]. Mesmo sendo esse remédio ineficaz para limitar rupturas constitucionais como as ocorridas no Brasil, as Constituições republicanas brasileiras têm por tradição o estabelecimento de limites materiais ao poder de reforma. Coincidência ou não, República e Federação, por mais que tenham tido seu significado amesquinhado pelos diferentes governantes, sempre permaneceram como elementos estruturantes da vida política brasileira. A hipótese de retorno à Monarquia, aberta em 1988 e amplamente rechaçada em 1993, é um exemplo disso.

5.1. Breve retrospectiva dos procedimentos de emenda e dos limites ao poder de reforma no Brasil

A história constitucional brasileira não apresenta uma tradição de continuidade quanto às regras de reforma da Constituição. A Constituição do Império trazia um dispositivo peculiar que distinguia as matérias presentes no texto de 1824 em formal e materialmente constitucionais. De acordo com o art. 178 daquele documento:

> É só constitucional o que diz respeito aos limites, e atribuições respectivas dos Poderes Públicos, e aos direitos políticos, e individuais dos cidadãos. Tudo o que não é constitucional pode ser alterado sem as formalidades referidas, pelas legislaturas ordinárias.

Portanto, para que se promovesse a reforma dos dispositivos materialmente constitucionais era necessário cumprir uma série

---

[6] Loewenstein, 1976: 192.
[7] Friedrich, 1975: 296.

de formalidades. Emendar a Constituição não exigia *quorum* especial; no entanto, a aprovação das emendas deveria se dar por duas legislaturas consecutivas. Porém, para que a legislatura posterior pudesse apreciar a proposta de reforma, os deputados deveriam receber autorização explícita do eleitorado[8]. De acordo com a interpretação de Pimenta Bueno, lembrada por Fábio Konder Comparato,

> a necessidade do mandato ou procuração especial para a reforma é intuitiva. O Poder Legislativo ordinário não tem faculdade para modificar de maneira alguma nenhuma disposição constitucional, sua autoridade legislativa não compreende senão a esfera da legislação ordinária, a Lei Fundamental está acima de seu domínio; é pois essencial que a Nação dê-lhe essa missão constituinte, especial e limitada[9].

Por esse procedimento, além do lapso temporal entre as duas legislaturas – que buscava impedir que as emendas decorressem de uma forte comoção social e de uma pressão por medidas emergenciais –, era necessária intermediação popular conferindo à segunda legislatura uma legitimidade especial, que a transformava em um quase-poder constituinte. Por esse modelo a legislatura

---

[8] "Art. 175. A proposição será lida por três vezes, com intervalos de seis dias [...] seguindo-se tudo o mais que é preciso para a formação de uma lei.
Art. 176. Admitida a discussão, e vencida a necessidade da reforma do artigo constitucional, se expedirá lei, que será sancionada, e promulgada pelo Imperador, em forma ordinária e na qual se ordenará aos eleitores dos deputados para a seguinte legislatura, que nas procurações lhes confiram especial faculdade para a pretendida alteração, ou reforma.
Art. 177. Na seguinte legislatura, e na primeira sessão será a matéria proposta e discutida, e o que se vencer prevalecerá para a mudança ou adição à Lei Fundamental; e juntando-se à Constituição será solenemente promulgada."
[9] *Direito Público brasileiro e análise da Constituição do Império*, 478, *apud* Comparato, 1996.

ordinária não tinha o poder de reformar as cláusulas materialmente constitucionais, exceto se conseguisse autorização especial para isso[10]. Também vale destacar que somente a Câmara participava da segunda etapa do processo de aprovação de emendas, uma vez que o art. 176 não fazia nenhuma referência ao Senado.

Para Elster esses mecanismos que buscam estabelecer lapsos temporais para a aprovação de emendas são normalmente destinados a "proteger o eleitorado contra si mesmo, ou seja, [...] reduzir a possibilidade de que uma maioria aja sob o domínio de uma paixão momentânea ou interesse de curto prazo"[11]. Restringe, assim, as inconsistências temporais, pelas quais os indivíduos são levados a adotar medidas que ampliem o seu bem-estar imediato em detrimento de um bem-estar futuro, ainda que esse seja quantitativa e qualitativamente superior. Entre um benefício maior no futuro incerto e um benefício menor no presente prefere-se o benefício menor no presente. Essas demoras permitem que as pressões por medidas urgentes passem sem que seja necessário reformar a Constituição, preservando-se princípios e benefícios de longo prazo, em detrimento de interesses imediatos.

A Constituição de 1824, embora flexível no que se refere às cláusulas não materialmente constitucionais, impunha uma série de dificuldades para a reforma dos temas materialmente constitucionais. Apesar de autorizar as mudanças materialmente constitucionais por maioria simples dos parlamentares, exigia que os projetos fossem aprovados por duas legislaturas distintas, e a segunda legislatura deveria ter autorização popular expressa para

---

[10] O Ato Adicional de 1834 constituiu a única reforma formal do texto de 1824; proposta em 1831, a emenda só foi definitivamente aprovada pela terceira legislatura (1834-1837), eleita com a referida autorização do eleitorado para apreciar a proposta de emenda apresentada na legislatura anterior (Caetano, 1987: 513-514).

[11] Elster, 1994-a.

apreciar a matéria. Em consequência disso, a Constituição de 1824 sofreu muito poucas alterações no seu cerne material durante os 65 anos em que vigorou. Todas as reformas foram realizadas via legislação ordinária. Mesmo algumas mudanças mais profundas, como a adoção de eleições diretas no governo liberal do conselheiro Antônio José Saraiva, foram levadas a cabo sem que se utilizasse o mecanismo mais complexo destinado à reforma de questões materialmente constitucionais[12].

A Lei n. 16, de 12 de agosto de 1834[13], também foi responsável por um processo de descentralização política, estabelecendo Assembleias e garantindo outros privilégios para as províncias[14]. Essa liberalização e essa descentralização do sistema político seriam logo restringidas após a "rearticulação do Partido Conservador", por força da Lei n. 105, de 12 de maio de 1840, que dá interpretação restritiva às reformas liberais dos anos 1930, e da Lei n. 234, de 23 de novembro de 1841, que estabelece o Conselho de Estado, sob a presidência do Imperador[15].

Para Afonso Arinos de Melo Franco, o "caráter semiflexível imposto à Constituição pelo art. 178 tornou praticável a adaptação progressiva das instituições políticas ao sistema parlamentar de governo"[16]. Apesar dessa flexibilidade, a Constituição não resistiu à ascensão dos militares após a guerra do Paraguai e principalmente ao fim da escravidão. Com a Proclamação da República, que revertia a base de legitimidade do sistema político brasileiro, não mais era possível adaptar a Constituição.

---

[12] Paulo Brossard, *Diário da Assembleia Constituinte*, 4 de agosto de 1987, p. 118.
[13] Campanhole, 1984: 682.
[14] Iglesias, 1984: 23.
[15] V. ambas as leis ordinárias de caráter constitucional em Campanhole, 1984: 688 e ss.
[16] Franco, 1976: 163-164.

A Constituição de 1891 é precedida pelo Decreto n. 1, de 15 de novembro de 1889, redigido por Rui Barbosa, que estabelece a República e a Federação. A Constituição só seria estabelecida dois anos depois, após aprovação da Assembleia Constituinte, em 24 de fevereiro de 1891. Estabeleceu a nova Constituição, pela primeira vez na história política brasileira, a ideia de rigidez constitucional, tal qual idealizada pelos americanos. De certa forma, é uma consequência lógica da concepção de que a soberania residia no povo, inerente ao movimento republicano.

A partir de 1891, para reformar a Constituição era necessário alcançar o *quorum* de dois terços dos parlamentares de ambas as Casas, após um longo e complexo processo, pelo qual a proposta apresentada em um ano poderia ser aprovada apenas no ano seguinte[17].

A Constituição de 1891 instituiu também limites materiais ao poder de reforma, inadmitindo a deliberação de emendas "tendentes a abolir a forma republicana federativa, ou a igualdade da representação dos Estados no Senado"[18]. Essa limitação ao poder de reforma decorria da preocupação dos republicanos de que houvesse uma reação monárquica. Buscava, por outro lado, tranquilizar as oligarquias regionais no sentido de que a esfera de atuação dos Estados não seria reduzida a favor da União. Nesse

---

[17] "Art. 90. A Constituição poderá ser reformada, por iniciativa do Congresso Nacional, ou das Assembleias dos Estados.

§ 1º Considerar-se-á proposta a reforma, quando, sendo apresentada por uma quarta parte, pelo menos, dos membros de qualquer das Câmaras do Congresso Nacional, for aceita, em três discussões, por dois terços dos votos numa e noutra Câmara, ou quando for solicitada por dois terços dos Estados, no decurso de um ano, representado cada Estado pela maioria dos votos de sua Assembleia.

§ 2º Essa proposta dar-se-á por aprovada, se no ano seguinte o for, mediante três discussões, por maioria de dois terços dos votos nas duas Câmaras do Congresso."

[18] Art. 90, § 4º, da Constituição da República dos Estados Unidos do Brazil, de 1891.

mesmo sentido a impossibilidade de eliminação da representação paritária dos Estados no Senado, dispositivo, aliás, inspirado no art. V da Constituição americana, que estabelece restrição semelhante ao poder de reforma.

A Constituição de 1891 só foi emendada uma vez nas suas quatro décadas de vigência. Aprovada por dois terços dos presentes, e não do total de parlamentares, a reforma de 1926 teve sua constitucionalidade questionada no Supremo Tribunal Federal. O Tribunal entendeu, no entanto, que o procedimento adotado era legítimo[19]. Lembre-se de que a reforma de 1926 se deu sob a vigência do estado de sítio – como, aliás, todo o governo de Arthur Bernardes. O projeto original de reforma continha 76 emendas; destas, apenas cinco chegaram a ser aprovadas[20]. Essas regulavam o procedimento de intervenção federal nos Estados, limitavam o âmbito de aplicação do *habeas corpus* – que vinha sendo amplamente utilizado como defesa contra o arbítrio dos poderes políticos[21] – e dispunham sobre outras providências de caráter centralizador e fortalecedoras do Poder Executivo[22].

Apesar da reforma, a Constituição de 1891 não ficou imune às grandes mudanças internacionais, como a ascensão do comunismo na Rússia e do fascismo e do nazismo na Itália e na Alemanha, e de diversos outros regimes autoritários no Continente europeu. O modelo liberal adotado em 1891 estava em xeque em todo o mundo, mesmo nos Estados Unidos. Com a crise

---

[19] Conforme José Horácio Meirelles Teixeira, essa foi uma das grandes falhas do Supremo Tribunal Federal, embora apenas o fato de se ter considerado competente para apreciar questões de constitucionalidade de emendas seja extremamente positivo (1991: 161).

[20] Campanhole, 1984: 616 e ss.

[21] Para uma análise da doutrina brasileira do *habeas corpus*, v. Rodrigues, 1991-a. Para uma perspectiva crítica, v. Koerner, 1993.

[22] Iglesias, 1984: 37.

do *laissez-faire* surge um Estado intervencionista, que, como visto no Capítulo 3, também não se ajusta facilmente ao constitucionalismo liberal reinante durante o século XIX. Internamente, as crises política e econômica abrem caminho para a tomada do poder por Getulio Vargas, em 3 de outubro de 1930.

O Governo Provisório organiza-se por intermédio do Decreto n. 19.398, de 11 de novembro de 1930, que suspende a Constituição de 1891. Seu art. 1º anuncia que

> o Governo Provisório exercerá discricionariamente, em toda a sua plenitude, as funções e atribuições, não só do Executivo, como também do Poder Legislativo, até que eleita a Assembleia Constituinte[23].

Isso mostra claramente o caminho que será tomado por Vargas em 1937[24]. Entre a Revolução de 1930 e a mitigada Constituinte de 1933 há um fato da maior relevância, que é a Revolução Constitucionalista de 1932. Conforme Paulo Sérgio Pinheiro,

> a "Revolução Constitucionalista" não é uma excentricidade ou um movimento ditado apenas pelo interesse da hegemonia paulista, ameaçada pelo novo bloco do poder. Havia no movimento elementos autênticos de reivindicação legal de um marco que seria hoje chamado de Estado de Direito[25].

Apesar de rapidamente suprimida pelas forças do Governo Central, impulsionou a realização de uma Assembleia Constituinte.

A Constituição de 1934 alterou o regime de reforma estabelecido em 1891. Em primeiro lugar distingue revisão de emenda. A revisão ocorreria quando se alterasse a estrutura política do

---

[23] Campanhole, 1984: 623.
[24] Loewenstein, 1973: 19 e ss. V., ainda, Bonavides e Andrade, 1991: 275.
[25] Pinheiro, 1991: 270.

Estado, a organização ou competência dos poderes da soberania[26]. A alteração fruto de emenda seria incorporada ao texto. As demais alterações poderiam ser objeto de reforma, o que significa que não seriam incluídas no texto, mas enumeradas ao seu final. As emendas seriam aprovadas quando obtivessem em duas discussões a maioria absoluta na Câmara Federal e no Senado, em dois anos consecutivos, ou então seriam imediatamente aprovadas caso fosse alcançada a maioria de dois terços nas duas Casas. A revisão, por sua vez, passa por um processo mais complexo para que possa ser proposta[27].

Seguindo o caminho aberto pela Constituição de 1891, a Constituição de 1934 limitou também a possibilidade de emendas tendentes a abolir a forma republicana e federativa[28], deixando de lado a questão da igualdade de representação no Senado. Estabeleceu, ainda, a impossibilidade de se reformar a Constituição durante o estado de sítio, como havia ocorrido em 1926. Além da distinção formal entre revisão e reforma, é importante destacar que a Constituição de 1934 abre uma dupla possibilidade para sua alteração. Na primeira o *quorum* exigido, embora mais baixo, impõe a necessidade de um lapso temporal voltado a conter impulsos e paixões emergenciais. No entanto, caso atingidos dois terços das duas Casas do Congresso Nacional a mudança poderia ser imediata.

Sua duração foi efêmera. Uma das principais dificuldades para a sobrevivência do plano original da Constituição residia no seu art. 51, que impedia a reeleição do Presidente da República

---

[26] Art. 178, *caput*, da Constituição da República dos Estados Unidos do Brasil de 1934.
[27] Caetano, 1987: 559.
[28] Art. 178, § 5º, da Constituição da República dos Estados Unidos do Brasil de 1934.

– o que, obviamente, nunca satisfez Vargas. O ditador utiliza a "Revolta Comunista" de 1935 para votar – "a toque de caixa" e num "momento de quase pânico"[29] – três emendas que atribuíam ao Executivo poderes excepcionais para a manutenção da ordem[30]:

> obtém poderes *quase* ditatoriais, por intermédio de uma autorização "legal" que serviu no Brasil, como em qualquer lugar em que o governo está planejando escapar do controle do Parlamento, como um veículo para a derrubada do regime constitucional[31].

Estabeleceu-se, ainda, um Tribunal de Segurança Nacional, de caráter militar, que agiu principalmente contra os comunistas. Com a aproximação do pleito eleitoral para a Presidência da República, que deveria ocorrer em 3 de janeiro de 1938, os ataques contra a Constituição aumentaram. Vargas soube utilizar o confronto entre comunistas e integralistas, nos moldes do conflito *amigo-inimigo*, descrito por Carl Schmitt, para explicar o confronto insuperável entre comunistas e nazistas na República de Weimar, para justificar o golpe de 10 de novembro de 1937.

Com o apoio das Forças Armadas, Vargas determina o cerco do Congresso e, na mesma noite, promulga a Constituição do Estado Novo, redigida por Francisco Campos, leitor atento de Carl Schmitt. Nesse sentido o Preâmbulo da Constituição:

> Atendendo às legítimas aspirações do povo brasileiro à paz política e social, profundamente perturbada por conhecidos fatores

---

[29] Paulo Brossard, *Diário da Assembleia Constituinte*, 4 de agosto de 1987, p. 118.
[30] A Emenda n. 1, de 18 de dezembro de 1935, permitia que o Presidente da República, com autorização do Congresso, declarasse "comoção intestina grave, com finalidades subversivas das instituições políticas e sociais, equiparada ao estado de guerra, em qualquer parte do território nacional, observando-se o disposto no art. 175, n. 1, §§ 7º, 12 e 13, e devendo o decreto de declaração de equiparação indicar as garantias constitucionais que não ficarão suspensas".
[31] Loewenstein, 1973: 29.

de desordem, resultantes da crescente agravação dos dissídios partidários, que uma notória propaganda demagógica procura desnaturar em luta de classes, e da extremação de conflitos ideológicos, tendentes, pelo seu desenvolvimento natural, a resolver-se em termos de violência, colocando a Nação sob a funesta eminência da guerra civil; [...], Resolve assegurar à Nação a sua unidade [...] decretando a seguinte Constituição [...][32].

A Constituição de 1937 – simples fachada para a ditadura Vargas – rompeu, de diversas maneiras, com essa linha estabelecida a partir de 1891. Loewenstein sustenta, inclusive, que a Constituição jamais chegou a vigorar, não apenas do pondo de vista social, mas jurídico[33]. De acordo com o art. 187, a Constituição "entrará em vigor nesta data e será submetida ao plebiscito nacional na forma regulada em decreto do Presidente da República". O artigo precedente, no entanto, declarava "em todo o País o estado de emergência" e durante esse estado a Constituição, de fato, ficava suspensa, conforme os arts. 168 a 170[34].

No que se refere ao processo de reforma, o *quorum* para emendar a Constituição foi reduzido, exigindo-se para alterar o texto da Carta apenas a "maioria ordinária dos votos da Câmara dos Deputados e do Conselho Federal" quando o projeto de emenda houvesse sido apresentado pelo Presidente da República. Assim, por maioria simples as propostas do ditador poderiam alterar a Constituição. Quando o projeto de emenda emanasse da Câmara dos Deputados o *quorum* exigido para reforma do texto seria de "maioria dos membros de uma e outra Casa"[35], portanto, maioria absoluta. Também perderam sua posição especial

---

[32] Campanhole, 1984: 418.
[33] Loewenstein, 1973: 46 e ss.
[34] Campanhole, 1984: 450 e ss.
[35] Art. 174, §§ 1º e 2º, da Constituição dos Estados Unidos do Brasil de 1937.

a República e a Federação, que deixaram de constituir limites materiais ao poder de reforma.

Com o fim da Segunda Guerra não havia mais espaço para o Estado Novo: em 29 de outubro de 1945 Vargas é deposto, em 30 de novembro do mesmo ano promulga-se a Lei Constitucional n. 16[36], revogando o art. 186 da Carta de 1937, que estabelecia o estado de emergência permanente, pondo fim ao regime excepcional estabelecido por Vargas em 1937. Sob o governo de José Linhares, Presidente do Supremo Tribunal Federal, é convocada eleição para o Congresso Nacional, que deveria reunir-se em Assembleia Constituinte[37].

A Constituição de 1946 retoma as tradições liberais das Constituições de 1891 e 1934 sem, no entanto, afastar a legislação de caráter social e corporativa produzida no regime anterior. Elaborada imediatamente após a Segunda Guerra, embora contasse com a participação de ilustres juristas e intelectuais, não se beneficia dos debates travados em torno da elaboração das Constituições europeias do pós-guerra e, principalmente, da nova perspectiva dada aos direitos humanos com a adoção da Declaração Universal de 1948.

No que tange ao processo de reforma, a Constituição de 1946 retorna à posição intermediária assumida pela Constituição de 1934, entre a rigidez imposta por limitações temporais, com *quorum* de maioria absoluta, e a rigidez determinada por um *quorum* de dois terços, com aprovação imediata. As reformas constitucionais voltam a exigir maioria absoluta dos membros das duas Casas do Congresso, desde que aprovadas as emendas "em duas discussões" e "em duas sessões legislativas ordinárias e consecuti-

---

[36] Campanhole, 1984: 494-495.
[37] Lei Constitucional n. 13, de 12 de dezembro de 1945.

vas"³⁸. Portanto, embora adote o *quorum* de maioria absoluta, que dá maior flexibilidade ao seu texto, a Constituição estabelece uma mora temporal entre as duas votações.

Para que uma emenda fosse aprovada imediatamente, a Constituição de 1946 exigia que uma maioria de dois terços fosse atingida³⁹. Estabelece novamente dois mecanismos paralelos que deveriam ser utilizados, conforme a situação: havendo grande consenso sobre a reforma, esta poderia ser realizada imediatamente; caso não alcançados os dois terços, seria necessária a aprovação majoritária por sessões legislativas consecutivas. A proteção especial dada à República e à Federação sob a velha fórmula de 1891 é retomada.

A Constituição de 1946 sofreu até 1964 apenas seis emendas. A única de maior importância foi a de n. 4, que instituiu o parlamentarismo, destinada a limitar os poderes de João Goulart, que assumia a presidência após a renúncia de Jânio Quadros. A Emenda n. 6 simplesmente revogou a de n. 4, restabelecendo o presidencialismo.

Assim, quando se fala que a Constituição de 1946 se transformou numa colcha de retalhos deve-se destacar que as Emendas n. 7 a 21 foram todas produzidas durante a primeira fase do regime militar, num curto período de três anos, que vai de abril de 1964 a 24 de janeiro de 1967, quando é promulgada a nova Carta.

A Carta de 1967 mantém a autorização para a reforma da Constituição por maioria absoluta sem, no entanto, conceber nenhum mecanismo que estabeleça lapso temporal entre uma e outra votação da emenda, a exemplo dos dispositivos estabelecidos pelas Constituições de 1824 e 1946. Manteve o texto de 1967 pro-

---

[38] Art. 217, § 2º, da Constituição dos Estados Unidos do Brasil de 1946.
[39] Para uma análise dessa inovação proposta pela Constituição de 1946, v. Calmon, 1947: 375 e ss.

teção especial à República e à Federação[40]. Por fim, a Junta Militar então no poder, com fundamento em diversos atos institucionais – mais especificamente o de n. 5 –, promulga, em 17 de outubro de 1969, a Emenda n. 1, que promove ampla reforma do texto de 1967, substituindo-o de fato.

O argumento utilizado pelo regime militar para flexibilizar a Constituição era o de que exigências de maiorias muito elevadas criariam a possibilidade de tirania da minoria, pois esta poderia bloquear deliberações aprovadas pela maioria dos parlamentares. O texto original de 1969 mantém o *quorum* de maioria absoluta para reforma da Constituição até 1982, quando a Emenda n. 22 novamente restabelece a exigência de dois terços dos parlamentares de ambas as Casas para a aprovação de emenda à Constituição – o que foi, certamente, um reflexo da ampliação das cadeiras assumidas pela oposição no Congresso. O entrincheiramento da República e da Federação foi mantido durante todo o período de sua vigência[41].

As Constituições brasileiras adotaram as mais variadas fórmulas para serem reformadas. Da super-rigidez das cláusulas materialmente constitucionais e flexibilidade dos demais dispositivos da Constituição do Império (67 anos) – o que diversos autores classificam como semiflexibilidade –, passando pela rigidez decorrente de *quorum* diferenciado na Primeira República (43 anos), uma nova rigidez mista adotada pela Constituição de 1934 (3 anos), flexibilidade total da Carta de 1937 (9 anos), rigidez mista a partir de 1946 (21 anos), embora distinta daquela adotada em 1824 e 1934, novamente flexibilidade durante a maior parte do período militar (15 anos) e, finalmente, rigidez a partir de 1982.

---

[40] Art. 51 da Constituição do Brasil de 1967.
[41] Arts. 47, § 10, e 48 da Emenda Constitucional n. 1, de 1969.

A flexibilidade constitucional foi preferida pelos regimes autoritários, tanto de Vargas como dos militares. Sem as amarras de uma Constituição rígida esses governantes estavam livres para moldar os textos constitucionais às suas necessidades discricionárias e arbitrárias. Os regimes abertos sempre adotaram Constituições com algum grau de rigidez, imposta pela exigência de interregnos temporais entre as votações, voltados a esfriar as ambições reformistas[42], ou *quoruns* qualificados, ou, ainda, a combinação opcional dos dois mecanismos, como nos regimes de 1934 e 1946. O fator mais constante nas Constituições republicanas, quanto às limitações ao poder de reforma, foi o entrincheiramento da República e da Federação (exceção feita à Carta de 1937). Essa a história das diferentes regras de rigidez que antecederam os dispositivos adotados pela Constituição de 1988.

5.2. O processo constituinte

A luta por uma nova Constituição que restabelecesse a legitimidade do sistema político brasileiro – pondo fim ao regime autoritário iniciado em 1964 e institucionalizado por duas Constituições e uma série de atos institucionais que abriam espaços de arbítrio ao exercício do poder – começou em meados dos anos 1970. No início dos anos 1970 entidades como Associação Brasileira de Imprensa (ABI), Ordem dos Advogados do Brasil (OAB) e Conferência Nacional dos Bispos do Brasil (CNBB) passam a contestar a legitimidade do regime autoritário. Nesse contexto, a ideia de reconstitucionalização do País foi marcada por uma grande mobilização da sociedade civil brasileira[43]. Em princípios de 1977 a Ordem dos Advogados do Brasil, sob a presidência de Raymundo Faoro (1977 a 1979), desencadeia campanha pela con-

---
[42] Calmon, 1947: 375 e ss.
[43] Skidmore, 1988: 354 e ss.

vocação de uma Assembleia Nacional Constituinte. Também simboliza essa luta pela reconstitucionalização a leitura da *Carta aos Brasileiros*, por Goffredo da Silva Telles, em 8 de agosto de 1977, em São Paulo[44].

O fim do regime militar foi marcado não apenas pela crise interna do sistema, mas por uma forte mobilização da sociedade civil[45] e do movimento sindical renovado, na esteira do processo de liberalização[46]. De acordo com Maria Hermínia Tavares de Almeida,

> talvez um dos fenômenos mais notáveis dos últimos quinze anos tenha sido o *boom* da arte de associação. Começando pelas formas mais tradicionais de organizações de interesses, o que vimos foi uma expansão do mundo sindical[47].

No bojo do processo de transição, em que a sociedade civil ocupava um papel cada vez mais determinante, ocorrem as eleições para governadores de Estado, de onde saem vitoriosos nos principais Estados candidatos da oposição. Esse fato não apenas fortalece os partidos e seus líderes, como favorece a perspectiva de chegar ao poder central por intermédio do voto. Surge, assim, a

---

[44] Bonavides e Andrade, 1991: 452.

[45] Nas palavras de Alfred Stepan, "a sociedade civil tornou-se a celebridade política da abertura" (1986: 11).

[46] Ainda de acordo com Stepan, há dois processos paralelos: um de liberalização, que se refere à sociedade civil, e outro de democratização, que diz respeito ao mundo da política. No processo de abertura brasileiro privilegia-se inicialmente a liberalização, mantendo-se o controle sobre as instituições políticas. A própria Oposição fazia essa cisão: "a intensa atenção dedicada à sociedade 'civil', em oposição à sociedade 'política', não ocorreu sem alguns problemas estratégicos para a Oposição democrática. Importantes segmentos da Igreja e do novo movimento dos trabalhadores – dois segmentos-chaves da sociedade civil – mostravam profunda desconfiança com relação aos 'intermediários' e 'negociações' [...] os partidários dessa corrente ideológica inclinavam-se a desconfiar, profundamente, dos partidos políticos" (Stepan, 1986: 11).

[47] Almeida, 1989: 55.

campanha pelas *Diretas*, coordenada pelos partidos de oposição. O resultado da campanha, que mobilizou multidões em todo o território brasileiro, foi a compromissória eleição, pelo Colégio Eleitoral, de Tancredo Neves e José Sarney à Presidência e à Vice--Presidência da República. A ideia de instalação de uma Assembleia Constituinte foi um dos temas centrais da campanha de Tancredo Neves. Havia uma "unanimidade nacional"[48] em torno da necessidade de elaborar uma nova Constituição. Com a morte de Tancredo Neves, José Sarney encaminha projeto de emenda que viria a ser aprovada pelo Congresso Nacional em 27 de novembro de 1985, convocando uma Assembleia Nacional Constituinte[49].

Diferentemente do que muitos esperavam, não se convocou uma constituinte autônoma, mas congressual. De acordo com o art. 1º da referida Emenda:

> Os membros da Câmara dos Deputados e do Senado Federal reunir-se-ão, unicameralmente, em Assembleia Nacional Constituinte, livre e soberana, no dia 1º de fevereiro de 1987, na sede do Congresso Nacional[50].

Além de acumular os trabalhos legislativos ordinários, no decorrer de seus trabalhos, após o término de suas atividades constituintes, a Assembleia reassumiria a função de legislador ordinário, tendo, assim, um estímulo para legislar em causa própria, o que foi alvo de críticas generalizadas. A Assembleia Constituinte, porém, seria "livre e soberana", o que a liberava de eventuais amarras da ordem anterior.

A Assembleia Constituinte vai enfrentar uma série de dificuldades. A primeira delas pela ausência de um projeto preliminar

---

[48] Faria, 1989: 250.
[49] Emenda Constitucional n. 26, de 27 de novembro de 1985.
[50] Emenda Constitucional n. 26, de 27 de novembro de 1985, art. 1º.

de Constituição que desse sistematicidade ao início dos trabalhos dos constituintes. Embora o Presidente Sarney tenha criado[51] uma Comissão de Estudos Constitucionais, presidida pelo jurista e político Afonso Arinos de Melo Franco, que de fato elaborou um anteprojeto de Constituição, este foi recebido pelo Presidente Sarney apenas como um estudo[52] e encaminhado ao Ministério da Justiça, em vez de remetido ao Congresso Constituinte. Os trabalhos começaram, assim, do zero.

Outro aspecto que dificultou – e muito – a Constituinte foi a pulverização dos grupos que a compunham. Sem a presença de uma força ou, ao menos, um direcionamento hegemônico, cada decisão era submetida às injunções e conveniências dos diversos grupos, subgrupos, *lobbies* e outras formas de pressão que sobre ela agiram. Embora o PMDB dispusesse de 298 das 559 cadeiras da Assembleia – pois se beneficiara eleitoralmente das medidas econômicas tomadas pelo governo federal às vésperas das eleições –, não constituía um autêntico partido. Inchado pela adesão de políticos provenientes de partidos que apoiaram o regime militar, o PMDB não passava, naquele momento, de uma frente eleitoral[53].

Os deputados e os senadores constituintes foram eleitos sob as regras eleitorais e partidárias elaboradas durante a transição,

---

[51] Decreto Presidencial n. 91.450, de 19 de julho de 1985.

[52] Ao receber o documento, o então Presidente José Sarney cinicamente aponta que "o Brasil cumpre mais uma etapa do processo de restauração democrática. O relatório da Comissão Provisória de Estudos Constitucionais é muito mais do que uma proposta. É um acervo de contribuições para a reflexão dos futuros integrantes da Assembleia Nacional Constituinte. Este documentário contém inovações e encerra, além da contribuição pessoal do Presidente Afonso Arinos de Melo Franco, nos seus ricos e fecundos cinquenta anos de vasta experiência e larga erudição, sugestões dos mais diversos setores da sociedade brasileira" (*apud* Bonavides e Andrade, 1991: 453).

[53] David Fleischer fala em "seis PMDBs" dentro do PMDB, sendo que 28% de seus parlamentares havia pertencido à ARENA ou PDS (1988: 37-39).

ainda sob o comando dos militares. Essas regras levam a fragmentação partidária, desequilíbrio de representação entre Estados mais e menos populosos e falta de fidelidade partidária. Nesse contexto, treze partidos estavam representados na Assembleia Nacional Constituinte, no dia de sua instalação. Outros partidos surgiram ou se assumiram no decorrer do processo constituinte, como o PSDB e o PCdoB[54].

O dado relevante é que a grande maioria desses partidos não possuía consistência, nem sequer harmonia ideológica interna. Quase cem constituintes mudaram de legenda antes do término do processo constituinte. A maior parte das legendas também não trouxe à Constituinte nenhum projeto de Constituição[55]. Transformar esse universo representativo multifacetado e fragmentado, sem projetos hegemônicos, em uma Constituição que apontasse rumos claros para a reorganização da Nação não seria tarefa fácil.

Logo no início da Constituinte o mapa partidário começou a se reagrupar em torno de blocos de "progressistas", "moderados" e "conservadores". Clivagens regionais também tiveram papel importante no processo. Outro aspecto que distinguiu a Constituinte de 1988 das demais Constituintes republicanas foi a participação popular. Só na primeira fase, em que a Assembleia estava dividida em subcomissões, 11.989 propostas populares foram apresentadas. Mais de 12 milhões de assinaturas foram colhidas para a apresentação de emendas populares. A sociedade brasileira alcançava, naquele momento, um grau de organização jamais visto. Não apenas os sindicatos tinham se tornado mais numerosos e organizados, como grande parte havia rompido com a

---

[54] Coelho, 1988: 41.
[55] Uma exceção foi o projeto elaborado pelo professor Fábio Konder Comparato para o PT, sob o título *Muda Brasil* (Comparato, 1986).

tradição de subserviência tradicional nas relações trabalhistas brasileiras. Os funcionários públicos e as corporações também compareceram na Constituinte de forma coesa e organizada. Aproveitando a fragilidade do sistema representativo e a fragmentação do sistema partidário, os interesses corporativos tiveram presença marcante durante a Constituinte. O empresariado, principalmente o nacional, também trabalhou arduamente durante o processo constituinte, alcançando diversos privilégios na redação final do texto. A Assembleia Constituinte demonstrou-se aberta também a novos temas, como ecologia, proteção especial aos indígenas e às crianças, reformulação dos direitos humanos. A abertura às pressões externas, no entanto, também permitiu uma ação tremendamente eficaz de *lobbies* e grupos de pressão na defesa de interesses privados junto aos constituintes. Isso facilitou que interesses mais diversos e contraditórios fossem acolhidos no seio da Constituição de 1988.

O fragmentado corpo de representantes foi dividido em oito Comissões Temáticas, divididas cada uma delas em três Subcomissões. Cada um desses 24 grupos temáticos seria responsável por elaborar um setor da Constituição. Sem que houvesse um fio condutor nesse primeiro momento, o resultado foi a sobreposição de capítulos e títulos, não apenas de difícil harmonização, mas muitos deles contraditórios entre si. Retornando às Comissões Temáticas, para um trabalho de sistematização e aglutinação do trabalho das Subcomissões, 14.911 emendas foram apresentadas, numa etapa marcada por tensão e intransigência de muitos setores.

Submetido o trabalho das oito Comissões Temáticas à Comissão de Sistematização, esta apresentou um primeiro anteprojeto, em 26 de junho de 1987, que continha nada menos do que 501 artigos, reduzidos a 496 em 15 de julho do mesmo ano no que foi denominado *Projeto Zero*. Após cinco meses de trabalho esse foi o anteprojeto apresentado pelo relator Bernardo Cabral. Antes de ir para o Plenário, para a votação em primeiro turno, o projeto recebeu nada menos do que 20.790 emendas, o que só foi possível em face de um Regimento que autorizava emendas individuais por parte dos constituintes. Em 18 de setembro o relator apresenta projeto substitutivo que continha 264 artigos no corpo da Constituição e 72 artigos transitórios. Em 30 de novembro a Comissão de Sistematização chega ao "Projeto de Constituição-A". Esse projeto é severamente criticado por alguns, por ser produto de uma Comissão de Sistematização alegadamente dominada por constituintes mais à esquerda, que não espelhavam fielmente as correntes presentes na Assembleia[56].

É nessa passagem do primeiro para o segundo turno que surge o *Centrão*, que congrega especialmente parlamentares de centro e de direita. Esse grupo também não é monolítico. Seu objetivo inicial é alterar o Regimento Interno, de forma que fosse possível minimizar as vitórias dos constituintes mais à esquerda, no primeiro turno. Congregando mais de 280 constituintes, o Centrão alcança seu objetivo. Inicia-se mais uma etapa aberta a emendas, em que foram propostas 2.021 novas emendas. Desaparece a Comissão de Sistematização, que havia sido objeto de duras críticas por parte de membros do Centrão, criando-se a figura do relator individual[57].

O segundo turno teve início tenso, havendo, inclusive, propostas de uma revisão geral do trabalho constituinte até então realizado. Muito embora nessa etapa o Regimento não autorizasse propostas com um novo conteúdo, mas apenas emendas de

---

[56] Coelho, 1988: 49.
[57] Coelho, 1988: 53.

caráter supressivo ou correcional, diversos tópicos foram alterados de forma inovadora. O texto final ficou por conta de uma Comissão de Redação. Esse trabalho recebeu ainda 833 emendas de redação, sendo finalmente aprovado em 22 de setembro de 1988. Mesmo após aprovado o texto final, mudanças de última hora foram feitas antes do dia 5 de outubro, data da promulgação da nova Constituição.

5.3. Pretensão normativa da Constituição de 1988

O resultado foi a mais democrática e popular das Constituições brasileiras. Trata-se de um longo documento, com 245 artigos e mais 70 artigos* no "Ato das Disposições Constitucionais Transitórias", com enorme pretensão normativa[58]. A Constituição de 1988 não se limita a organizar o sistema político e a garantir direitos, mas regula largos setores da economia e também da esfera social. Mais do que isso, o documento de 1988 possui um caráter "dirigista". Desconfiada do legislador ordinário, busca vincular a sua atuação, criando obrigações legislativas e estabelecendo mecanismos de controle dessa atuação, como o mandado de injunção e a inconstitucionalidade por omissão.

Conhecendo a tradição de uma perversa utilização dos espaços de discricionariedade pelas autoridades, buscou detalhar cada ponto, cada questão. É um documento de características peculiares: prolixo, compromissário, programático. A Constituição de 1988 diferencia-se, assim, das Constituições anteriores[59].

---

* Em 2022 já eram 125 emendas. [N. da A.]
[58] Mesmo para juristas progressistas, simpáticos à orientação ideológica da Constituição de 1988, trata-se de um documento "caudaloso", com "245 gordos artigos, escoltados de mais 70 outros, não menos volumosos" (Bonavides, Andrade, 1991: 485).
[59] Para uma perspectiva crítica das Constituições dirigentes, v. Ferreira Filho, 1995: 85 e ss.

Sintonizada com os grandes temas do futuro – como direitos humanos e meio ambiente –, estruturou um sistema político pouco eficiente, que tem tido dificuldades de transformar os princípios positivados pela Constituição em prática cotidiana das instituições. Por outro lado, ao regular o sistema econômico e assegurar uma larga esfera de atuação do Estado no plano econômico, entrou em confronto com as ideias econômicas liberalizantes, que ganhavam força no final dos anos 1980. Sua pretensão de regular de maneira exaustiva as esferas política, social e econômica tem provocado inexoráveis dificuldades de aplicação.

A vastidão constitucional ocasiona uma série de problemas, tanto para a teoria constitucional, criada a partir de um paradigma liberal de Constituição, como para a aplicação prática do texto. Sua pretensão normativa é constantemente frustrada, gerando uma sensação de insinceridade constitucional[60]. Diferentemente das Constituições liberais, que reservam amplo espaço de liberdade à esfera privada, do mercado e da sociedade civil, e regulam procedimentos para a tomada de decisão política, a Constituição brasileira de 1988 tem uma estrutura substantiva. Assegura direitos substantivos e, por consequência, impõe obrigações materiais ao Estado e à sociedade. Dessa forma, corre o risco de se ver frustrar com mais frequência do que Constituições sintéticas, que simplesmente regulam o político e liberam o mundo privado. A Constituição de 1988 é, portanto, um texto pretensioso – o que não deve ser visto como algo negativo, pois, caso ela se limitasse a espelhar a realidade, seria um instrumento desprovido de qualquer função.

Apesar de suas tensões internas e de uma razoável carga de voluntarismo, seu objetivo é buscar corrigir, por intermédio de mandamentos constitucionais, diversos problemas da sociedade,

---

[60] Barroso, 1993: 41 e ss.

do mercado e do Estado brasileiro. Conforme aponta José Afonso da Silva,

> a Constituição de 1988 não é a Constituição ideal de nenhum grupo nacional. Talvez suas virtudes estejam em seus defeitos, em suas imperfeições, que decorrem de seu processo de formação [...] [d]esse processo provém uma Constituição razoavelmente avançada, com inovações de relevante importância para o constitucionalismo brasileiro [...] que não promete a transição para o socialismo, mas se abre para o futuro, com promessas de realização de um Estado Democrático de Direito que construa uma sociedade livre, justa e solidária, garanta o desenvolvimento nacional, erradique a pobreza e a marginalização[61].

Não cabe, aqui, julgar a exequibilidade desse programa, ou mesmo sua sinceridade. Para alguns trata-se apenas de uma constitucionalização simbólica[62], e não efetivamente normativa, no sentido que lhe empresta Loewenstein. Entre outras funções, o texto de 1988 buscaria apenas legitimar uma ordem real de coisas que em muito se distancia da ordem normativa constitucional. Para outros trata-se de documento confuso e "incoerente", produzido por um Congresso Nacional transformado em órgão constituinte, que emperra o "processo decisório"[63]. Critica-se também a Constituição como resultado de um projeto das esquerdas que, ingenuamente, na linha do bacharelismo brasileiro, compreendem que a lei é instrumento mágico de mudança social.

Essas críticas, no entanto, devem ser matizadas. Parte delas decorre de correntes ideológicas derrotadas no processo político constituinte. Por outro lado, seria ingênuo compreender a ques-

---

[61] Silva, 1990: 39.
[62] Neves, 1994.
[63] Comparato, 1996: 25.

tão da constitucionalização como um processo que se esgota na etapa constituinte, e não como um construir contínuo, em que a etapa de elaboração da Constituição é apenas o primeiro passo. A grande batalha se dará na implementação dos dispositivos inscritos no texto. A tensão entre a realidade e o texto é, assim, natural e – por que não dizer? – saudável. Se a Constituição brasileira não ousasse desafiar a realidade, seria um relato de miséria, arbítrio e injustiça. É essa realidade que a Constituição se propõe a mudar.

Como já foi visto, mesmo autores que partilham dos ideais sociais da Constituição de 1988 têm críticas severas a diversos aspectos do texto. Fábio Konder Comparato, por exemplo, entende que

> a Constituição representa seriíssimo obstáculo ao nosso desenvolvimento. Ela tornou impossível a estabilização monetária. Ela desestruturou ainda mais o já combalido sistema federativo. Ela impede, pela própria lógica do sistema, a realização de políticas públicas de longo alcance, ao subordiná-las, ineluctavelmente, às injunções eleitorais [...]. Ela multiplicou regras inconsequentes e irresponsáveis de bem-estar social[64].

O constituinte de 1987/1988, nesse sentido, teria cometido excessos, constitucionalizando temas que poderiam ter ficado para o legislador ordinário. O fato de a Constituinte não ter realizado seu trabalho a partir de um projeto predeterminado, mas a partir de vinte e quatro Subcomissões, criou sérios problemas de sistematização. Essas Subcomissões, além de trabalhar isoladamente umas das outras – o que gerou dificuldades em sintonizar todas as perspectivas num documento inicial –, também atua-

---

[64] Comparato, 1994: 1-3.

ram, em muitos casos, de forma sobreposta. Somado a esse problema técnico, a Constituição foi o resultado de determinada conjuntura política em que nenhum dos grupos conseguiu estabelecer hegemonicamente seu projeto político. Assim, diversos dispositivos constitucionais resultam da força de maiorias meramente eventuais, aglutinadas especialmente para a inserção de um tópico no texto constitucional.

É essa pretensão normativa da Constituição de 1988 que cria as maiores dificuldades para sua eficácia e, mesmo, sua adaptação às mudanças na economia e na sociedade. Como texto prolixo e substantivo, sua tendência é passar por mais reformas – em face das demandas de cada geração – do que um documento de caráter procedimental. Quanto mais detalhista e substantivo for um texto constitucional, maior a possibilidade de ele se inviabilizar em face das ideologias, das tendências e dos imperativos econômicos distintos daqueles que o estabeleceram. Quanto mais sintético e processual, limitando-se a traçar os procedimentos para tomada de decisão, maior sua possibilidade de sobrevivência através dos tempos. Porém, a adaptabilidade de um texto não deve ser vista como valor absoluto ou, mesmo, supremo. Muitas Constituições podem ter vida curta e mesmo assim desempenhar papel extremamente relevante. Outras de vida longa – como a argentina – jamais conseguiram estabelecer um regime estável.

A sobrevivência das Constituições, embora seja um valor em si, principalmente para a estabilização de expectativas, não deve ser tomada como valor supremo. Porém, uma Constituição que de antemão se saiba descartável ocasiona graves problemas, tanto na esfera econômica como na política. Na esfera econômica pode inibir investimentos, principalmente a mais longo prazo, pois sem regras estabelecidas e confiáveis dificilmente haverá grande disposição do setor produtivo em ampliar sua atuação, pelo menos nas esferas produtivas⁶⁵. Também para o sistema político a volatilidade da Constituição é algo indesejável. Sem que as regras sejam bem estabelecidas, e sobre elas não haja constante disputa, dificilmente o sistema se estabiliza, criando um ambiente de tranquilidade para a alternância no poder.

O grande desafio de uma teoria das limitações materiais ao poder de reforma, dentro do quadro constitucional brasileiro, é alcançar uma interpretação das cláusulas superconstitucionais capaz de assegurar a proteção dos procedimentos democráticos de tomada de decisão, das instituições que asseguram o Estado de Direito e, fundamentalmente, de todos aqueles direitos essenciais à realização da dignidade humana, sem desautorizar o direito de cada geração de realizar sua autonomia.

5.4. A superconstitucionalidade no texto de 1988

A Constituição de 1988, como documento extenso e prolixo que é, sofreu, em apenas dez anos de vida, dezenove emendas, fora as reformas decorrentes do processo de revisão. E, provavelmente, sofrerá inúmeras outras alterações. Sendo extremamente detalhista, dificilmente poderá preservar a integralidade de seu texto em face das mudanças de vento e maré sem fazer correções de rumo, ainda que não altere seu destino. Nesse aspecto, a diminuição do *quorum* exigido para se reformar a Constituição pode ser, a princípio, considerada um ato prudente do constituinte originário.

O *quorum* de três quintos, dissociado de outros mecanismos que diminuam os ímpetos reformistas, certamente abre a possibilidade de constantes mudanças no texto da Constituição. Esse *quorum* nem sequer consegue barrar maiorias eventuais⁶⁶. Ao es-

---

⁶⁵ Elster, 1994-a: 214.
⁶⁶ Caplin e Nalebuff, "On 64% majority rule", revista *Econometrica* 56, *apud* Elster, 1994-a: 225.

tabelecer o *quorum* de três quintos para a reforma da Constituição o legislador constituinte buscou flexibilizar o texto, evitando estabelecer barreiras intransponíveis ao poder de reforma. Destaque-se que apenas no final do processo constituinte[67] é que o *quorum* cai de dois terços para três quintos. Certamente o texto que foi surgindo dos trabalhos constituintes levou a que muitos dos deputados e senadores – principalmente aqueles que se viram derrotados em relação a questões substantivas – preferissem facilitar o processo pelo qual a Constituição de 1988 pudesse vir a ser reformada no futuro. Essa interpretação justifica-se na medida em que, terminado o processo de confecção da Constituição, os constituintes deliberaram pela realização de uma revisão da Constituição de 1988 após cinco anos de sua entrada em vigor[68].

Caso essa flexibilização não viesse acompanhada de uma expansão das cláusulas limitativas do poder de reforma, poderia gerar situação de absoluta fragilidade do cerne básico da Constituição, que organiza o Estado Democrático de Direito. Daí surge a importância absoluta não apenas dos dispositivos que estabelecem os limites materiais ao poder de reforma, como de sua adequada compreensão e aplicação.

Como já foi visto, de acordo com esse dispositivo

> não será objeto de deliberação a proposta de emenda tendente a abolir: a forma federativa de Estado; o voto direto, secreto, universal e periódico; a separação de Poderes; os direitos e garantias individuais[69].

A primeira função desse dispositivo, obviamente, é servir de proteção não apenas ao cerne constitucional tradicionalmente

---

[67] A alteração surge no "Projeto de Constituição-B", em 12 de agosto de 1988.
[68] Art. 3º do Ato das Disposições Constitucionais Transitórias.
[69] Para uma análise desse dispositivo, v. Silva, 1998: 63 e ss.

protegido por cláusulas pétreas, afastada a proteção especial à República, mas ampliar a defesa dos direitos, da separação de Poderes e do voto, como elemento estruturante da democracia, em relação ao poder constituinte reformador. Portanto, mais do que o estabelecimento de cláusulas pétreas ou, mesmo, de um pequeno núcleo constitucional irreformável, o constituinte concedeu caráter de superconstitucionalidade a diversos setores da Constituição, ou seja, um conjunto de princípios e normas constitucionais hierarquicamente superiores aos demais dispositivos da Constituição. Superconstitucionalidade, e não supraconstitucionalidade, pois, embora superiores, esses dispositivos ainda se encontram dentro da órbita da Constituição: direito positivo, e não transcendente.

Ao impedir a deliberação sobre proposta de emenda "tendente a abolir" esses princípios, instituições e direitos, o constituinte colocou-os em posição hierarquicamente superior à das demais normas da Constituição. Criou, assim, uma ordem constitucional superior dentro do próprio corpo da Constituição formal. Essa ideia vai de encontro ao que pensa boa parte dos constitucionalistas[70]. Para Canotilho, por exemplo, as Constituições estão submetidas ao princípio da unidade hierárquico-normativa, pelo qual "todas as normas contidas numa Constituição formal têm igual dignidade (não há normas só formais, nem hierarquia de supra-infra ordenação dentro da lei constitucional)"[71]. Essa perspectiva tradicional, no entanto, parece perder o sentido em face da dimensão das cláusulas superconstitucionais adota-

---

[70] Não pensa dessa forma Carlos Ayres Britto, para quem, se a Constituição se traduz, perante o ordenamento, "em normas dominantes e aquele em normas dominadas, perante a Constituição as cláusulas pétreas é que são normas dominantes e as demais regras constitucionais é que passam a normas dominadas" (1995: 194).

[71] Canotilho, 1993: 191.

das em 1988. Não se trata de distinção ideológica entre normas formal e materialmente constitucionais, mas de arranjo institucional concreto que facilitou a alteração da maioria dos dispositivos de uma Constituição e impossibilitou a abolição de outros. Nesse sentido, não há por que deixar de admitir que esses dispositivos entrincheirados por força do art. 60, § 4º, encontram-se em posição superior aos demais dispositivos da Constituição de 1988. Muito embora não se admitam explicitamente distintas hierarquias dentro do documento constitucional – mesmo porque a doutrina brasileira tem dificuldades com a ideia –, não há grandes divergências sobre a existência de uma super-rigidez constitucional dos dispositivos elencados nos diversos incisos do art. 60, § 4º, da Constituição[72].

Essa perspectiva de que há uma "super-rigidez" das cláusulas protegidas pelas limitações materiais ao poder de reforma foi desenvolvida por Geraldo Ataliba mesmo antes do aparecimento do texto de 1988. Ao analisar o papel da República e da Federação em nosso ordenamento jurídico afirmava que, em relação

> a esses dois princípios, pode-se dizer que nossa Constituição é "rigidíssima". Não há possibilidade de ser ela alterada quanto a essas matérias, nem mesmo por meio de emendas. Nesse ponto ela é inalterável[73].

A proteção a essas cláusulas, no entanto, não se refere apenas à sua ruptura total, mas também ao processo de erosão que eventualmente podem vir a sofrer. Nesse ponto, precisa a colocação de Gilmar Ferreira Mendes, em parecer elaborado por ocasião da revisão constitucional de 1993, no sentido de que a Constituição impôs uma proibição de ruptura constitucional em que

---

[72] Rocha, 1993: 23. No mesmo sentido o original ensaio de Britto, 1995.
[73] Ataliba, 1998 (1. ed. de 1985).

veda-se não apenas a emenda que suprima princípios fundamentais, mas também aquelas que, sem suprimi-los de imediato, acabam por lesá-los, deflagrando o processo de erosão da ordem constitucional[74].

Essa posição, no entanto, não é unânime. Conforme Manoel Gonçalves Ferreira Filho, deve-se tomar cuidado para não interpretar as cláusulas superconstitucionais de forma que se crie uma petrificação extrema da Constituição de 1988[75]. Para o autor não se justifica defender as cláusulas pétreas pelo simples fato de estas decorrerem do poder constituinte, pois, de fato, "na relação com o povo não há diferença entre os [representantes] que vão editar a Constituição e os que vão governar de acordo com ela, em ambos os casos são eleitos pelo povo para em nome e lugar deste tomarem decisões políticas"[76]. Essas cláusulas devem ser defendidas quando constituírem o núcleo básico da Constituição, e não pelo simples fato de que o poder constituinte assim o quis.

Outras divergências também aparecem quando se discute a dimensão da proteção conferida pelo art. 60, § 4º, a outros dispositivos da Constituição. Que direitos e garantias podem ser considerados superconstitucionais? Quais aspectos da Federação estão protegidos? Que aspectos da separação de Poderes não podem ser alterados? E assim por diante. Se as cláusulas superconstitucionais forem interpretadas de forma generosa, largas parcelas da Constituição irão sofrer um processo de "engessamento"[77], pondo em risco a própria sobrevivência do texto constitucional como um todo. Por outro lado, se se incorrer na tentação

---

[74] Mendes, 1994.
[75] Ferreira Filho, 1995: 5-10.
[76] Ferreira Filho, 1995: 6.
[77] Mendes, 1994: 4362.

de uma interpretação restritiva abre-se a possibilidade de flexibilizar ainda mais o processo de reforma, deixando os valores fundamentais da Constituição totalmente vulneráveis.

Na discussão em torno dos limites materiais ao poder de reforma pode-se vislumbrar duas posições bastante antagônicas. Uma primeira neoliberalizante e uma segunda que busca assegurar os avanços sociais reconhecidos pela Constituição.

Por um lado, vê-se a necessidade de amplas reformas como uma maneira de permitir o ingresso do Brasil numa economia globalizada e altamente competitiva. Para esses setores há diversos aspectos referentes aos direitos sociais, previdenciários e ao papel do Estado, assegurados pela Constituição de 1988, que criam obstáculos à liberalização e ao consequente desenvolvimento econômico do país[78]. Para esses reformistas os limites traçados pelas cláusulas superconstitucionais devem ser interpretados de maneira bastante restrita[79], principalmente no que se refere à admissibilidade de limitação de direitos trabalhistas e previdenciários.

Por outro lado, uma interpretação extensiva da superconstitucionalidade é defendida como forma de bloquear reformas capazes de suprimir o cerne social-democrata da Constituição. Como defende Paulo Bonavides[80], sendo a distinção entre direitos de primeira, segunda e terceira geração totalmente ultrapassada, interpretar o inciso IV do § 4º do art. 60 como protegendo estritamente os direitos de caráter liberal seria fraudar a Constituição de 1988:

---

[78] Exemplo do reformismo de tendência neoliberal é o documento *Fórum das Reformas: a Nação tem Pressa*, preparado pela Fipe-USP para a Fiesp/Ciesp, São Paulo, 1997.
[79] "De qualquer forma, a limitação material ao poder constituinte não é regra, mas exceção. Como tal há de ser interpretada restritivamente [...] a intocabilidade das 'cláusulas pétreas' não é um dogma" (Ferreira Filho, 1995: 10).
[80] Bonavides, 1998: 588 e ss.

não há distinção de grau nem de valor entre direitos sociais e individuais [...] ambas as modalidades são elementos de um bem maior já referido, sem o qual tampouco se torna efetiva a proteção constitucional: a dignidade da pessoa humana[81].

Assim, excluir do rol das cláusulas pétreas os direitos sociais seria aderir a uma interpretação constitucional "anacrônica, obsoleta, regressiva e incompatível com o espírito da Constituição"[82].

Em posição intermediária, Derly Barreto e Silva Filho, ao analisar o problema dos limites materiais ao poder de reforma durante o processo de revisão de 1993, colocou-se de modo pouco ortodoxo nesse debate. Apesar de fazer uma defesa intransigente dos direitos sociais como instrumentos essenciais para a realização da democracia, vê as cláusulas pétreas de forma menos rígida:

> as cláusulas pétreas [...] traduzem valores assentes, que, todavia, não são absolutos, tendo em vista a dinâmica da vida em sociedade. Logo, se os fatos sociais ditam mudanças necessárias, ou seja, se a sociedade impõe modificações essenciais nas relações jurídicas, a Constituição deve amoldar-se a tais transformações[83].

O núcleo imodificável da Constituição deve permanecer, enquanto atender aos ditames sociais;

> caso contrário, a petrificação cede ou desaparece, porque a ordem jurídica obedece às leis humanas e não o inverso. A Constituição não pode refrear os fatos sociais, em nome de sua imperatividade e inteireza[84].

---

[81] Bonavides, 1998: 595.
[82] Bonavides, 1998: 593.
[83] Silva Filho, 1993: 263.
[84] Silva Filho, 1993: 263.

Esses os dilemas postos diante do Supremo Tribunal Federal, como se verá no estudo de casos feito a seguir. O fato de a Constituição ter usado linguagem extremamente abstrata (exceção feita ao tratamento dado ao voto) e ter protegido quatro esferas estruturais da maioria das Constituições – como Federação, separação de Poderes, direitos e participação política, por intermédio do voto – gerou dificuldade muito grande para os responsáveis pela interpretação e pela aplicação das cláusulas superconstitucionais.

Por fim, as cláusulas superconstitucionais assumem outra função tremendamente relevante na ordem constitucional vigente. No quadro de fragmentação, ambiguidade e assistematicidade da Constituição de 1988, acima descrito, as cláusulas superconstitucionais podem funcionar como princípios fundamentais de interpretação constitucional. Além de barreira às mudanças que venham a colocar em risco os valores fundamentais da ordem constitucional, esses dispositivos podem ser utilizados para dar maior unidade à Constituição de 1988. Novamente utilizando as palavras de Geraldo Ataliba:

> Como se trata de um princípio constitucional – diretriz de todo o sistema, regra básica de nossa ordenação fundamental –, a interpretação de todos os demais dispositivos constitucionais é condicionada por seus imperativos. As regras, mesmo constitucionais, pertinentes, às suas exigências se devem acomodar, como o ensina Celso Antônio Bandeira de Mello, com ênfase especial[85].

A aplicação de um texto tão amplo e complexo como o de 1988 não pode deixar de gerar uma série de dificuldades. Uma leitura mais atenta da Constituição demonstra que não há perfeita harmonia entre todos os dispositivos de seu texto. Tensões es-

---

[85] Ataliba, 1998: 41.

tão presentes por toda parte, como aponta José Afonso da Silva, um dos principais defensores da Constituição de 1988[86]. Se os dispositivos constitucionais encontram-se todos numa mesma posição hierárquica, como preconiza a maior parte da doutrina, o conflito entre normas da Constituição deve ser solucionado por operações dogmáticas de balanceamento e acomodação. Sem que se possa remeter esses conflitos a uma ordem hierárquica superior, o intérprete da Constituição ficará preso a mecanismos precários, pelos quais deverá decidir em que medida cada um dos dispositivos em confronto deverá ceder espaço normativo ao que se lhe opõe.

Assim, num primeiro momento as cláusulas superconstitucionais voltam-se à proteção das instituições básicas da Constituição, entre as quais seus princípios substantivos e procedimentais de justiça. Por outro lado, colaboram no trabalho de interpretação e aplicação de um texto longo, fragmentado e permeado por interesses corporativos e privados, muitas vezes contrapostos. Sem que se reconstrua interpretativamente um fio condutor do processo de compreensão, interpretação e aplicação constitucional das cláusulas superconstitucionais, os tribunais continuarão a se defrontar com enormes dificuldades em dizer o Direito.

Os três capítulos que seguem têm a finalidade de analisar as dificuldades práticas encontradas pelo Judiciário para implementar cláusulas superconstitucionais. Por meio de uma análise comparada da jurisprudência das Cortes constitucionais americana, alemã e brasileira será possível compreender que o problema do estabelecimento de cláusulas pétreas não se esgota na escolha de preceitos éticos que possam ser justificados racional ou democraticamente.

---

[86] Silva, 1990: 39.

Para uma adequada aplicação desses preceitos, que ocupam lugar de supremacia no ordenamento jurídico, é fundamental ao Judiciário construir uma consistente teoria da interpretação e da aplicação dessas normas e princípios constitucionais. Sem o que o controle da constitucionalidade de emendas à Constituição ficará situado numa esfera de larga discricionariedade dos magistrados, o que é totalmente incompatível com a meta de governo das leis.

CAPÍTULO 6

JURISPRUDÊNCIA NORTE-AMERICANA

Para que uma emenda se torne parte da Constituição norte-americana ela passa por um complexo processo, que se inicia com sua aprovação por maioria de dois terços dos membros das duas Casas do Congresso e posterior ratificação por três quartos das Assembleias Legislativas dos Estados ou pelo mesmo número de Convenções especialmente convocadas para esse fim. A Constituição também prevê a possibilidade de se convocar uma nova Convenção para deliberar sobre alterações do seu texto, sendo que o resultado das deliberações levadas a cabo pela Convenção também deverá ser submetido à ratificação de três quartos dos Estados[1]. Esse segundo procedimento de reforma da Constituição americana jamais foi instituído. O processo de reforma ins-

---

[1] O art. V da Constituição americana dispõe o seguinte: "Sempre que dois terços dos membros de ambas as Câmaras o julguem necessário, o Congresso deliberará sobre emendas a esta Constituição e, quando solicitado pelas Assembleias Legislativas de dois terços dos Estados, deverá convocar uma Convenção para o mesmo fim. Em qualquer dos casos, as emendas tornar-se-ão válidas para todos os efeitos, como parte integrante da Constituição, logo que ratificadas pelas Assembleias Legislativas de três quartos dos Estados ou por Convenções de três quartos deles, consoante o modo de ratificação estipulado pelo Congresso. Porém, até o ano de 1808 nenhuma emenda poderá incidir sobre a matéria das cláusulas 1ª e 4ª da seção IX do art. I e nenhum Estado poderá ser privado, sem o seu consentimento, do direito de voto no Senado em igualdade com os outros Estados".

crito no art. V transforma a Constituição americana na mais rígida das Constituições contemporâneas, visto que apenas um quarto dos Estados – o que pode significar uma porcentagem ínfima da população dos Estados Unidos – pode vetar qualquer mudança em seu texto.

O art. V originalmente conferia proteção especial à escravidão, proibindo emendas "às cláusulas 1ª e 4ª da seção IX do art. I" da Constituição – que protegiam, respectivamente, a importação de mão de obra escrava e sua tributação. Assim, muito embora a escravidão, por meio da livre importação de mão de obra, recebesse absoluta proteção contra emendas à Constituição, essa garantia constitucional super-rígida deveria durar apenas 21 anos. O segundo dispositivo, que ainda hoje recebe especial proteção contra emendas à Constituição, é o que assegura a igual representação dos Estados no Senado Federal. Aqui, no entanto, a Constituição norte-americana não instituiu proibição absoluta, pois pelo consentimento do próprio Estado prejudicado este pode ter sua representação no Senado reduzida ou eliminada. Dessa forma, a chamada cláusula da "igualdade de sufrágio" não é tipicamente uma cláusula constitucional super-rígida, como se pode encontrar nas Constituições brasileira ou alemã, mas apenas uma defesa mais rígida, voltada a proteger cada um dos Estados-membros do poder de reforma da Constituição, estabelecido no art. V.

Nos Estados Unidos da América a constitucionalidade de emendas foi questionada apenas duas vezes perante a Suprema Corte. Muito embora a validade das XIV e XV Emendas tenha sido discutida no início do século XX por alguns autores[2], somen-

---

[2] Para uma discussão doutrinária sobre a constitucionalidade de emendas nos Estados Unidos, v. Machen Jr., 1910; Marbury, 1920 – artigo, este, citado por Carl Schmitt para sustentar sua tese da inconstitucionalidade de emendas que violassem o cerne da Constituição de Weimar. V., ainda, Brow, 1922.

te a constitucionalidade das Emendas XVIII e XIX chegou a ser apreciada pela Suprema Corte.

6.1. "National Prohibition Cases" – 253 US 350 (1919)

No *National Prohibition Cases* a Suprema Corte decidiu conjuntamente uma série de casos que questionavam a constitucionalidade da XVIII Emenda à Constituição, que proibia a fabricação, a venda e o transporte de bebidas alcoólicas, dando início ao período da *Lei Seca* nos Estados Unidos. O principal argumento dos propositores das ações judiciais era o de que a

> emenda é uma invasão da soberania dos Estados reclamantes e seu povo, não contemplado pela cláusula que regula as emendas na Constituição. O poder de emenda [...] não é um poder substantivo, mas uma salvaguarda inserida incidentalmente para assegurar os fins instituídos na Constituição contra erros e omissões cometidos em sua formação[3].

A ideia de que alguma alteração pudesse ser introduzida na Constituição por intermédio de emenda "é uma novidade subversiva aos princípios fundamentais", que levaria "a uma revolução constitucional"[4]. A soberania reside no povo, e não em seus representantes – e isso explica por que a Constituição foi ratificada em Convenções escolhidas pelo povo. Então, "esta Constituição" ratificada pelo povo deve permanecer; o poder de emenda deve ser usado apenas para corrigir erros no documento original, e não para alterar sua estrutura e seu conteúdo: "Não há dúvida de que uma emenda de qualquer tipo pode ser adotada pelos mesmos meios que foram utilizados para a adoção da própria Constituição. Porém a autoridade para emendar a Constituição

---

[3] *National Prohibition Cases*, 253 US 355.
[4] *National Prohibition Cases*, 253 US 355.

estabelecida pelo art. V", conferida ao Congresso, não pode ser confundida com o poder constituinte, pois os representantes são "apenas agentes do povo e não o próprio povo"[5].

Os proponentes das ações também argumentaram que a XVIII Emenda violava a soberania dos Estados-membros. A Constituição é um instrumento federal; em consequência, sua reforma não pode alterar o conteúdo das Constituições de todos os Estados ao emendar a Constituição Federal, como "essa assim chamada emenda" o fez[6]. Além disso, o art. V da Constituição dos Estados Unidos não autoriza a intervenção na esfera de jurisdição dos Estados, como reservado pelas IX e X Emendas[7], e também não autoriza que dois terços do Congresso, em concorrência com três quartos dos diversos Estados, desprezem limitações substantivas importantes, como a liberdade de religião, o direito de ser julgado por um júri, a forma republicana de governo, o Poder Judiciário e a soberania dos Estados. Se o poder de emenda à Constituição for ilimitado, "a união indestrutível de Estados indestrutíveis se transformará num mero sonho e os Estados deixarão de ser coexistentes com o Governo Nacional"[8].

Outro argumento levantado pelos autores foi o de que os procedimentos necessários à adoção válida da emenda não haviam sido seguidos. Por essa alegação, a emenda seria inválida não por

---

[5] *National Prohibition Cases*, 253 US 364.

[6] *National Prohibition Cases*, 253 US 356.

[7] Emenda IX: "A especificação de certos direitos pela Constituição não significa que fiquem excluídos ou desprezados outros direitos até agora possuídos pelo povo"; Emenda X: "Pertencem aos Estados respectivamente ou ao povo os poderes que não forem delegados pela Constituição à União ou cujo exercício não lhes for proibido".

[8] *Texas vs. White*, 7 Wall. 700, 725; *Lane County vs. Oregon*, 7 Wall. 71, 76; *Railroad Co. vs. Peniston*, 18 Wall. 5, 31 (citados em: *National Prohibition Cases*, 253 US 359).

seu conteúdo, mas por violar a forma estabelecida pelo art. V da Constituição. Para McCran, do Estado de New Jersey, a

> emenda é também inválida porque a sua propositura não foi afirmativamente votada por dois terços dos membros de ambas as Casas do Congresso, e porque a proposta não revelou claramente que as duas Casas consideraram a emenda necessária.

Também

> três quartos dos Estados não a ratificaram no sentido constitucional, uma vez que, numa série de Estados em que foi aprovada, a emenda foi, ou deveria ser, sujeita à aprovação popular, em conformidade com as suas Constituições[9].

A segunda parte do argumento sustenta que as Constituições estaduais estavam sendo violadas, porque os procedimentos por elas adotados para ratificação de emendas não estavam sendo acatados, e que a XVIII Emenda havia recebido apenas a aquiescência dos Poderes Legislativos, e não do povo.

A Suprema Corte, de forma totalmente incomum, declarou a XVIII Emenda constitucional sem fundamentar sua decisão. Para o *Justice* White, que se manifestou por meio de voto dissidente, esse foi o maior problema da decisão da Suprema Corte[10]. No primeiro parágrafo da opinião da Corte o *Justice* Van Devanter afirmou que as Casas do Congresso não tinham nenhuma obrigação de declarar a necessidade da emenda, como pretendiam os requerentes; a votação por dois terços "de uma resolução conjunta propondo a emenda à Constituição demonstra suficientemente que a emenda era tida como necessária por todos que por ela votaram"[11].

---

[9] *National Prohibition Cases*, 253 US 357.
[10] "Num caso desta magnitude" a Corte jamais poderia deixar de fundamentar sua decisão (*National Prohibition Cases*, 253 US 388).
[11] *National Prohibition Cases*, 253 US 385.

No segundo parágrafo a Corte afirmou que os dois terços exigidos pela Constituição não significam dois terços da totalidade dos membros de ambas as Casas, assumindo, é claro, a presença de um *quorum* mínimo.

No parágrafo seguinte o *Justice* Van Devanter descartou o argumento elaborado pelos requerentes no sentido de que em certos Estados, para aprovação da emenda, seria imprescindível a realização de *referendum*, uma vez que "as provisões de referendo das Constituições dos Estados, assim como suas leis, não podem ser aplicadas, consistentemente com a Constituição dos Estados Unidos, para a ratificação ou rejeição de emendas"[12]. Com esses argumentos, Van Devanter afastou todas as razões de ordem formal e procedimental apresentadas pelos requerentes.

Num quarto parágrafo da opinião da Corte, novamente sem nenhuma fundamentação, foi declarado que "a proibição da fabricação, venda e transporte, importação e exportação de bebidas intoxicantes para propósito de consumo, como estabelecido na XVIII Emenda, está dentro do poder de reforma reservado pelo art. V da Constituição"[13]. Nos demais parágrafos da decisão a Corte tratou apenas da constitucionalidade da legislação de implementação da Constituição. Mesmo na opinião dissidente, que criticou a falta de fundamentação da Corte, também não se pode encontrar nenhum argumento sobre a questão da inconstitucionalidade de uma emenda à Constituição, seja de mérito, seja formal.

6.2. "Lesser vs. Garnett" – 258 US 130 (1921)

Em *Lesser vs. Garnett* os requerentes argumentam que a XIX Emenda[14], ao estender o direito de voto às mulheres sem o

---

[12] *National Prohibition Cases*, 253 US 385.
[13] *National Prohibition Cases*, 235 US 386.
[14] Emenda XIX, seção I: "Nenhum cidadão dos Estados Unidos poderá ser privado do direito de voto pela União ou por qualquer dos Estados, com fundamento no sexo".

consentimento do Estado, destruiu a sua autonomia. Para os requerentes, os Estados e suas autonomias são *indestrutíveis*, como proposto por Lincoln em seu primeiro Pronunciamento Inaugural e como estabelecido pela Suprema Corte em diversos casos[15]. Um Estado não é apenas um pedaço de território ou uma coleção de pessoas, mas uma "uma comunidade política"[16]; e, quando uma emenda altera a configuração dessa comunidade política (eleitorado), está criando um novo Estado e destruindo o antigo[17].

Para os requerentes, a alteração do eleitorado por meio da inclusão das mulheres como eleitoras limitava a representação do "povo" original no Senado, que é permitida apenas por consentimento do "povo" original de cada Estado, e não pela ratificação de três quartos das legislaturas dos Estados[18]. Assim como no *National Prohibition Cases*, os autores também sustentavam que o procedimento para ratificação de emendas à Constituição Federal era aquele estabelecido em cada Constituição estadual, e não o inscrito no art. V da Constituição Federal.

Para os autores, o fato de a XIX Emenda estar estruturada da mesma forma que a XV Emenda[19], que nunca encontrou nenhum obstáculo na Suprema Corte, não deveria ser visto como um problema. A diferença entre os dois casos é que a XV Emenda "rece-

---

[15] Dentre esses casos são citados os seguintes: *Lane vs. Oregon*, 7 Wall. 71; *Texas vs. White*, 7 Wall. 700.

[16] *Lesser vs. Garnett*, 258 US 131.

[17] Uma versão mais aprofundada desse argumento pode ser encontrada no artigo de Arthur W. Machen Jr. (1910: 169), no qual o autor desenvolve a ideia de que a extensão do direito de voto aos afro-americanos iria limitar a representação dos Estados no Senado, sendo o Estado compreendido como o eleitorado original dos Estados.

[18] *Lesser vs. Garnett*, 258 US 133.

[19] Emenda XV: "Nenhum cidadão dos Estados Unidos poderá ser privado do direito de voto pela União ou por qualquer Estado, com fundamento na raça, cor ou na anterior condição de escravo".

beu aprovação unânime dos Estados"[20], enquanto a XIX "nunca foi legalmente ratificada pelo número requerido de Estados"[21]. Também é importante destacar que a XV Emenda foi resultado de uma guerra, não podendo, assim, ser julgada pelos mesmos critérios utilizados na apreciação de uma emenda ordinária.

Redigindo a opinião da Corte, o *Justice* Brandeis – em face do argumento de que a grande extensão do eleitorado, sem o consentimento de todos os Estados, destruiria a autonomia do corpo político daqueles Estados que não ratificaram a emenda – declarou que a XIX Emenda é "em caráter e fraseologia precisamente similar à XV. Uma não pode ser válida e a outra inválida; muito embora rejeitada por seis Estados, inclusive Maryland, tem sido reconhecida e colocada em prática por meio século"[22]. Em relação ao questionamento procedimental de que as Constituições de diversos dos 36 Estados não admitiam a ratificação por seus Legislativos, a Corte declarou que a ratificação é uma função federal das legislaturas estaduais, "transcende qualquer limitação imposta pelo povo de um Estado"[23], estando, portanto, sob total submissão à Constituição Federal. Para a Corte, o fato de o Departamento de Estado ter a documentação comprovando que 36 Estados haviam ratificado a emenda era suficiente para fazê-la válida para todos os Estados, rejeitando o argumento dos requerentes de que a ratificação pelo povo de cada Estado era necessária.

Como se demonstrou, muito embora argumentos questionando a constitucionalidade do conteúdo de emendas tenham

---

[20] *Lesser vs. Garnett*, 258 US 133.
[21] *Lesser vs. Garnett*, 258 US 135.
[22] *Lesser vs. Garnett*, 258 US 136, citando os seguintes casos: *United States vs. Reese*, 92 US 214; *Neal vs. Delaware*, 103 US 370; *Guinn vs. United States*, 238 US 347; e *Myers vs. Anderson*, 238 US 368.
[23] *Lesser vs. Garnett*, 258 US 137.

sido levados à Suprema Corte, o Tribunal não se aprofundou na análise dessas questões, preferindo limitar-se a questões procedimentais – quais sejam: se as emendas foram ou não adotadas em conformidade com o disposto no art. V da Constituição. Portanto, antecipando o caminho que foi tomado pela jurisprudência constitucional americana a partir da metade do século XX, a Suprema Corte preferiu eximir-se de controlar substantivamente o poder de reforma conferido aos órgãos políticos, uma vez demonstrado o cumprimento das formalidades constitucionais necessárias para que se emende a Constituição.

CAPÍTULO 7

JURISPRUDÊNCIA ALEMÃ

Na Alemanha, para a adoção de uma emenda à Lei Fundamental de 1949 é necessário atingir dois terços em ambas as Casas do Parlamento[1]. No entanto, nenhuma emenda afetando os princípios inscritos nos arts. 1º e 20 poderá ser admitida, conforme o art. 79 (3) dessa lei. Entre os princípios que recebem proteção especial encontram-se a "dignidade humana"[2], a "democracia"[3], a "separação de poderes"[4] e a "Federação"[5]. Diferentemente da proteção oferecida pela Constituição americana ao "direito de voto

---

[1] "Art. 79 (1) A Lei Fundamental só pode ser alterada por uma lei que expressamente complete ou modifique o seu texto. No caso de tratados internacionais relativos à regulamentação da paz, à preparação de uma regulamentação da paz ou à extinção de uma ordem jurídica criada pela ocupação, ou que sejam destinados a servir à defesa da República Federal da Alemanha, será suficiente, para deixar esclarecido que as disposições da Lei Fundamental não se opõem à conclusão ou à entrada em vigor de tais tratados, incluir no texto da Lei Fundamental que se limite o esclarecimento.
(2) Uma lei deste teor exige a aprovação de dois terços dos membros do Parlamento Federal e dois terços dos votos do Conselho Federal.
(3) Não é permitida qualquer modificação desta Lei Fundamental que afete a divisão da Federação em Estados, ou o princípio da colaboração dos Estados na legislação, ou os princípios consignados nos artigos 1º e 20".
[2] Art. 1º da Lei Fundamental.
[3] Art. 20 (1) e (2).
[4] Art. 20 (2) e (3).
[5] Art. 79 (1) (texto *supra*).

no Senado em igualdade com os outros Estados"[6], o art. 79 (1-3) estabelece barreiras absolutas ao poder de emenda à Constituição, e não uma proteção apenas procedimental.

Três casos questionando a constitucionalidade de emendas em face da Lei Fundamental serão aqui analisados. Até a presente data o Tribunal Constitucional Federal jamais declarou inconstitucional uma emenda à Lei Fundamental por violação de cláusulas constitucionais "intangíveis" ou de "eternidade". No entanto, a argumentação utilizada pelo Tribunal não afasta a possibilidade de vir a exercer essa função.

7.1. "Privacidade de Comunicação" – "BVerfGE 1" (1970)

Mesmo depois do período de ocupação, Grã-Bretanha, França e Estados Unidos mantiveram o sistema de comunicações alemão sob supervisão, para detectar atos de espionagem e sabotagem. Os Aliados concordaram em que essa responsabilidade seria transferida para o Governo alemão assim que este tivesse autoridade para assumir tal tarefa. Para preencher esse requisito, uma emenda ao art. 10[7] da Lei Fundamental foi adotada, dando poderes ao Parlamento para autorizar, por intermédio de lei, a vigilância sobre comunicações sem que a pessoa sob vigilância tivesse de ser informada. Mais do que isso, a emenda retirou da esfera judicial o controle das ações dos órgãos criados

---

[6] Art. V da Constituição americana.
[7] O art. 10 da Lei Fundamental passou a ter a seguinte redação:
"(1) O sigilo da correspondência, assim como das comunicações postais, telegráficas e telefônicas, é inviolável.
(2) Limitações só podem ser ordenadas com base na lei. Se a limitação tiver por finalidade proteger a ordem fundamental livre e democrática ou a existência e segurança da Federação ou de um Estado Federado, a lei pode determinar que a limitação não seja levada ao conhecimento do indivíduo atingido e que, em vez de se seguir a via judiciária, o controle seja efetuado por órgãos principais e auxiliares designados pela representação do povo".

para supervisionar as comunicações, entregando essa função a autoridades administrativas[8]. Uma lei foi elaborada pelo Parlamento regulamentando a referida emenda constitucional. O *Land* de Hessen e a Cidade Hanseática Livre de Bremen, que também é um *Land*, e um grupo de advogados e juízes propuseram diversas ações de inconstitucionalidade junto ao Tribunal Federal Constitucional, posteriormente aglutinadas em um só caso, arguindo que a emenda violava os arts. 1º e 20 da Lei Fundamental, devendo, assim, ser declarada inconstitucional, por força das vedações trazidas pelo art. 79 (3).

Antes de entrar no mérito da questão, citando precedentes da Suprema Corte de Baden, o Tribunal Constitucional Federal concebeu a possibilidade de controlar a constitucionalidade material de uma emenda à Constituição. A maioria do Tribunal (segundo Senado) declarou tanto a emenda como a lei que a regulamentou constitucionais e, portanto, compatíveis com os arts. 1º e 20 da Lei Fundamental.

Limitações a direitos constitucionais já haviam sido admitidas pelo Tribunal como válidas; o que era diferente e novo nesse caso – e, portanto, problemático – era o argumento de que princípios como "dignidade humana", "separação de Poderes" e "Estado de Direito" estavam sendo ameaçados pela "autorização de não informar à pessoa afetada por essas restrições e substituir o recurso ao Judiciário por uma supervisão dos casos pelos órgãos estabelecidos pelo Parlamento"[9]. As principais questões referiam-se à incompatibilidade da vigilância do indivíduo sem que este fosse informado com o princípio da dignidade humana, inscrito no art. 1º, e se a substituição do controle judicial pelo administra-

---

[8] Caso da Privacidade de Comunicação, *BVerfGE* 30, 1, *in* Neuman, 1995.
[9] *BverfGE* 30, 1, *in* Neuman, 1995: 660.

tivo era admissível em face do princípio do "Estado de Direito", incorporado no art. 20 da Lei Fundamental.

Em primeiro lugar, o Tribunal declarou que restrições a direitos em função da proteção da integridade da República Federal e de seu sistema democrático eram admissíveis se fundadas em lei. Também esses dispositivos eram constitucionalmente justificáveis, uma vez que medidas de segurança e vigilância secretas eram necessárias para enfrentar "grupos que disfarçavam suas manobras e trabalho [também] em segredo"[10]. Utilizando-se da doutrina da "democracia militante"[11], o Tribunal declarou que ataques à democracia liberal não podem ser tolerados em nome de um uso abusivo dos direitos fundamentais.

Para o Tribunal,

> o propósito do art. 79 (3), como uma forma de controle do poder do legislador de emendar a Constituição, é destinado a prevenir tanto a abolição da substância como das bases da ordem constitucional existente, pelos meios legais e formais de emenda [...] e abuso da Constituição para legalizar o regime totalitário. Esse dispositivo proíbe, assim, o abandono fundamental dos princípios mencionados. Princípios desde o começo não são "afetados" como "princípios", se eles forem em geral levados em consideração, sendo somente alterados por razões evidentemente pertinentes para um caso especial e de acordo com o seu caráter peculiar[12].

---

[10] Neuman, 1995: 660.

[11] O conceito da *streitbare Demokratie* (democracia militante) aponta para a necessidade de proteção de certos valores fundamentais e constitutivos da Lei Fundamental de Bonn e da própria República Federal, ainda que à custa de suspensão ou restrição a direitos, quando as ameaças à ordem constitucional decorrerem do seu abuso, conforme previsto nos arts. 18 e 19 da Lei Fundamental ou, ainda, no art. 21 (2), que autoriza a declaração de inconstitucionalidade de partidos políticos que por seus objetivos ou práticas buscam abolir a República Federal da Alemanha. Para um comentário sobre o conceito de "democracia militante", v. Kommers, 1989: 43-44.

[12] *BVerfGE* 30, 1, *in* Neuman, 1995: 661.

Nem o princípio da "dignidade humana" nem o do "Estado de Direito", para o Tribunal, foram inconstitucionalmente infringidos. O "princípio geral do Estado de Direito não está inscrito" no art. 20. Somente as máximas específicas "separação de Poderes", "submissão da legislação à Constituição" e "submissão dos Poderes ao Direito e à Justiça" são protegidas pelo art. 20. Outras garantias do princípio do "Estado de Direito" – como o direito de recurso ao Judiciário – não se encontram asseguradas pelo art. 20; consequentemente, não se encontram protegidas pelo art. 79 (3)[13].

Em relação ao princípio da "dignidade humana", incorporado pelo art. 1º da Lei Fundamental, o Tribunal declarou que

> uma regulamentação ou instrução que restringe a liberdade dos cidadãos ou impõe deveres a estes não viola a dignidade humana [...] mesmo que sem o conhecimento do cidadão [...]; é um ônus imposto a um cidadão [...] para proteger a existência de seu Estado e da ordem livre e democrática[14].

O Tribunal prosseguiu afirmando que a mera possibilidade de que direitos fundamentais fossem alvo de abusos não era o suficiente para se questionar a constitucionalidade da emenda. A presunção é no sentido de que a lei será aplicada de "maneira correta" pelas instituições democráticas. A maioria argumentou que a exclusão da possibilidade de revisão dos atos do Executivo pelo Judiciário também não violava o princípio da "dignidade humana", uma vez que os indivíduos não seriam deixados ao arbítrio das autoridades públicas, mas deveriam ser protegidos por alguma "função equivalente ao controle jurisdicional"[15].

---

[13] O recurso ao Judiciário é assegurado pelo art. 19 (4): "Toda pessoa, cujos direitos forem violados pelo poder público, poderá recorrer à via judicial".
[14] *BVerfGE* 30, 1, *in* Neuman, 1995: 662.
[15] *BVerfGE* 30, 1, *in* Neuman, 1995: 662.

Pela primeira vez na história do Tribunal Constitucional Federal um voto dissidente foi publicado[16]. Os juízes Geller, Schlabrendorff e Rupp rejeitaram as conclusões da maioria nos dois temas em questão. Para os dissidentes o art. 19 (4) da Lei Fundamental, que garantia recurso ao Judiciário, "serve o propósito de proteger legalmente o indivíduo", e essa proteção legal deveria ser fornecida por um "órgão materialmente independente, separado do Executivo e do Legislativo, e, portanto, neutro". Se essa garantia é substituída por uma agência administrativa de controle, "o sistema de proteção legal foi substituído por inteiro"[17]. Direitos e liberdades perdem totalmente o sentido se não forem propriamente garantidos por uma "efetiva proteção judicial"; e a razão pela qual o art. 20 (2) separa o Judiciário dos outros Poderes do Estado é para assegurar o máximo de proteção legal aos cidadãos.

Os dissidentes também afirmaram que a interpretação do art. 79 (3) oferecida pela maioria – limitando-se apenas à proteção do sistema constitucional contra o regime totalitário – era muito restritiva: "as palavras e o significado do art. 79 (3) não proíbem simplesmente a completa abolição de todos ou de um dos princípios da Constituição"; seus "elementos constitutivos devem também ser protegidos contra um gradual processo de desintegração". Em relação aos argumentos da maioria – de que a doutrina da "democracia militante" autorizaria a interferência com os direitos básicos, a fim de proteger a ordem liberal –, os dissidentes argumentaram que direitos só devem ser restringidos em situação de emergência, não em situações legais cotidianas: "é contraditório abandonar princípios constitucionais inalienáveis para proteger a Constituição"[18].

---

[16] Neuman, 1995: 665.
[17] Neuman, 1995: 663.
[18] Neuman, 1995: 665.

O aspecto mais importante dessa decisão, para o propósito deste trabalho, foi o debate sobre o escopo do art. 79 (3). Esse dispositivo protege os valores incorporados pelos arts. 1º e 20 apenas em relação à sua completa abolição ou de qualquer alteração que afete sua integridade? Pela opinião prevalecente no Tribunal, a proteção oferecida pelo art. 79 (3) deve ser lida de maneira que se restrinja o controle por parte dos tribunais. Apenas naqueles casos em que a própria ordem constitucional e seu regime de liberdades estiverem ameaçados por uma emenda constitucional é que o Judiciário deve interferir. Dessa forma, a erosão dos direitos ficou à margem da proteção super-rígida oferecida pelo art. 79 (3) da Lei Fundamental.

7.2. A "Reforma Agrária" – "BVerfGE 84" (1991)

Logo após a Segunda Guerra, até 1949, as autoridades soviéticas da parte oriental da Alemanha promoveram uma série de medidas expropriatórias, com a finalidade de implantar uma extensa reforma agrária. Essas medidas tiveram continuidade sob as autoridades do que veio a ser a República Democrática Alemã[19]. Com a perspectiva de unificação das duas Alemanhas nos primeiros meses de 1990, muitas das "pessoas expropriadas, ou seus herdeiros, começaram a cultivar esperanças de recuperar as terras". Na esfera comercial, o estabelecimento de parcerias entre empresas do Leste e da Alemanha Ocidental estava sendo ameaçado por disputas sobre a propriedade na Alemanha Oriental. Buscando solucionar essa questão, o Tratado de Unificação promoveu a restituição, para os proprietários originais, das propriedades confiscadas depois de 1949.

A Constituição foi emendada, com o fim de assegurar discricionariedade ao Parlamento da República Federal Alemã para

---

[19] Para uma completa análise do caso da "Reforma Agrária", v. Doyle, 1992: 832.

permitir ou impedir reivindicações judiciais contra a antiga Alemanha Oriental[20]. Muito embora a República Federal da Alemanha tenha ficado responsável pelas expropriações efetivadas pela República Democrática da Alemanha, o Tratado de Unificação expressamente confirmou a validade das expropriações levadas a cabo entre 1945 e 1949, para preservar a reforma agrária realizada pela então União Soviética. O art. 41 do Tratado de Unificação incorporou ao seu texto uma Declaração Conjunta de 15 de junho de 1990, com o seguinte conteúdo:

> Expropriações executadas com base na lei ou Autoridade de Ocupação não podem ser rescindidas. Os Governos da União das Repúblicas Socialistas Soviéticas e da República Democrática da Alemanha não veem nenhuma possibilidade de anular as medidas então tomadas. À luz desses acontecimentos históricos, a República Federal da Alemanha reconhece esta decisão. É da opinião, no entanto, que uma decisão final relativa à partilha dos ônus de indenizações fica reservada ao futuro Parlamento pangermânico[21].

Esperando protestos e uma enxurrada de ações judiciais questionando a constitucionalidade do art. 41 do Tratado de Unifica-

---

[20] O art. 135a estabelece que a legislação federal pode excepcionar o cumprimento de compromissos relacionados com transferência de propriedade, referindo-se à relação entre o *Reich* e a República Federal da Alemanha; o § (2), aduzido por emenda em 1990, colocou em situação semelhante os direitos dos expropriados pelo regime comunista no pós-guerra, a partir da seguinte redação: "§ (1). Aplicam-se correspondentemente as responsabilidades da República Democrática da Alemanha ou suas entidades e aquelas responsabilidades da Federação ou outras corporações e instituições submetidas ao direito público, que estejam relacionadas com a transferência de propriedades da República Democrática Alemã para a Federação, Estados e Municipalidades, e aquelas responsabilidades que decorrem de medidas efetivadas pela República Democrática da Alemanha ou suas entidades".

[21] Declaração Conjunta da RFA e da RDA referente a questões de propriedade, *in* Doyle, 1992: 40.

ção, que deixou sem proteção aqueles expropriados entre 1945 e 1949, em face do direito de propriedade tal e qual estabelecido no art. 14 da Lei Fundamental[22], o Parlamento da República Federal da Alemanha emendou a Constituição, inserindo o art. 143. O § (1) desse artigo dispõe o seguinte:

> A lei na região nomeada no art. 3º do Tratado de Unificação (isto é, República Democrática da Alemanha) pode desviar dos dispositivos dessa Lei Fundamental [...]. Desvios não violam o art. 19 (2) e devem ser compatíveis com os princípios dispostos no art. 79 (3).

O § 3 do mesmo artigo, por sua vez, tem a seguinte redação:

> o art. 41 do Tratado de Unificação, e a regulamentação para a sua implementação, também deve permanecer em vigor ainda que ele contemple ações que violam o direito de propriedade na região [...] não devendo ser rescindido[23].

Por intermédio dessa emenda o Parlamento buscou proteger o Tratado e a legislação infraconstitucional das ações que certamente seriam levadas ao Judiciário com base na violação ao direito de propriedade. Fortes críticas foram reservadas à tentativa do Governo de legalizar o Tratado por meio de uma emenda suspendendo as limitações ao poder de reforma. Para muitos juristas isso consistia em "patente inconstitucionalidade"[24].

Dois dias após a unificação das duas Alemanhas a primeira ação foi proposta com a finalidade de declarar o Tratado incons-

---

[22] A propriedade e o direito de sucessão hereditária são garantidos. Sua natureza e seus limites são regulados por lei.
[23] Seguimos o texto traduzido para o inglês em Neuman, 1995: 43.
[24] Essa é a opinião de Falk Freiherr von Maltzahn, Juiz da Corte Civil Suprema (Doyle, 1992: 50).

titucional a esse respeito. O debate na comunidade jurídica ficou polarizado. Por um lado, Hans von Arnim alegava que a "Reforma Agrária" foi um programa pervertido, e não apenas uma adequada distribuição de riquezas. A Declaração Conjunta viola o direito de propriedade – art. 14 –, o direito à igualdade – art. 3º (1)[25] – e a proibição contra discriminação com base em origem ou classe social – art. 3º (3)[26].

Também argumentou que o "significado básico" dos direitos fundamentais enumerados não poderia ser negado para aqueles que tiveram suas propriedades expropriadas entre 1945 e 1949, de acordo com o art. 19 (2)[27]. Em relação à emenda criada para respaldar a legalidade do Tratado, von Arnim argumentou que viola o princípio da separação de Poderes e a noção fundamental de uma forma constitucional de governo, considerando que uma emenda não é adotada para ser "aplicada a casos particulares ou períodos particulares", subvertendo a democracia e estabelecendo o "absolutismo da maioria eventual de dois terços"[28]. O juiz destacou, por fim, que o art. 79 (3) proibia qualquer emenda infringindo a inviolabilidade dos direitos humanos inalienáveis incorporados pelo art. 1º ou fundamentais enumerados nos arts. 2º a 20 da Lei Fundamental.

Os argumentos a favor do Governo poderiam ser resumidos da seguinte maneira: o Tratado de Unificação tem validade constitucional desde a promulgação do novo art. 143 da Lei Fundamental. Esse dispositivo, por sua vez, é compatível com o direito de propriedade; o art. 79 (3) não protege os direitos fundamen-

---

[25] "Art. 3º (1). Todos os homens são iguais perante a lei."
[26] "Art. 3º (3). Ninguém poderá ser prejudicado ou favorecido por causa do seu sexo, de sua descendência, da sua raça, do seu idioma, de sua pátria e origem, de sua crença, ou de suas convicções religiosas ou políticas."
[27] Art. 3º (3) (texto *supra*).
[28] Hans von Armin, *in* Doyle, 1992: 845.

tais arrolados nos arts. 2º a 19 de posteriores emendas, e, dessa forma, o direito de propriedade protegido pelo art. 14 não é uma cláusula irrevogável. Somente a integridade básica do direito de propriedade é elemento essencial à liberdade e à dignidade humanas, e, portanto, protegida como "cláusula intangível".

O mesmo pode ser dito da suposta violação do direito à igualdade daqueles que, diferentemente dos expropriados a partir de 1949, não tiveram direito à indenização. Ainda mais porque a decisão de não conceder a indenização a esse grupo foi totalmente arbitrária. Foi uma decisão política fundada única e exclusivamente em razões de ordem internacional, que não poderiam ser jurisdicionáveis pelos tribunais.

Para Papier – um dos que argumentavam a favor do Governo –, os direitos protegidos pelo art. 79 (3) não alcançavam os interesses daqueles que haviam sido expropriados há mais de quarenta anos. Por último, a República Federal da Alemanha não poderia se responsabilizar por atos contrários à sua Constituição que foram cometidos fora de seu território, por autoridades soviéticas ou da Alemanha Oriental, que não agiam sob a Lei Fundamental.

O Tribunal Constitucional Federal declarou tanto a emenda como o Tratado de Unificação constitucionais. Eliminou qualquer discussão sobre a validade do Tratado, apontando como sua fonte de validade o novo art. 143 da Lei Fundamental – e, como esse artigo não era incompatível com a Constituição, o Tratado não poderia ser inconstitucional. Ao analisar a constitucionalidade do art. 143 da Constituição, o Tribunal Constitucional Federal declarou não haver nenhuma incompatibilidade com o princípio da separação de Poderes, uma vez que

> não retirou retroativamente da apreciação do Judiciário um ato do governo criado pela Lei Fundamental. A medida simples-

mente definiu a extensão com que a implementação da Lei Básica poderia afetar certas ações ocorridas no passado, no novo território unificado[29].

Em relação à proteção dos direitos enumerados nos arts. 2º a 19, o Tribunal declarou que, como resultado da referência feita pelo art. 1º, eles só podem ser limitados na "extensão compatível com a preservação da ordem política que sustenta os princípios básicos"[30] da Constituição. Nas palavras do Tribunal, eles não podem ser "perturbados", mas o art. 79 (3) da Lei Fundamental não proíbe a modificação desses princípios básicos se houver justificação razoável para tanto. Para o Tribunal os requerentes também não possuíam direito à propriedade no momento da reunificação, uma vez que as expropriações foram realizadas na mais absoluta conformidade com a legislação em vigor à época. Assim, em 1990 não havia nenhum direito a ser reclamado. Em adição, o Tribunal Constitucional Federal afirmou que a Declaração Conjunta era resultado de uma delicada negociação para a reunificação:

> O julgamento do que era realisticamente obtenível nas negociações concretas era responsabilidade exclusiva do governo federal e não pode, legitimamente, ser objeto de uma revisão judicial desta ou de qualquer outra Corte[31].

A decisão foi considerada polêmica muito mais em consequência de sua falta de clareza e fundamentação contraditória do que do seu resultado propriamente dito, mesmo porque foi consistente com o precedente estabelecido no caso da "Privacidade de Comunicação", em que o Tribunal Constitucional também

---

[29] Decisão de 23 de abril de 1991, *in* Doyle, 1992: 854.
[30] Doyle, 1992: 852.
[31] Doyle, 1992: 854.

interpretou as limitações do art. 79 (3) de forma muito restrita, assegurando apenas a integridade do sistema constitucional, e não de cada um dos valores e direitos por este consagrados.

7.3. O "Tratado da União Europeia" – "BverfGE 89" (1993)

Para tornar o processo de unificação europeia possível – e, mais especificamente, para tornar a ratificação do Tratado de Maastricht compatível com a Constituição –, o Parlamento alemão introduziu uma emenda à Lei Fundamental (art. 23)[32], chamada de "cláusula europeia", autorizando à Federação transferir "poderes soberanos" à União Europeia. Também para o fortalecimento da União Europeia a Lei Fundamental teve seu art. 88 alterado, para permitir a transferência de competência do Banco Central alemão para o Banco Central europeu.

O Tratado de Maastricht e a própria emenda constitucional (art. 23) tiveram sua constitucionalidade questionada em face da Lei Fundamental, sob o fundamento de que violavam diversos direitos e valores desta, concernentes ao princípio democrático. Para os requerentes a transferência de poderes soberanos para uma instituição que exercita esse poder sem legitimação popular é incompatível com a Lei Fundamental[33].

---

[32] "Art. 23 (1). Para a concretização de uma Europa unida, a República Federal da Alemanha deve participar no desenvolvimento da União Europeia, que é limitada pelos princípios da democracia, Estado de Direito, social e federativo e pelo princípio da subsidiariedade, que garantem a proteção dos direitos básicos essencialmente compatíveis com esta Lei Fundamental. Para este propósito a Federação poderá transferir poderes soberanos por intermédio de lei com a concorrência do *Bundesrat*. Art. 79 (2) e (3) devem ser aplicados ao estabelecimento da União Europeia assim como as emendas aos fundamentos deste Tratado e regulamentação comparável pelas quais o conteúdo da Lei Fundamental é emendado ou suplementado ou por intermédio do que estas emendas ou suplementações são autorizadas."

[33] Os artigos enumerados pelos requerentes foram os seguintes: 1º (1); 2º (1); 5º (1); 9º (1), em conjunção com o art. 21 (1), segunda sentença; 12 (1); 14 (1); 38 (1) e 20 (4), em conjunção com o art. 93 (1) (*in* Decisão de 12 de outubro de 1993, *in Common Market Law Review* 31: 251).

O Tribunal Constitucional Federal julgou admissível apenas o questionamento a respeito da constitucionalidade do ato de ratificação do Tratado em face dos direitos dispostos no art. 38 (1)[34] da Lei Fundamental. Mesmo que o Tribunal não tenha admitido avaliar a constitucionalidade da emenda que alterou o art. 23, por infringir os limites estabelecidos no art. 79 (3), a decisão discutiu se a permissão de transferência de soberania por ela autorizada foi tão longe, violando o princípio democrático protegido pelo art. 79 (3), em conjunção com o art. 20 (1) e (2)[35].

O Tribunal recusou essa linha de argumentação, basicamente afirmando que a União Europeia não derivava o seu poder diretamente do povo europeu, mas dos Estados que a formam. Nesse sentido, os Estados continuam sendo os "Mestres dos Tratados"[36]. A transferência de poderes da Alemanha para a União Europeia foi resultado de uma deliberação política tomada na esfera do Parlamento, como representante do povo alemão. O Tribunal também destacou que apenas competências limitadas foram transferidas;[37] e, mesmo que a adesão à União fosse concluída por um "período ilimitado", essa adesão poderia, em último caso, ser revogada pelo Tribunal. Nesse sentido,

---

[34] "Art. 38 (1). Os deputados ao Parlamento Federal alemão são eleitos por sufrágio universal, direto, livre, igual e secreto. São representantes de todo o povo, independentes de mandato imperativo e instruções e subordinados unicamente à sua consciência."

[35] "Art. 20 (1). A República Federativa da Alemanha é um Estado federal, democrático e social. (2) Todo poder estatal emana do povo. É exercido pelo povo por meio de eleições e votações através de órgãos especiais dos poderes Legislativo, Executivo e Judiciário."

[36] Decisão de 12 de outubro de 1993 (*Common Market Law Review* 31: 259).

[37] O Tribunal Constitucional anunciou que iria manter o poder de decidir se os limites nos quais haviam sido transferidas competências à Comunidade Europeia foram excedidos *vis-à-vis* a Lei Fundamental (*Common Market Law Review* 31: 259).

a Alemanha preservou a qualidade de país soberano no seu próprio Direito e *status* de soberano, em igualdade com outros Estados, dentro do sentido estabelecido no art. 2 (1) da Carta das Nações Unidas[38].

Ao tratar a União Europeia como uma organização interestatal, que resulta de um tratado internacional, o Tribunal declarou que a ligação necessária de legitimidade entre os que governam e o povo não foi rompida. O Parlamento eleito pelo povo continuaria a ser o centro do poder. Por essas razões, a emenda que alterou o art. 23 não afrontou o art. 38, nem violou o art. 20 (1) e (2) – que são explicitamente protegidos pelo art. 79 (3).

Em relação à validade da emenda que acrescentou uma segunda sentença ao art. 88 da Lei Fundamental, transferindo poderes do *Bundesbank* para o Banco Central europeu, que, por sua vez, é imune a qualquer tipo de responsabilidade democrática, o Tribunal Constitucional declarou:

> Esta alteração no princípio democrático, com o propósito de proteger a confiança depositada no valor da moeda, é aceitável porque leva em conta as características especiais (testadas e aprovadas – também em termos científicos – no sistema jurídico alemão), que um Banco Central independente é uma melhor garantia do valor da moeda, e assim de uma sadia base econômica para as políticas orçamentárias e para o planejamento privado e comercial, no exercício de direitos de liberdade econômica, do que instituições estatais [...] que se apoiam no consenso – no curto prazo – das forças políticas[39].

Nesse sentido, a transferência desses poderes a um órgão independente da vontade democrática do povo alemão satisfazia os

---

[38] *Common Market Law Review* 31: 259.
[39] *Common Market Law Review* 31: 261-262.

requisitos para que se pudesse alterar o princípio da democracia, tal qual estabelecido pela Lei Fundamental.

Com essa última decisão o Tribunal Constitucional Federal alemão confirmou seus precedentes, dando interpretação muito restrita às limitações estabelecidas pelo art. 79 (3) para que o Parlamento emende a Constituição – o que não significa que a Corte tenha abdicado de se utilizar desse poder em favor das agências representativas de decisão política, deferindo poderes aos órgãos democráticos, como ocorreu nos Estados Unidos.

A decisão do Tribunal de se autolimitar, como ficou explícito especialmente nesse último caso, é apenas condicional. Caso o Tribunal compreenda que as restrições aos princípios e direitos protegidos como cláusulas intangíveis tenham ofendido seu cerne, então poderá suspender a validade da eventual emenda. O que em nenhum momento fica claro é até que ponto a Corte permitirá que o constituinte reformador limite direitos ou circunscreva princípios. Não há uma linha precisa de interpretação que decorra das decisões do Tribunal Constitucional alemão.

CAPÍTULO 8

JURISPRUDÊNCIA BRASILEIRA

A Constituição brasileira de 1988, como já foi visto, estabeleceu – por intermédio do art. 60, § 4º e incisos I a IV – um extenso grupo de cláusulas superconstitucionais. De acordo com esse dispositivo são inadmitidas emendas constitucionais tendentes a "abolir": "a forma federativa de Estado", "o voto direto secreto, universal e periódico", "a separação de Poderes" e "os direitos e garantias individuais". Esse leque de dispositivos, no entanto, não tem sido protegido de forma unívoca pelo Supremo Tribunal Federal, como se poderá perceber a partir dos três casos aqui analisados.

8.1. IPMF – ADI 926/93 e ADI 939/93

O primeiro teste para o Supremo Tribunal Federal em sua função de guardião da Constituição em face do poder constituinte reformador deu-se entre setembro de 1993 e março de 1994. Com a finalidade de reduzir o déficit público o Congresso estabeleceu, pela Emenda Constitucional n. 3, de 17 de março de 1993, o Imposto Provisório sobre Movimentações Financeiras – IPMF, que deveria ser arrecadado a partir de agosto do mesmo ano. Esse imposto recaía sobre "movimentação ou transmissão de valores e de créditos e direitos de natureza financeira"[1]. Pelo IMPF, instituições financeiras ficaram responsáveis por coletar de seus clientes 0,25% de cada transação e transferir esse montante para os cofres do governo federal.

Sabendo que diversos obstáculos constitucionais seriam prontamente levantados contra ele, entre os quais o de que violava o art. 150, VI – que proíbe às entidades da Federação brasileira tributarem umas às outras[2], o que se conhece como "princípio da imunidade recíproca" – e III, *b*, da Constituição – que abriga o "princípio da anterioridade", pelo qual se proíbe a arrecadação de tributos "no mesmo exercício financeiro em que haja sido publicada a lei que os instituiu ou aumentou" –, o imposto foi estabelecido por emenda constitucional. Para deixar clara a intenção do legislador de harmonizar o conteúdo da emenda ao da Constituição, dispôs de forma expressa que os princípios constitucionais da imunidade recíproca e da anterioridade não deveriam ser aplicados ao tributo que surgia[3].

Nenhum cuidado foi tomado em relação às imunidades referentes a templos, partidos políticos, jornais e livros, pois, como se deveria prever, a emenda também suprimia a imunidade tributária assegurada aos "templos de qualquer culto", ao "patrimônio, renda ou serviços dos partidos políticos, inclusive suas fundações, das entidades sindicais dos trabalhadores, das instituições de educação e de assistência social, sem fins lucrativos",

---

[1] "Art. 2º A União poderá instituir, nos termos de lei complementar, com vigência até 31 de dezembro de 1994, imposto sobre movimentação ou transmissão de valores e de créditos e direitos de natureza financeira."

[2] Pela redação original das emendas os Estados e Municípios ficariam obrigados a recolher o IPMF cada vez que praticassem uma movimentação ou transmissão de natureza financeira.

[3] Emenda Constitucional n. 3, art. 2º, § 2º: "Ao imposto de que trata este artigo não se aplica o art. 150, III, *b*, e VI, nem o disposto no § 5º do art. 153 da Constituição".

bem como em relação aos "livros, jornais, periódicos, e o papel destinado à sua impressão"[4] – sendo essas imunidades voltadas a garantir a liberdade de religião, associação política e expressão.

Apesar de estabelecido por meio de emenda, duas ações diretas de inconstitucionalidade foram propostas contra o imposto no Supremo Tribunal Federal[5]. A primeira, interposta pelos governadores dos Estados do Paraná, Santa Catarina, Mato Grosso do Sul e Tocantins, requeria a declaração de inconstitucionalidade da emenda em face do art. 150, VI, da Constituição, pois, sendo o princípio da "imunidade recíproca" elemento essencial na manutenção do equilíbrio federativo[6], estava protegido pelo art. 60, § 4º, I, como cláusula pétrea. A segunda ação foi interposta pela Confederação Nacional dos Trabalhadores do Comércio. Para os autores, a Emenda Constitucional n. 3 afrontava, substancialmente, o art. 150, III, *b*, que estabelece o princípio da anterioridade, que, sendo garantia individual, também constitui cláusula constitucional pétrea[7].

8.2. A defesa da Federação

De acordo com os autores da ADI 926, a Emenda Constitucional n. 3 deveria ser declarada inconstitucional, pois, ao permitir que a União tributasse os Estados, os Municípios e o Distrito Federal, estaria violando o princípio da imunidade recíproca, que constitui princípio essencial à manutenção do equilíbrio federativo.

---

[4] Art. 150, VI, *b*, *c* e *d*.
[5] ADI 926 e ADI 939, que serão citadas respectivamente a partir de suas publicações na *JSTF*-Lex 189 e 186.
[6] A Federação é estabelecida como elemento estrutural do Estado logo no art. 1º da Constituição, que tem o seguinte conteúdo: "A República Federativa do Brasil, formada pela união indissolúvel dos Estados e Municípios e do Distrito Federal, constitui-se em Estado Democrático de Direito e tem como fundamentos: [...]".
[7] Art. 60, § 4º, IV, da Constituição.

Sendo a Federação, disciplinada a partir dos arts. 1º e 18, um princípio intangível da Constituição de 1988, por força do art. 60, § 4º, I, a emenda não poderia estabelecer exceções tendentes a aboli-lo.

Para o Governo, a emenda era legítima, pois, na verdade, o princípio da imunidade recíproca, ao seu ver, não é absoluto. Como salienta o advogado do Governo, os entes federativos apenas estão protegidos "dos impostos sobre a renda, sobre o patrimônio e sobre os serviços";[8] e, não incidindo o IPMF sobre renda, patrimônio e serviços, poderia ser legitimamente cobrado dos Estados, dos Municípios e do Distrito Federal.

O Supremo Tribunal Federal, por unanimidade, compreendeu que o IPMF afrontava o princípio federativo, não podendo ser cobrado dos Estados[9]. Para o Ministro Sydney Sanches (relator do processo), citando Paulo de Barros Carvalho, a imunidade tributária

> é uma decorrência pronta e imediata do postulado da isonomia dos entes constitucionais, sustentado pela estrutura federativa do Estado brasileiro e pela autonomia dos Municípios[10].

O princípio teria entrado no regime constitucional brasileiro em 1891, como elemento estrutural da Federação, sob a inspiração do direito constitucional americano. Para Aliomar Baleeiro, também longamente citado pelo Ministro Sanches, "em nenhum dispositivo da Constituição dos Estados Unidos ou de suas emendas se contém expressamente o princípio da *reciprocal immunity of the Federal and State Instrumentalities*. Ela é consequência remota e indireta da teoria dos 'poderes implícitos'", que defendia a

---

[8] *JSTF*-Lex 186/126.
[9] Isso se deu no julgamento da Medida Cautelar na ADI 926, posteriormente confirmado na decisão definitiva.
[10] *JSTF*-Lex 186/144.

necessidade de expansão da competência federal [...]. Dessa política surgiu, em 1791, a ideia de criação de um Banco nacional, como instrumento do governo para regular o comércio e a moeda. O Estado de Maryland tributou uma filial desse Banco, dando ensejo ao *leading case* de 1819, que celebrizou o acórdão da Suprema Corte redigido por Marshall, onde, pela primeira vez, se afirmou a imunidade dos meios de ação do governo federal frente às pretensões do Fisco dos Estados, pois *the power to tax involves the power to destroy*[11].

Essa ideia – importada do direito americano por Rui Barbosa, quando da elaboração da Constituição de 1891 – de que "o poder de tributar envolve o poder de destruir", amplamente acolhida pela doutrina brasileira[12], foi definitiva para que a emenda tivesse sua eficácia suspensa nesse ponto. Para o Ministro Celso de Mello: "O ato estatal ora questionado parece transgredir o postulado da Federação, que constitui um dos princípios nucleares da organização política brasileira" – federalismo, esse, que repousa "na necessária igualdade político-jurídica entre as unidades que compõem o Estado Federal".

> Desse vínculo isonômico, que pacifica as pessoas estatais dotadas de capacidade política, deriva, como uma das consequências mais expressivas, a vedação – dirigida a cada um dos entes federados – de instituição de impostos sobre o patrimônio, renda e os serviços, uns dos outros[13].

Essa imunidade recíproca, para a unanimidade dos Ministros, no julgamento da cautelar e posteriormente ao analisar o

---

[11] *JSTF*-Lex 186/146.
[12] O Ministro Sydney Sanches cita diversos autores para reforçar a sua posição, entre os quais Geraldo Ataliba, Sacha Calmon Navarro Coêlho, Sampaio Dória e Celso Bastos.
[13] *JSTF*-Lex 186/170 e ss. e 173.

mérito da causa, "representa um fator indispensável à preservação institucional das próprias unidades integrantes da Federação"[14].

Os Ministros do Supremo Tribunal Federal também não tiveram nenhuma dúvida quanto ao seu poder de controlar o mérito das atividades desenvolvidas pelo poder constituinte reformador. Esse assunto nem sequer chegou a ser desenvolvido pela maioria dos Ministros, que fizeram uso dessa competência, como se estivessem controlando a constitucionalidade de uma lei ordinária. O Ministro Celso de Mello, no entanto, justificou a ação do Supremo da seguinte forma:

> É preciso não perder de perspectiva que as emendas constitucionais podem revelar-se incompatíveis, também elas, com o texto da Constituição a que aderem. Daí a sua plena sindicabilidade jurisdicional, especialmente em face do núcleo temático protegido pela cláusula de imutabilidade inscrita no art. 60, § 4º, da Carta Federal [...]. As cláusulas pétreas representam, na realidade, categorias normativas subordinantes que, achando-se pré-excluídas, por decisão da Assembleia Nacional Constituinte, evidenciam-se como temas insuscetíveis de modificação pela via do poder constituinte derivado[15].

Sendo a imunidade recíproca elemento essencial do federalismo e sendo a Federação uma cláusula pétrea – por força do art. 60, § 4º, I, da Constituição –, não há outra alternativa ao Tribunal senão declarar a emenda inconstitucional.

8.3. Os direitos e as garantias individuais

Para os advogados da Confederação Nacional dos Trabalhadores no Comércio a Emenda Constitucional n. 3, ao autorizar

---

[14] *JSTF-Lex* 186/170 e ss. e 173.
[15] *JSTF-Lex* 186/173.

que o IPMF fosse cobrado no mesmo ano de sua instituição, violava o princípio da anterioridade, pelo qual não se pode cobrar tributos "no mesmo exercício financeiro em que haja sido publicada a lei que os instituiu ou aumentou"[16]. Sendo essa uma garantia individual do contribuinte, não poderia ser suprimida, ainda que por emenda constitucional.

A defesa da emenda foi realizada pelo Advogado-Geral da União e pela Consultoria do Ministério da Fazenda. Para o Governo a emenda não poderia ser declarada inconstitucional, uma vez que era perfeitamente compatível com a Constituição. Mesmo que criasse limitações a direitos, não tendia a abolir os direitos constitucionais, nem sequer afetava o cerne dessas cláusulas. A emenda apenas ampliava as limitações já existentes na Constituição ao princípio da anterioridade.

Conforme alegação da Advocacia-Geral da União,

> os direitos e garantias protegidos pela cláusula pétrea do art. 60, § 4º, inciso IV, da Carta Política de 1988 não abarcam todos os direitos e garantias expressos na Constituição, nem os decorrentes do regime e dos princípios por ela adotados, ou dos tratados internacionais de que o Brasil seja parte, pois, se assim fosse, petrificada estaria, praticamente, toda a Constituição.

Apenas os direitos e as garantias que são essenciais à liberdade humana é que estão acima da possibilidade de emenda. Certamente, o princípio da anterioridade não se encontra entre eles.

No mesmo sentido o parecer da Procuradoria-Geral da República:

> O núcleo imutável ou, para usar a expressão utilizada por Pontes de Miranda, o cerne inalterável de que trata o § 4º, IV, do art. 60

---

[16] Art. 150, III, *b*, da Constituição Federal.

da Constituição Federal é composto dos direitos e garantias que digam respeito diretamente à vida, à liberdade, à igualdade e à propriedade, e que, ali, no *caput* do art. 5º, vêm reforçados por uma cláusula de inviolabilidade [...]. E, por outro lado, é exatamente o caráter universal e intemporal destes direitos e garantias, ligados mais estritamente às esferas biológica, psicológica e espiritual do ser humano (com exceção talvez do direito à propriedade, se considerado sob um prisma absolutista), que, estando livres de maiores controvérsias, provavelmente inspira o constituinte originário a inseri-los entre as cláusulas pétreas.

Continua:

O princípio da anterioridade, por mais valioso que seja para o contribuinte, não está ligado estritamente às esferas biológica, psicológica e espiritual do ser humano. E nem possui caráter universal e intemporal. Não se caracteriza, pois, como um direito ou garantia individual que, na forma do art. 60, § 4º, inciso IV, seja insuscetível de modificação, suspensão ou abolição[17].

Além do mais – complementa o Advogado do Governo –, as cláusulas pétreas não devem ser compreendidas como dispositivos imutáveis. Quando o art. 60, § 4º, "veda proposta de emenda tendente a abolir, significa que pode, ainda, haver alterações toleráveis até imediatamente antes do ponto em que se caracteriza a tendência à extinção"[18].

O Supremo Tribunal Federal entendeu, no entanto, que a emenda, além de violar o princípio federativo[19], ao excepcionar o princípio da imunidade recíproca, também violava os direitos e as garantias individuais, pois, sendo o princípio da anteriorida-

---

[17] *JSTF*-Lex 186/79.
[18] *JSTF*-Lex 186/134.
[19] Essa questão foi decidida por unanimidade tanto na ADI 926 como na ADI 939.

de uma garantia constitucional do contribuinte, deveria receber a proteção especial do art. 60, § 4º, IV. No julgamento da cautelar sete votos foram pela inconstitucionalidade da emenda por violação expressa de uma garantia constitucional, tendo três Ministros votado pela constitucionalidade.

No entender da maioria a emenda afrontava o art. 150, III, *b*, e o fato de ter afastado a incidência do princípio da anterioridade não era suficiente para compatibilizá-la com a Constituição. A maioria também não aceitou o argumento do Governo de que a emenda apenas expandia as exceções ao princípio da anterioridade já consagradas na Constituição. Mesmo não se encontrando no capítulo que consagra os direitos individuais o princípio da anterioridade, sem qualquer dúvida consistia em um direito individual, coberto pela garantia de intangibilidade. O debate entre os Ministros concentrou-se principalmente em torno da questão da natureza do princípio da anterioridade – se este constitui, ou não, um direito individual.

O Ministro Marco Aurélio iniciou seu voto afirmando que os direitos e as garantias constitucionais não são apenas aqueles inseridos no art. 5º da Constituição, do qual constam 77 incisos. Princípios e garantias do cidadão, no seu "embate diário que trava com o Estado", podem ser encontrados em outros artigos da Constituição. Para confirmar essa interpretação como a única possível cita o § 2º do art. 5º da Constituição, que dispõe que

> os direitos e garantias expressos nesta Constituição não excluem outros decorrentes do regime e dos princípios por ela adotados, ou dos tratados internacionais em que a República Federativa do Brasil seja parte[20].

---

[20] *JSTF-Lex* 186/162 e ss.

Como fica expresso pelo art. 150, *caput*, da Constituição, o princípio da anterioridade é garantia assegurada ao contribuinte, não restando dúvida, portanto, de que, por força do § 2º do art. 5º, somado ao inciso IV do § 4º do art. 60, inclui-se no rol dos direitos individuais protegidos pelas cláusulas pétreas. Essa posição foi confirmada pela maioria dos Ministros. O Ministro Carlos Velloso foi, no entanto, além: para ele, os direitos irrevogáveis protegidos pelo art. 60, § 4º, IV, não são apenas os individuais, mas todos os direitos fundamentais de primeira, segunda, terceira e inclusive quarta geração, protegidos pela Lei Maior.

No que se refere ao argumento de que o IPMF apenas ampliava as exceções ao princípio da anterioridade já existentes na Constituição, a decisão da maioria também foi contrária ao Governo. Para o Ministro Celso de Mello:

> O princípio da anterioridade da lei tributária, além de constituir limitação ao poder impositivo do Estado, representa um dos direitos fundamentais mais relevantes outorgados pela Carta da República ao universo dos contribuintes[21].

Mesmo não tendo – como qualquer outro direito – caráter absoluto, visto que outras exceções ao princípio foram estabelecidas na Constituição, não poderia ter sido limitado por emenda.

> As exceções a esse princípio foram estabelecidas [...] pelo próprio poder constituinte originário, que não sofre, em função da própria natureza dessa magna prerrogativa estatal, as limitações materiais e tampouco as restrições jurídicas impostas ao poder reformador.[22]

Nesse mesmo sentido, deu o Ministro Marco Aurélio exemplo da pena de morte, que, proibida pelo art. 5º da Constituição, é

---

[21] *JSTF*-Lex 186/167.
[22] *JSTF*-Lex 186/166 e ss.

excepcionada, em caso de guerra declarada, pelo inciso XLVII, *a*, do mesmo artigo. "Ninguém irá dizer que a pena de morte pode ser expandida em outras situações eventualmente excepcionadas pelo constituinte reformador."[23]

Por fim, a maioria refutou o argumento de que uma interpretação tão ampla do que deveria ser compreendido como direitos individuais, para efeito de limitar o poder de emenda, impediria necessárias reformas à Constituição. Como afirma Carlos Velloso, o argumento não deve impressionar.

> O que acontece é que o constituinte quis proteger e preservar sua obra, a sua criatura, que é a Constituição. As reformas constitucionais precipitadas, ao sabor das conveniências políticas, não levam a nada, geram insegurança jurídica, e a insegurança jurídica traz a infelicidade para o povo. É natural, portanto, que o constituinte originário, desejando preservar sua obra, crie dificuldades para a alteração da Constituição[24].

Os dissidentes[25], acompanhando o parecer da Procuradoria-Geral da República, entenderam que o princípio da anterioridade não fazia parte do rol de direitos protegidos contra emendas. Conforme o Ministro Sepúlveda Pertence, o caráter de intangibilidade não deve ser atribuído a nenhum direito inscrito na Constituição:

> Creio que na demarcação de qual seja a extensão da limitação material ao poder de reforma constitucional, que proíbe a deli-

---

[23] *JSTF*-Lex 186/157.
[24] *JSTF*-Lex 186/165. Na sequência, afirma o Ministro Carlos Velloso: "A Constituição norte-americana é de 1787, tem mais de duzentos anos e apenas [vinte e sete] emendas. Os Estados Unidos, por isso mesmo, ostentam pujança econômica, política e jurídica, o seu povo é feliz".
[25] O Ministro Rezek não participou do julgamento do mérito. Assim, embora se tenha três Ministros que entenderam pela constitucionalidade da emenda, no que se refere à anterioridade, formalmente foram apenas dois votos pela sua constitucionalidade.

beração sobre propostas tendentes a abolir direitos e garantias individuais, o intérprete não pode fugir a uma carga axiológica a atribuir, no contexto da Constituição, a eventuais direitos e garantias nela inseridos. E não consigo, por mais que me esforce, ver, na regra da anterioridade, recortada de exceções no próprio texto de 1988, a grandeza de cláusula perene, que se lhe quer atribuir, de modo a impedir ao órgão de reforma constitucional a instituição de um imposto provisório que a ela não se submeta[26].

O que distinguiu a análise do Ministro Pertence da de todos os que o antecederam foi reclamar a necessidade de um "exercício axiológico" na interpretação constitucional, sem o qual se cairia no absurdo de dar a um princípio de ordem administrativa e financeira o caráter de norma perene.

A manifestação do Ministro Francisco Rezek na cautelar foi em direção semelhante. A regra da anterioridade não pode ser confundida com a da anualidade, que impede que um imposto seja cobrado antes de 365 dias de sua publicação. O princípio da anterioridade não passa de uma "regra de comodidade orçamentária, para que as empresas se organizem, para que o erário se organize em função do ano civil". Um imposto pode ser criado no dia 31 de dezembro de um ano e ter sua cobrança iniciada no dia seguinte: "Santo Deus! Isso não é garantia para ninguém"[27]. Portanto, não se poderia atribuir a essa regra organizativa um caráter tão solene quanto o conferido aos autênticos direitos fundamentais. O Ministro Octavio Gallotti ainda lembrou, também na cautelar, que, das sete espécies tributárias da competência da União arroladas no art. 153, verifica-se que "não menos de quatro

---

[26] JSTF-Lex 186/154.
[27] JSTF-Lex 186/92.

estão à margem da exigência da anterioridade"[28]. Há, assim, mais exceções ao princípio do que a regra por ele estipulada.

Outro aspecto da emenda que teve sua constitucionalidade questionada no Supremo Tribunal Federal refere-se à imunidade tributária dos templos, assim como sobre o

> patrimônio, renda ou serviços dos partidos políticos, inclusive suas fundações, das entidades sindicais dos trabalhadores, das instituições de educação e de assistência social, sem fins lucrativos, atendidos os requisitos da lei[29].

Conforme o Ministro Sepúlveda Pertence, essas imunidades, ainda que não possam ser tecnicamente incluídas no rol dos direitos e garantias individuais,

> constituem, todas elas, instrumentos de salvaguardas fundamentais de princípios, liberdades e direitos básicos da Constituição, como liberdade religiosa, de manifestação do pensamento, pluralismo político do regime, liberdade sindical, solidariedade social, direito à educação, e assim por diante[30].

Essa compreensão foi aceita, sem maiores ponderações, pelos demais Ministros.

O Ministro Octavio Gallotti, então Presidente do Supremo Tribunal Federal, no entanto, destacou que dar uma interpretação por demais extensiva às cláusulas pétreas poderia pôr em risco a intenção original dos constituintes:

---

[28] *JSTF*-Lex 186/93. Considera, ainda, "que não se trata, no caso, de retirada da garantia da anualidade, em relação ao tributo já por ela originariamente assinalado. Apenas de enxertar uma nova figura tributária na série majoritária dos não sujeitos ao princípio da anualidade".
[29] Art. 150, VI, *b* e *c*.
[30] *JSTF*-Lex 186/155.

a estabilidade da Constituição Federal, onde reside a finalidade inequívoca das limitações postas ao poder constituinte derivado, poderá, a meu ver, ficar comprometida, ao invés de reforçada, com o rigor de uma interpretação que, exacerbando essas restrições, viesse a conduzir justamente àquilo que a Constituição quis evitar, ou seja, estimular a tendência de ruptura como um todo do texto constitucional[31].

Volta-se, neste último parágrafo, a uma interpretação de muita prudência, alertando para o perigo de – a pretexto de se assegurar estabilidade à Constituição – levá-la ao total descompasso com as necessidades históricas de uma comunidade e, consequentemente, à sua própria destruição.

8.4. Ação direta de constitucionalidade – ADC 1

Por intermédio da mesma Emenda n. 3, que instituiu o IPMF, o poder constituinte reformador estabeleceu, em 17 de março de 1993, a ação direta de constitucionalidade. A nova redação dada ao art. 102, §§ 2º e 4º, autorizou o Presidente da República, as Mesas do Senado Federal e da Câmara dos Deputados e o Procurador-Geral da República a proporem uma ação direta ao Supremo Tribunal Federal pedindo a declaração da constitucionalidade de lei – ou seja: uma ação pela qual o Judiciário reafirme a validade que toda norma tem, ao menos presumidamente, desde a sua origem. A declaração da constitucionalidade de uma lei ou ato normativo seria absolutamente inócua, pois não alteraria a posição jurídica da norma, se não fosse pelos efeitos da decisão.

De acordo com a redação dada ao § 2º do art. 102 da Constituição:

---

[31] *JSTF*-Lex 186/155.

As decisões definitivas de mérito, proferidas pelo Supremo Tribunal Federal, nas ações declaratórias de constitucionalidade de lei, ou ato normativo federal, produzirão eficácia contra todos e efeito vinculante, relativamente aos demais órgãos do Poder Judiciário e ao Poder Executivo.

Isso significa que, uma vez decidido que a norma é constitucional pelo Supremo Tribunal Federal, as demais instâncias judiciais ficarão vinculadas a essa decisão. Pelo sistema anterior o Tribunal poderia, numa ação direta de inconstitucionalidade, declarar uma norma constitucional e essa continuar sendo questionada em face dos juízos inferiores – fato, aliás, autorizado expressamente pelo próprio Supremo Tribunal Federal quando do julgamento da Medida Provisória n. 173, que impedia a concessão de liminares e cautelares contra o "plano Collor"[32].

A finalidade da nova ação foi não mais permitir que os tribunais inferiores pudessem desafiar o Supremo Tribunal Federal, dando interpretação distinta da sua. A constitucionalidade da Emenda n. 3 foi logo questionada pela Associação dos Magistrados Brasileiros[33] junto ao Supremo Tribunal Federal. Para os magistrados a ação declaratória de constitucionalidade suprimia diversos

---

[32] Naquela circunstância, a maioria dos Ministros, liderados pelo Ministro Sepúlveda Pertence, compreendeu que a Medida Provisória n. 173, que impedia liminares e cautelares contra as Medidas Provisórias n. 151, 154, 158, 160, 162, 164, 165, 167 e 168, embora fosse constitucional, poderia, por intermédio do controle difuso, deixar de ser aplicada num caso concreto pelos juízes de primeira instância e pelos tribunais inferiores caso entendessem que, naquela circunstância específica, a falta desses instrumentos pusesse em risco a realização da justiça (ADI 233, *JSTF*-Lex 143/34 e ss.).

[33] A ADI 913, proposta pela Associação dos Magistrados Brasileiros, não teve seu mérito imediatamente apreciado, pois entendeu o Tribunal ser a Associação parte ilegítima para a propositura da ação. No entanto, o teor dessa ação direta de inconstitucionalidade foi discutido incidentalmente no julgamento da primeira ação direta de constitucionalidade proposta ao Supremo Tribunal Federal, ADC 1.

direitos fundamentais – como: acesso à Justiça, devido processo legal, ampla defesa e contraditório – inscritos no art. 5º, XXXV, LIV e LV, da Constituição, violando, portanto, o art. 60, § 4º, III e IV, que impedem a supressão desses direitos, ainda que por intermédio de manifestação do poder constituinte reformador.

O devido processo legal estava sendo ferido em diversos aspectos. Primeiro o contraditório: proposta a ação de constitucionalidade, não havia necessidade de que outra parte interviesse no processo, buscando assegurar o contraditório, havendo, assim, inconstitucionalidade flagrante. O segundo problema decorria dos efeitos da eventual declaração de constitucionalidade, pois, vinculando os demais juízes, impediria o acesso à Justiça daqueles que, não tendo tomado parte na ação direta de constitucionalidade, continuassem pugnando, por via difusa, a inconstitucionalidade do ato. A emenda também deveria ser declarada inconstitucional por afetar a natureza do Supremo Tribunal Federal. De órgão judicial, foi transformado em órgão de caráter consultivo do Legislativo e do Executivo – além de um autêntico apêndice do processo legislativo, na medida em que confere a última chancela para que a lei seja considerada plenamente válida. E isso certamente consistia numa afronta à cláusula pétrea da separação dos Poderes[34].

Os argumentos elaborados no parecer da Procuradoria da República, pela constitucionalidade da emenda, é que, no entanto, foram aceitos pelo Tribunal. Para enfrentar o argumento de que, não havendo necessidade de polo passivo na ação de constitucionalidade, diversos princípios, entre os quais o do contraditório, estavam sendo violados, o Ministro Moreira Alves, relator da ação, historiou a evolução do sistema de controle da

---

[34] ADC 1, 4.

constitucionalidade no Brasil. A partir de 1891 – aponta o referido Ministro – o Brasil adotou um sistema difuso de controle da constitucionalidade, com base no modelo criado nos Estados Unidos desde 1803.

No entanto, por não haver no Brasil o princípio do *stare decisis*, que atribui força vinculante às decisões da Corte Suprema, foi necessário estabelecer um mecanismo pelo qual, declarada a inconstitucionalidade de uma lei, esta pudesse ser suspensa, não sendo objeto de constante reapreciação pelo Judiciário em geral e pelo Supremo Tribunal Federal, como vinha acontecendo desde 1891. Assim, a Constituição de 1934 atribuiu, por força do seu art. 91, IV, ao Senado Federal a competência para suspender o ato declarado inconstitucional pelo Supremo Tribunal Federal.

Em 1965, mais uma vez com a finalidade de "reduzir a sobrecarga imposta ao Supremo Tribunal Federal", instituiu-se, ao lado do controle difuso, um controle abstrato, nos moldes do existente na Europa. Por esse sistema o Procurador-Geral da República poderia postular diretamente ao Supremo Tribunal Federal a inconstitucionalidade de uma lei, que, caso aceita, seria remetida ao Senado Federal para que tivesse sua eficácia suspensa, nesse sentido afetando a todos, e não apenas aqueles que tomaram parte na relação processual.

Em 1988, o sistema concentrado é ampliado com a criação do controle de constitucionalidade por omissão e a expansão dos legitimados a fazer uso da ação direta de inconstitucionalidade, rompendo o monopólio antes atribuído ao Procurador-Geral da República.

Para o Ministro Moreira Alves, mesmo com esses aperfeiçoamentos, o problema de sobrecarga do Supremo Tribunal Federal e da insegurança jurídica gerada pela extrema liberdade com que os juizados de primeira instância não se submetem ao juízo positivo de constitucionalidade realizado pelo Supremo impuseram a necessidade da criação da ação direta de constitucionalidade, conforme a justificativa do Projeto da Emenda n. 3, citada pelo Ministro:

> Podendo o juiz de primeira instância ofertar satisfação definitiva do direito pleiteado e não podendo um Ministro do Tribunal Superior agir, senão quando, na tramitação procedimental, as questões forem-lhe submetidas, não é desavisado dizer que hoje um juiz de primeira instância, mormente na Justiça Federal, em determinadas circunstâncias, é mais forte que um Ministro do Superior Tribunal de Justiça ou Supremo Tribunal Federal, que só pode julgar os grandes temas, em ações diretas de inconstitucionalidade, ou nos processos em grau de recurso[35].

Com a nova ação, essa possibilidade de subversão por parte dos juízes inferiores fica suprimida, pois, sendo declarada a constitucionalidade da lei ou ato, essa decisão terá "força vinculante relativamente aos demais órgãos do Poder Judiciário e ao Poder Executivo"[36]. Essa é a característica diferenciadora das duas ações. Nesse sentido, a ação direta de constitucionalidade é apenas "um *plus*" em relação à de inconstitucionalidade, pois dá efeito vinculante também às decisões positivas de constitucionalidade, e não apenas às que negam constitucionalidade ao ato sob julgamento.

Só a partir desse levantamento é que o Ministro Moreira Alves adentra o mérito da causa:

> Esta Corte já firmou entendimento, em vários julgados, de que a ação direta de inconstitucionalidade se apresenta como *processo objetivo*, por ser controle de normas em abstrato, em que não há

---

[35] ADC 1, 17.
[36] ADC 1, 19.

prestação de jurisdição em conflitos de interesse que pressupõem necessariamente partes antagônicas, mas em que há, sim, a prática, por fundamentos jurídicos, do ato político de fiscalização dos Poderes Constituídos decorrente da aferição da observância, ou não, da Constituição pelos atos normativos deles emanados[37].

Sendo um processo objetivo, em que o que está em jogo é a garantia da integridade do sistema jurídico, e não o direito subjetivo da parte, não é necessário que se preservem todos os requisitos do devido processo legal nessa demanda.

Dessa forma, o Ministro Moreira Alves busca afastar a colocação feita pela Associação dos Magistrados, de que, no decorrer da ação de constitucionalidade, ocorreria violação dos princípios do contraditório e da ampla defesa. Busca demonstrar que na ação direta de inconstitucionalidade, em vigor desde 1965, não há necessidade de um autêntico processo contencioso, que exija a presença de duas partes. Portanto, essa exigência não poderia ser feita em relação à ação direta de constitucionalidade.

Passa, então, à questão do efeito vinculante das decisões. Para os autores a emenda também seria inconstitucional porque, ao limitar a liberdade dos magistrados de decidir casos concretos, violaria o direito fundamental do acesso ao Judiciário. O Supremo não entendeu assim. Conforme argumentaram os Ministros, os efeitos da ação direta de constitucionalidade são os mesmos da ação direta de inconstitucionalidade. Após a suspensão do ato declarado inconstitucional não pode mais um juiz buscar aplicá-lo.

> Se o acesso ao Judiciário sofresse qualquer arranhão por se afastar, nos casos concretos, a possibilidade de se utilizar do controle difuso de constitucionalidade para se arguir a inconstitucio-

---

[37] ADC 1, 20.

nalidade, ou não, de um ato normativo já objeto de decisão de mérito, extensível a todos, por qualquer dos instrumentos do controle concentrado em abstrato, esse arranhão decorreria da adoção do próprio controle concentrado, a qual se faz pelo poder constituinte originário, e não exclusivamente da instituição de um de seus instrumentos, como o é a ação declaratória de constitucionalidade[38].

Para o Ministro Rezek ninguém "jamais se escandalizou" com o fato de que o Supremo Tribunal Federal tenha competências originárias, que, na verdade, retiram dos demais órgãos do Judiciário a competência para apreciar aquelas questões. Isso em nenhum momento fere o direito de acesso ao Judiciário, ou o princípio do juiz natural.

O Ministro Sepúlveda Pertence aponta que a nova ação "é um momento inevitável na prática da consolidação desse audacioso ensaio do constitucionalismo brasileiro", que, tendo construído um sistema misto, difuso e concentrado paralelamente, precisa, em algum momento, conciliar a ação dos juízes inferiores à da Corte Constitucional, e "a palavra final é sempre do Supremo Tribunal Federal"[39]. Para o Ministro Rezek a situação caótica gerada pelo sistema de controle difuso precisa ser corrigida, e o efeito vinculante das decisões que declaram a constitucionalidade de uma lei ou ato normativo deveria ter vindo antes[40].

A maioria dos Ministros também não acolheu a ideia de que tenha havido violação do princípio da separação dos Poderes. O Supremo não age como órgão consultivo ou, ainda, como última etapa do processo legislativo. Esse só pode apreciar a constitu-

---

[38] ADC 1, 26.
[39] ADC 1, 38.
[40] ADC 1, 43.

cionalidade da lei sob a provocação dos agentes legitimados a propor a ação. Embora a Constituição não diga nada a respeito das condições para a propositura da ação – por exemplo, se esta poderia ser proposta pelo Presidente da República no dia seguinte à sua publicação –, o Tribunal, construtivamente, estabeleceu uma série de regras para a propositura da ação.

Visando a ação declaratória de constitucionalidade à preservação da presunção de constitucionalidade do ato normativo, é ínsito a essa ação, para caracterizar-se o interesse objetivo de agir por parte dos legitimados para propô-la, que preexista controvérsia que ponha em risco essa presunção, e, portanto, controvérsia judicial no exercício do controle difuso de constitucionalidade.[41]

Preenchida essa lacuna, presente uma controvérsia anterior, estaria caracterizada a prestação de uma função jurisdicional, e não meramente chancelatória ou consultiva. A ação busca simplesmente uniformizar a aplicação do direito constitucional em todo o território, o que é absolutamente legítimo para um tribunal superior, como o Supremo Tribunal Federal.

A palavra discordante entre os Ministros do Supremo Tribunal Federal foi proferida pelo Ministro Marco Aurélio. Para ele, o efeito vinculante estabelecido pela emenda violava os direitos de acesso à Justiça, ao contraditório e à ampla defesa e afrontava também o devido processo legal[42]. Explicou que na ação direta de inconstitucionalidade esses direitos já se encontravam "minimizados"[43], embora quando a decisão reconheça a constitucionalidade da matéria os juízes permaneçam tecnicamente livres

---

[41] ADC 1, 25.
[42] Art. 5º, XXXV, LIV e LV, da Constituição Federal.
[43] ADC 1, 57.

para reapreciar, em casos concretos, se houve ou não violação à Constituição.

O resultado da nova ação será o de impedir que os magistrados decidam conforme sua convicção, levando em consideração aquilo que consta dos autos, principalmente os argumentos formulados pelas partes. Assim, caso exista demanda pendente sobre a qual venha o Supremo Tribunal Federal a se manifestar pela constitucionalidade da matéria em discussão, o magistrado, mecanicamente, será obrigado a aplicar aquele entendimento ao feito. Nesse sentido – afirma o Ministro –, fere os princípios da ampla defesa, do contraditório e do devido processo legal. O efeito vinculante também impedirá que os juízes de primeiro grau conheçam de matéria de mérito já decidida pelo Supremo Tribunal Federal, o que viola o direito de acesso ao Judiciário.

Para o Ministro Marco Aurélio, a introdução dessas novas limitações

> acaba por solapar direitos e garantias individuais que asseguram o acesso ao Judiciário e a tramitação e julgamento do pedido, considerado o devido processo legal, no que tem como apanágios o contraditório, a ampla defesa e o deslinde da demanda ao sabor da formação humanística e profissional do órgão competente para o julgamento da demanda, sem as peias decorrentes de decisão, ainda que emanada da mais alta Corte do País, em processo do qual não participou o cidadão[44].

Conforme o Ministro Marco Aurélio, essa ampliação na limitação dos direitos fundamentais citados não pode ser objeto de emenda, pois o efeito vinculante não passa pelo "crivo" do art. 60, § 4º, IV, da Constituição. Compara, então, o caso sob julgamento com o do IPMF:

---

[44] ADC 1, 59.

A situação é mais clara [aqui] do que aquela que levou esta Corte a suspender a eficácia de preceito de emenda que afastou a observância do princípio da anterioridade em relação ao IPMF. Aqui, os direitos e garantias individuais em jogo estão previstos de forma precisa no próprio rol do art. 5º[45].

Essa posição consistente com o julgamento do IPMF parece não ter sido acompanhada pelos demais Ministros.

Embora julgando a ação constitucional, o Ministro Carlos Velloso fez ressalvas importantes, entre elas a de que a decisão não poderia vincular o próprio Supremo Tribunal Federal:

> A declaração de constitucionalidade da lei não impede, a meu ver, diante de alteração das circunstâncias fáticas ou da realidade normativa, a propositura da ação direta de inconstitucionalidade. Penso que esta é uma posição que a Corte Constitucional deve assentar. É que, como foi dito: hoje, a lei pode ser constitucional; amanhã, não[46].

Decidiu-se, assim, vencido o Ministro Marco Aurélio, pela constitucionalidade da nova ação direta de constitucionalidade desde que seguido o procedimento desenhado pelo Ministro Moreira Alves, no sentido de assegurar o contraditório na ação de constitucionalidade até que lei específica discipline a matéria.

8.5. A inconstitucionalidade da própria Constituição – ADI 815

Em 28 de março de 1996 o Supremo Tribunal Federal, por votação unânime[47], não conheceu do pedido de declaração de inconstitucionalidade, formulado pelo Governador do Rio Grande

---

[45] ADC 1, 61.
[46] ADC 1, 65.
[47] Ausentes os Ministro Néri da Silveira e Francisco Rezek.

do Sul, do art. 45, §§ 1º e 2º, da Constituição[48]. Para o autor da ação a fixação de um número mínimo e máximo de deputados, embora estabelecida pelo próprio poder constituinte originário, deveria ser declarada inconstitucional, pois viola princípios superiores da Constituição. Conforme sustenta em sua petição:

> seja qual for a população ou número de eleitores, os Estados e o Distrito Federal terão sempre assegurados o mínimo de oito, o máximo de setenta, e os Territórios o número fixo de quatro representantes na Câmara de Deputados, de forma que o voto de um eleitor em uma grande unidade federativa vale muito menos do que o de um pequeno Estado, o que contraria o princípio da isonomia (CF/88, art. 5º, c/c o art. 60, § 4º, IV) e a cláusula "voto com igual valor para todos", constante do art. 14, *caput*, da Lei Fundamental[49].

Baseia sua impugnação do art. 45 e parágrafos da Constituição na ideia de que os preceitos constitucionais apresentam hierarquia entre si. Sendo que aqueles que são apenas formalmente constitucionais encontram-se numa relação de subordinação em relação aos dispositivos materialmente constitucionais, podendo, assim, haver controle, por parte do Supremo Tribunal Federal, da adequação de preceitos constitucionais inferiores aos preceitos constitucionais superiores.

---

[48] "Art. 45. A Câmara dos Deputados compõe-se de representantes do povo, eleitos, pelo sistema proporcional, em cada Estado, em cada Território e no Distrito Federal.
§ 1º O número total de Deputados, bem como a representação por Estado e pelo Distrito Federal, será estabelecido por lei complementar, proporcionalmente à população, procedendo-se aos ajustes necessários, no ano anterior às eleições, para que nenhuma daquelas unidades da Federação tenha menos de oito ou mais de setenta Deputados.
§ 2º Cada Território elegerá quatro Deputados."
[49] *JSTF-Lex* 213/20.

A superioridade de certos dispositivos e princípios da Constituição pode ser demonstrada a partir do estabelecimento, pela própria Constituição, de cláusulas pétreas. Essas cláusulas consistem no cerne material da Constituição, que, além de não poder ser alterado por meio de reforma ou revisão, não pode ser ofendido por seus preceitos secundários. "Tendo o constituinte erigido a 'igualdade' como regra absolutamente intangível ao poder de reforma, não poderia validamente estabelecer norma, em outra passagem, que constitua a sua mais absoluta negação."[50] A estipulação desses piso e teto para a representação dos Estados gera "tratamento desarrazoadamente desigual em relação ao peso efetivo e ao 'valor do resultado' do voto de cidadãos absolutamente iguais"[51]. Ao dar mais valor aos cidadãos dos Estados pequenos, viola o princípio basilar da igualdade intrínseca dos seres humanos, assegurada pela Constituição, o princípio da igualdade do voto e a própria essência da democracia.

A Advocacia-Geral da União, encarregada de defender o preceito constitucional combatido, nega a possibilidade de controle da constitucionalidade de preceitos originais da Constituição. O texto de 1988 proíbe apenas que certas matérias sejam objeto de reforma – ou seja, não podem ser modificadas pelo constituinte reformador. Conforme parecer da Procuradoria-Geral da República, que confirma a defesa feita pela Advocacia-Geral da União, a tese do autor não se sustenta, pois a doutrina não admite a existência de hierarquia entre as diversas normas constitucionais, não se podendo subordinar preceitos que, na realidade, possuem a mesma força normativa.

Citando a doutrina portuguesa, busca demonstrar que

---

[50] *JSTF*-Lex 213/20.
[51] *JSTF*-Lex 213/19.

a distinção entre normas materialmente e formalmente constitucionais, mesmo a admitir-se [...], não pode conduzir a uma quebra da unidade normativa da Constituição. Significa isto dizer que todas as normas da Constituição têm o mesmo valor, daí derivando ser insustentável a tentativa de supra e infraordenação de normas constitucionais, quer para distinguir entre "normas constitucionais fortes" e "normas constitucionais fracas" (Munz), quer para alicerçar a doutrina de normas constitucionais inconstitucionais (Bachof)[52].

O Ministro Moreira Alves, relator, não conheceu da ação, sendo acompanhado pelos demais Ministros em Plenário. Para ele o autor não sustenta que a norma do art. 45 e parágrafos viola princípios de direito natural não abrigados pela Constituição, mas princípios da própria Constituição que – ao ver do autor – teriam lugar hierarquicamente superior no ordenamento constitucional brasileiro. Essa tese afigura-se incompatível "com o sistema de Constituição rígida".

Conforme nota Francisco Campos, autor citado pelo Ministro Relator,

> repugna, absolutamente, ao regime da Constituição escrita ou rígida a distinção entre leis constitucionais em sentido material e formal; em tal regime, são indistintamente constitucionais todas as cláusulas constantes da Constituição, seja qual for o seu conteúdo ou natureza[53].

Ao Supremo Tribunal Federal foi dada a função de "guarda da Constituição" – o que significa guarda da Constituição como

---

[52] Essa citação de Canotilho, feita pela Advocacia-Geral da União, encontra-se em *Direito Constitucional*, 69 (*JSTF*-Lex 213/20).

[53] Essa citação de Francisco Campos, feita pelo Ministro Moreira Alves, encontra-se em *Direito Constitucional*, v. 1, 392 (*JSTF*-Lex 213/24).

um todo. Não é papel do Tribunal fiscalizar o "poder constituinte originário, a fim de verificar se este teria, ou não, violado princípios de direito suprapositivo que ele próprio havia incluído no texto da mesma Constituição". Utilizando-se de Bachof, argumenta o Ministro que a norma constitucional que viola princípio suprapositivo, ainda que acolhido pela Constituição, pode ser considerada inválida ou ilegítima, mas não inconstitucional. A sua ilegitimidade se dá em função de o poder constituinte originário ter violado um preceito de direito suprapositivo. Seria contraditório que o poder constituinte – que, por definição, tem o poder de instituir os princípios – não pudesse ao mesmo tempo excepcioná-los.

> Portanto, não tendo o Supremo Tribunal Federal, como já se salientou, jurisdição para fiscalizar o poder constituinte originário, não pode ele distinguir as exceções que, em seu entender, sejam razoáveis das que lhes pareçam desarrazoadas ou arbitrárias, para declarar estas inconstitucionais[54].

Utilizando-se de Carl Schmitt, o Ministro Moreira Alves argumenta que as cláusulas pétreas têm essa posição não por serem a substantivação do direito suprapositivo ou natural, mas porque assim quis o poder constituinte originário. Exemplifica que a Federação, estabelecida como cláusula pétrea, nada tem que ver com o conteúdo mínimo exigido pelo direito suprapositivo. Em outros termos: as cláusulas pétreas não são direito suprapositivo. Portanto, não têm mais força que as demais normas da Constituição. Sua posição privilegiada limita-se a suplantar o poder de reforma constitucional. Ao Supremo Tribunal Federal concedeu-se a jurisdição para monitorar a ação desse poder reforma-

---

[54] JSTF-Lex 213/25.

dor. Daí não poder conhecer de ação que questiona não uma atividade constitucional, mas uma atividade que, além de a preceder, lhe dá validade positiva.

8.6. Conclusão

As conclusões a seguir buscam analisar as principais dificuldades enfrentadas pelas Supremas Cortes americana, alemã e brasileira ao se depararem com casos que envolviam a apreciação da constitucionalidade de emendas às suas respectivas Constituições. Como visto, a Suprema Corte americana, procedimentalmente, esquivou-se de decidir esses casos, daí por que suas decisões não receberão maior atenção nesta seção.

Ainda que a Constituição americana, a Lei Fundamental de Bonn de 1949 e a Constituição brasileira de 1988 contenham limitações especiais ao processo ordinário de emenda constitucional, apenas as Constituições brasileira e alemã estabeleceram cláusulas super e supraconstitucionais no sentido adotado neste trabalho. A limitação[55] ao poder de emenda incorporada no art. V da Constituição americana não é absoluta, como as inscritas nos arts. 79 (3) da Lei Fundamental de Bonn e 60, § 4º, da Constituição de 1988, mas apenas procedimental.

Iniciando pelas inovadoras cláusulas super e supraconstitucionais estabelecidas pelas Constituições brasileira e alemã, duas questões parecem mais relevantes: a primeira refere-se ao escopo das limitações ao poder de emenda e a segunda à extensão dos direitos e princípios que são protegidos como cláusulas super-rígidas.

A Lei Fundamental de Bonn foi escrita de maneira mais restritiva que a Constituição brasileira em relação ao escopo das mudanças: "emendas a esta Lei Básica *afetando* [...] não devem ser

---

[55] Não se está, aqui, a fazer referência à parte do art. V da Constituição americana que protegia a escravidão até 1808.

admitidas"[56]. Em relação aos direitos e princípios protegidos, no entanto, a Lei Fundamental foi escrita de modo menos restritivo do que a Constituição brasileira, protegendo apenas os princípios e direitos incorporados pelos arts. 1º e 20 da Constituição, além da "divisão da Federação em *Länder* e a participação dos *Länder* na legislação"[57]. No entanto, esses dois artigos incorporam conceitos muito abstratos – como *dignidade humana, democracia, separação de Poderes* –, o que deixa a Corte Constitucional alemã com uma larga esfera de discricionariedade para decidir que emendas violam ou deixam de violar a Constituição.

O art. 60, § 4º, da Constituição brasileira, por sua vez, foi escrito de forma menos restritiva em relação ao escopo da proteção especial, proibindo apenas aquelas emendas *tendentes a abolir* os direitos e princípios protegidos como cláusulas super-rígidas. Em princípio, o uso da expressão *tendente a abolir* deixa mais espaço de ação ao poder constituinte reformador do que o termo *afetar*, empregado pelos redatores da Lei Fundamental. Em contrapartida, *abolir* limita mais o intérprete do que *afetar*. Portanto, a princípio o Judiciário alemão deveria ter mais discricionariedade do que o brasileiro para pôr limites ao poder de reforma.

Em relação aos direitos e princípios protegidos como cláusulas superconstitucionais o constituinte brasileiro foi mais liberal, dando proteção aos direitos e garantias individuais, sem nenhuma especificação. A "Federação" e a "separação de Poderes" também foram protegidas de maneira bastante genérica. O único direito protegido de forma clara e específica foi o direito ao "voto direto, secreto, universal e periódico".

---

[56] Art. 79 (3) da Lei Fundamental.
[57] Art. 79 (3) da Lei Fundamental.

A Constituição americana, por sua vez, trouxe, originalmente, dois dispositivos limitando o poder de emenda. O primeiro deles, dando proteção à instituição da escravidão, já perdeu sua eficácia. Foi criado como uma limitação absoluta ao poder de emenda em relação à importação de escravos até 1808, usando claramente a expressão "nenhuma emenda". O valor ou interesse protegido também era claramente estabelecido: "a 1ª e 4ª cláusula da 9ª seção do art. I". Muito embora escrita como uma *sunset clause* – ou seja, uma cláusula que tinha sua morte determinada –, esse dispositivo mostra o perigo que a petrificação constitucional pode gerar. O segundo dispositivo limitando o poder de emenda não colocou uma proibição absoluta ao poder de reforma; apenas criou um procedimento especial – qual seja, o "consentimento dos Estados" – para proteger um valor específico – "a igualdade do sufrágio no Senado". Assim, nos casos analisados, a Suprema Corte Americana limitou-se a verificar se a adoção da emenda questionada em face da Constituição havia se dado de acordo com os procedimentos constitucionalmente determinados.

O que chama a atenção no estudo dos casos alemão e brasileiro, por sua vez, é a dificuldade enfrentada pelas duas Cortes ao interpretar os limites estabelecidos pelas cláusulas super e supraconstitucionais. Especificamente quanto ao escopo da proteção especial, há certa ironia. Embora a Constituição brasileira empregue o termo *abolir*, no caso do IPMF, o Tribunal o interpretou como se significasse *afetar*. Já a Corte alemã, que tinha na sua frente o termo *afetar*, interpretou-o, nos três casos analisados, como se fosse *abolir*.

Para a maioria da Corte Constitucional alemã, como definido no "Caso da Privacidade de Comunicação" (1970), o art. 79 (3) da Lei Fundamental deveria limitar emendas que pudessem provocar a "*abolição* da substância ou estrutura da ordem constitucional existente", impedindo, assim, o "abuso da Constituição voltado a legalizar o regime totalitário"[58]. Decidiram, portanto, como se tivessem à sua frente o art. 60, § 4º, da Constituição brasileira, que emprega o termo *abolir*. O que gerou reação natural dos dissidentes, que argumentaram que

> a literalidade e o significado do art. 79 (3) não proíbem apenas a *abolição* completa de todos ou de apenas um dos princípios. A palavra *afetar* significa menos [...]. Os elementos constitutivos [...] também devem ser protegidos contra um gradual processo de desintegração [...]. Seria um completo mal-entendido do art. 79 (3) pressupor que o principal propósito era somente impedir um mau uso dos termos formais de uma emenda constitucional para legalizar um regime totalitário [...]. O art. 79 (3) significa mais: certas decisões fundamentais do legislador constitucional são invioláveis[59].

E essas "decisões fundamentais [...] não devem ser *alteradas* [...]" por emendas constitucionais[60]. A dignidade humana, incorporada no art. 1º, por exemplo, é o princípio superior da ordem constitucional, e esse princípio não pode ser interpretado de uma forma tão "abstrata" que permita a um homem concreto ficar sem a efetiva garantia que só pode ser prestada por um Judiciário independente.

O mesmo padrão de autolimitação estabelecido pela Corte alemã no "Caso da Privacidade de Comunicação" foi seguido nos casos da "Reforma Agrária" e do "Tratado da União Europeia". No "Caso da Reforma Agrária" as exceções abertas pela emenda, autorizando o seu confronto com as limitações impostas pelo art. 79 (3),

---

[58] "Caso da Privacidade de Comunicação", *in* Neuman, 1995: 664.
[59] "Caso da Privacidade de Comunicação", *in* Neuman, 1995: 663-664.
[60] "Caso da Privacidade de Comunicação", *in* Neuman, 1995: 663.

foram reconhecidas como legítimas pelo Tribunal Constitucional. No caso da emenda que autorizou a transferência de soberania à União Europeia os magistrados argumentaram que, apesar das palavras da emenda, os Estados continuavam mantendo sua soberania, e o que foi cedido não transformava a União Europeia numa ordem estatal superior. Assim, o direito de cidadania não havia sido suprimido ou, mesmo, afetado, de forma que se violassem os valores protegidos pelas cláusulas constitucionais intangíveis.

A interpretação do termo *afetar* realizada pela Corte Constitucional alemã parece, assim, bastante problemática. Como destacado pela minoria vencida em seu voto dissidente, a maioria da Corte deu um sentido muito mais fraco ao termo *afetar* do que o que ele parece ter, como se esse artigo estivesse apenas proibindo a abolição dos princípios e direitos protegidos pelo art. 79 (3) da Lei Fundamental.

Muito embora a interpretação majoritária pareça muito mais simpática às teorias democráticas procedimentais – uma vez que ela dá menos poder à Corte para bloquear a vontade supermajoritária manifestada por meio do poder de emenda –, é uma interpretação problemática, principalmente quando analisada à luz dos termos empregados pela Constituição brasileira, que expressamente usa o termo *abolir*.

Quanto ao rol de princípios e direitos protegidos pelo art. 79 (3), a interpretação restritiva feita pela Corte também não é destituída de problemas, conforme fica claro a partir da argumentação desenvolvida pelos votos vencidos no "Caso da Privacidade de Comunicação": a Corte restringiu tanto a esfera de proteção das cláusulas intangíveis que autorizou que uma pessoa pudesse ter seu direito de acesso ao Judiciário trancado por intermédio de uma emenda, pois para a maioria esse direito não está incluído no rol dos princípios estabelecidos nos arts. 1º e 20.

Apesar das críticas que se pode fazer ao Tribunal alemão, há uma coerência interna entre as suas decisões. Todas elas evitam uma proteção mais substantiva dos princípios e direitos consagrados como cláusulas intangíveis.

A Corte brasileira, por sua vez, tem sido mais cambiante no seu processo de controle de constitucionalidade de emendas. No caso do IPMF o Supremo Tribunal Federal demarcou sua posição de intransigência com qualquer violação dos princípios e direitos protegidos como cláusulas superconstitucionais. Já no caso da ação direta de constitucionalidade o Supremo não se demonstrou tão sensível à demanda de que vários direitos individuais ligados ao devido processo legal e até mesmo a separação de Poderes estavam sendo ameaçados.

Na decisão referente ao IPMF o Supremo Tribunal Federal deu um caráter extremamente sensível ao termo *abolir*. Na cobrança do IPMF dos Estados o Supremo decidiu, de forma unânime, que a emenda era inconstitucional, pois ofendia e ameaçava o pacto federativo. Acatando a máxima formulada por Madison – "o poder de tributar envolve o poder de destruir" –, o IPMF violava o "princípio da imunidade recíproca", devendo ser extirpado da ordem constitucional brasileira.

Para o Ministro Carlos Velloso, a suspensão do princípio da imunidade recíproca ofende o pacto federativo, enfraquecendo-o, e, por essa razão, é tendente a aboli-lo[61]. Esse argumento não foi questionado por qualquer dos demais membros do Supremo Tribunal Federal, que unanimemente rejeitaram os argumentos do Governo de que o IPMF não era um tributo arbitrário, criado para ameaçar a integridade dos Estados, mas apenas um tributo genérico, que deveria ser pago por qualquer indivíduo ou pessoa

---

[61] *JSTF*-Lex 186/162.

jurídica que efetuasse transação financeira (incluindo entidades estatais), e que em nenhuma circunstância esse tributo tenderia a abolir a forma federativa de Estado.

Em relação à violação do princípio da "anterioridade" a maioria deu amplo apoio para as limitações estabelecidas pelo art. 60, § 4º, IV, da Constituição, que empresta caráter super-rígido aos "direitos e garantias individuais", enquanto a minoria buscou confinar essa limitação apenas aos direitos substantivamente fundamentais, nos quais o princípio da anterioridade não se encontra, obviamente, incluído. Para o Supremo Tribunal Federal o fato de o princípio da anterioridade ser rotulado pela Constituição como uma "garantia" fez possível sua proteção como cláusula superconstitucional[62]. Aqui, o Supremo Tribunal Federal também não levou em consideração os argumentos do Governo no sentido de que a emenda não tendia a abolir direitos individuais, mas apenas criava algumas limitações a uma garantia secundária, que não tinha *status* para ser incluída entre aquelas que recebem especial proteção do art. 60, § 4º, IV, da Constituição. Para o Supremo a supressão do princípio da anterioridade, nesse caso em particular, foi razão suficiente para suspender a validade da emenda.

Portanto, no que concerne ao escopo da limitação ao poder de emenda, a interpretação do termo *abolição* adotada pelo Supremo Tribunal Federal foi bastante expansiva. No que tange aos direitos e princípios protegidos como cláusulas superconstitucionais o Supremo também foi generoso em sua interpretação, mas dessa vez

---

[62] O art. 150 da Constituição Federal – ao ditar "sem prejuízo de outras *garantias* asseguradas ao contribuinte, é vedado à União, aos Estados, ao Distrito Federal e aos Municípios" – possibilitou a interpretação de que as limitações ao poder de tributar ali esculpidas também são garantias individuais, e, portanto, passíveis de proteção pelo art. 60, § 4º.

com uma justificativa textual mais forte, uma vez que a própria Constituição adota expansiva e ampla terminologia ao estabelecer os direitos e os princípios que devem receber proteção especial.

No caso da *ação direta de constitucionalidade* a posição do Supremo Tribunal Federal foi bastante distinta daquela adotada no caso do IPMF, apesar da demanda dos autores no sentido de que os princípios fundamentais de ampla defesa, acesso à Justiça, devido processo legal e contraditório estavam sendo violados, posto que a referida ação retirava dos magistrados de primeira e segunda instâncias a possibilidade de suprimir eventual violação à Constituição, num caso concreto, quando a regra violadora houvesse sido abstratamente considerada constitucional. Também a demanda no sentido de que a ação do Supremo em referendar a constitucionalidade de uma lei, garantindo sua intangibilidade em face do Judiciário, feria o princípio da separação de Poderes, protegido pelo art. 60, § 4º, III, foi simplesmente descartada.

Essas dificuldades são, na realidade, intrínsecas ao processo de interpretação constitucional, como se verá no próximo capítulo, principalmente quando os dispositivos constitucionais interpretados pertencem a uma categoria tão abstrata de preceitos, como os defendidos pela ordem constitucional brasileira e alemã por intermédio de cláusulas super e supraconstitucionais. As dificuldades do Judiciário tornam-se ainda mais agudas em face do *status* da fonte produtora de emendas, que é o poder constituinte reformador, e não o parlamento deliberando de forma ordinária.

Para buscar reduzir essas dificuldades, dando mais consistência a uma teoria das limitações materiais ao poder de reforma, é fundamental que se analise a possibilidade de reduzir o campo de discricionariedade dos magistrados, de modo que haja mais objetividade no controle das decisões do poder constituinte reformador. O capítulo seguinte será dedicado primordialmente a essa questão da discricionariedade judicial.

CAPÍTULO 9

DISCRICIONARIEDADE JUDICIAL E INTERPRETAÇÃO CONSTITUCIONAL

A análise dos casos submetidos às Cortes brasileira, alemã e americana – as duas primeiras em particular – demonstra as grandes dificuldades de se implementar adequadamente as limitações ao poder de reforma constitucional. Termos como *afetar* ou *abolir*, que na linguagem cotidiana não oferecem nenhuma dificuldade aos interlocutores, quando colocados no centro de uma disputa jurídico-constitucional de grande magnitude não se demonstram âncoras seguras. Conceitos e expressões menos claros, ou mais amplos, como liberdade, direitos, separação de Poderes ou democracia, tornam ainda mais complicado o trabalho desses Tribunais.

As dificuldades de extrair adequadamente o conteúdo de normas jurídicas permeiam toda a prática do Direito. Esses problemas, no entanto, colocam-se de forma mais aguda quando se busca solucionar um conflito a partir de normas extremamente abstratas da Constituição, como as que estruturam os limites ao poder de reforma. A aplicação do Direito demanda, da autoridade responsável pela resolução de um conflito concreto, a compreensão do significado das normas jurídicas que devem governar aquele caso. Se o estabelecimento de um Estado de Direito tem algum sentido consensual é o de que, dentro desse Estado, os conflitos não devem ser decididos arbitrariamente, mas em conformidade com determinadas regras preestabelecidas. Ao decidir um caso concreto o juiz deve escolher a regra que se aplica àquela situação e, mais, fixar o seu conteúdo, dentre inúmeras possibilidades[1].

Por mais simples que seja uma norma jurídica, sua aplicação exige um processo pelo qual seja extraído de seus signos, de seus termos, um significado. Esse processo de compreensão do significado das normas para a resolução de uma questão concreta denomina-se *interpretação*. Trata-se de atividade *prática*[2], pois voltada à resolução de um conflito jurídico. Há um propósito, que é alcançar o resultado

> correto, através de um procedimento racional e controlável, e fundamentar este resultado de forma igualmente racional e controlável, criando deste modo certeza e previsibilidade jurídicas, e não acaso, o da simples decisão pela decisão[3].

9.1. O Direito como sistema de normas

A interpretação coloca-se, assim, como parte integrante do Direito, pois viabiliza a aplicação das normas gerais a uma situação particular, ou seja, a efetiva realização do Direito. A norma, por si, é dispositivo inerte. Necessita da intervenção humana para que sirva de uma razão para agir, para a tomada de decisão por

---

[1] Para Carlos Maximiliano, "as leis positivas são formuladas em termos gerais; fixam regras, consolidam princípios, estabelecem normas, em linguagem clara e precisa, porém ampla, sem descer a minúcias. É tarefa primordial do executor a pesquisa da relação entre o texto abstrato e o caso concreto, entre a norma jurídica e o fato social; isto é, aplicar o Direito. Para conseguir, se faz mister um trabalho preliminar: descobrir e fixar o sentido verdadeiro da regra positiva; e, logo depois, o respectivo alcance, a sua extensão. Em resumo, o executor extrai da norma tudo o que na mesma se contém: é o que se chama *interpretar*, isto é, determinar o sentido e o alcance das expressões do Direito" (1995: 1; v., ainda, Machado, 1994: 176).

[2] Zagrebelsky, 1988: 39-40.

[3] Hesse, 1983: 37.

parte daquela autoridade responsável por resolver o conflito. As normas jurídicas desempenham, por sua vez, um papel essencial nos sistemas jurídicos contemporâneos. Em duas das conceituações mais aceitas no século XX as normas jurídicas aparecem como o elemento básico pelo qual os sistemas jurídicos contemporâneos são reconhecidos. Para Kelsen o Direito é concebido como um sistema de normas que regula a conduta humana. Esse sistema é composto de forma hierárquica, de maneira que cada norma retira a sua validade de uma norma superior. No ápice dessa pirâmide encontra-se uma "norma hipotética fundamental", que valida todas as demais normas. Por meio dessa abstração Kelsen isolou o Direito, bastando, para conhecê-lo, compreender as diversas normas que o compõem. Não há necessidade de indagar sobre os valores ou sobre os fatos (poder) que legitimam ou sustentam o Direito[4]. Basta conhecer as regras.

Também para Hart o Direito é composto de normas. Hart distingue as normas em primárias e secundárias. As normas primárias são aquelas que impõem obrigações e asseguram direitos diretamente aos indivíduos, como o Código Penal, o de Defesa do Consumidor, ou os artigos que asseguram direitos, inscritos na Constituição. As normas secundárias asseguram que os seres humanos possam estabelecer novas regras, alterando ou extinguindo as existentes. São regras sobre regras. Normas que viabilizam a criação de obrigações e direitos, ou seja, de normas primárias. Exemplos de normas secundárias são os dispositivos constitucionais que viabilizam o processo legislativo ou, ainda, os dispositivos do Código Civil que autorizam a realização de contratos, que, por sua vez, estabelecem direitos e obrigações[5].

---

[4] Kelsen, 1976: 267.
[5] Hart, 1972: 91.

Por meio dessas conceituações, ambos os autores buscam descrever o Direito de maneira a superar as tradicionais definições que se fundam ou na moralidade ou na força. Para o pensamento jusnaturalista clássico o Direito funda-se na justiça. Para Kelsen, não havendo como se demonstrar empiricamente o que é o justo, necessário se faz buscar outro fundamento, que possa ser logicamente aferido – daí a validade de o Direito contar com o seu próprio fundamento.

Por outro lado, Hart também busca afastar a ideia hobbesiana de que Direito nada mais é que um conjunto de ordens providas de coerção – ou, como prefere Austin, comandos gerais que decorrem da vontade do soberano. Para Hart as normas não são obedecidas simplesmente porque alguém tem força para impô-las, mas porque alguém tem autoridade para estabelecê-las. Essa autoridade é conferida também por uma norma, que é, por sua vez, aceita por aqueles que serão submetidos ao Direito. Tem-se, assim, em ambos os casos, um Direito estruturado a partir de normas. A aplicação dessas normas aos casos concretos demanda, no entanto, uma intervenção humana, muitas vezes desprezada pelos doutrinadores, como se o processo pelo qual uma norma abstrata se transforma em decisão concreta fosse automático, realizando-se mecanicamente.

9.2. Mecanicismo e a reação realista

O século XIX – e boa parte do XX – foi dominado por uma visão também normativista do sistema jurídico, porém menos sofisticada. Compreendê-la, aqui, é necessário, pois é muito mais em reação a essas teorias do que ao normativismo de Kelsen e Hart que a reação realista, do início do século, se deu. A razão legal, emanada da vontade geral rousseauniana, não poderia sofrer interferências da ação individual de magistrados e suas vontades privadas. O direito natural era captado pela razão humana por intermédio de um processo de deliberação que apenas levava em conta o interesse público, formalizado por normas gerais, abstratas e universais. Essa herança iluminista foi transmitida, por intermédio dos códigos, às gerações posteriores. A ação do magistrado deveria limitar-se a aplicar a lei ao caso concreto, sem a necessidade de qualquer atividade criativa. Basta lembrar que no esquema de Montesquieu ao Judiciário cabe um poder "nulo", e que "os julgamentos devem 'ser fixos', a tal ponto que nunca sejam mais do que um texto exato da lei. Se fosse uma opinião particular do juiz, viver-se-ia na sociedade sem saber precisamente os compromissos que nela são assumidos"[6].

Para a adequada aplicação da lei bastava ao juiz (autômato) subsumir os fatos ao Direito, que se teria a solução do conflito de forma predizível e correta. Com o Código Civil de Napoleão a "ideia de onisciência e onicompreensão da lei escrita, assim como da concepção mecânica da função judicial, alcançam um grau de frenética apoteose"[7]. Associada à descrença do Iluminismo nas velhas técnicas do direito jurisprudencial havia uma desconfiança muito grande em relação aos magistrados, que eram figuras proeminentes do Antigo Regime. A eles deveria ser deixado o menor espaço possível na aplicação da lei, sendo, inclusive, vedada aos juízes a possibilidade de interpretar a legislação por diversos dos códigos iluministas[8].

Embora esse extremo mecanicismo não tenha perdurado, e poucos juristas consistentes tenham sustentado a possibilidade

---

[6] Montesquieu, 1982: cap. VI.
[7] Siches, 1980: 193.
[8] Reproduzindo as manifestações de Justiniano, Frederico II da Prússia e José II da Áustria, os revolucionários franceses apresentavam a obra legislativa como perfeita e acabada: "proibiam todo comentário privado e reduziam a função do juiz a termos quase mecânicos" (Siches, 1980: 191).

de administrar um sistema jurídico desprezando as questões da interpretação e aplicação do Direito, pouca atenção foi dispensada aos problemas que envolvem a decisão judicial. Surge, assim, primeiro nos Estados Unidos e posteriormente na Europa, em particular na Escandinávia, uma reação crítica a esse normativismo ingênuo. A realização do Direito – proclamam os "realistas" – exige uma intermediação. Como salienta o *Justice* Oliver W. Holmes, "proposições gerais não decidem casos concretos"[9].

Holmes foi um dos propulsores dessa corrente de juristas que buscava demonstrar que o Direito vivido em muito se afastava daquele escrito e codificado, pois o processo de aplicação não era tão lógico e mecânico quanto propunham os formalistas.

Jerome Frank, o mais radical dos primeiros realistas, enfrentou o formalismo reinante, alertando que

> o processo de julgamento, assim nos dizem os psicólogos, dificilmente começa com a premissa da qual a conclusão é posteriormente retirada. O ato de julgar começa, ao invés, do outro lado – com uma conclusão mais ou menos vaga formada; o homem começa ordinariamente com essa conclusão e depois busca encontrar premissas que a fundamentem[10].

A partir daí montam suas decisões oficiais, que são divididas em premissa maior – regras e princípios – e premissa menor – fatos e conclusão. Esse silogismo, no entanto, é pura ilusão, utilizada para encobrir os verdadeiros e muitas vezes inconscientes mecanismos que levam a uma decisão. Frank agradece às escolas sociológicas do Direito e ao pensamento econômico determinista (marxistas), que já apontavam para a importância de se conhe-

---

[9] Manifestação dissidente no caso *Lochner vs. New York*, 198 US 45 (1905).
[10] Frank, 1970: 108.

cer a inserção social, política e econômica dos juízes para que se pudesse determinar de que forma operariam a transformação das regras abstratas em decisões concretas.

Essas categorias, embora importantes, pareciam-lhe um pouco grosseiras para determinar o complexo fenômeno mental que perpassava o processo de decisão judicial. Para Frank toda essa teia econômica e política que envolve as decisões judiciais é de importância secundária, posto que, em última instância, é filtrada pela personalidade de cada indivíduo. Os preconceitos decorrentes das diversas percepções do social dependem das experiências pessoais e psicológicas de cada um. As idiossincrasias pessoais é que são determinantes. Frank cita pesquisas empíricas que demonstram a grande diferença com que juízes tratam casos iguais e conclui que "justiça é uma coisa muito pessoal, refletindo o temperamento, a personalidade, a educação, ambiente e características pessoais do magistrado"[11]. Para ele, apenas o juiz, ou um psicólogo em contato muito próximo a ele, poderia descobrir as verdadeiras e muitas vezes "obscuras" razões que levam a uma decisão.

As descobertas de Frank põem fim à mística afirmação de que se vive sob o governo das leis, e não de homens. A partir das obras de Holmes e Pound, que buscam demonstrar que o Direito não é, em última instância, um conjunto de regras abstratas, mas de decisões judiciais, estabelece-se a premissa de que para conhecer o Direito é necessário ir aos tribunais e – mais do que isso – ao inconsciente dos magistrados. Essa análise, caso correta, lança todo o sistema jurídico num terreno extremamente pantanoso, pois a previsibilidade e igualdade proporcionadas pelas normas

---

[11] Pesquisa realizada em Nova York entre 1914 e 1916, sendo a conclusão citada por Frank, 1970: 121.

simplesmente desaparecem. A proposição de que as sentenças derivam mais da história pessoal de cada juiz do que das normas socialmente construídas não parece ser a melhor fundação sobre a qual se possa erigir um sistema jurídico. O objetivo de Frank, no entanto, é alertar e permitir que as pessoas – e principalmente os juízes – se conscientizem do processo pelo qual decidem a vida de indivíduos que se creem submetidos à lei. Somente por meio desse processo de conscientização, quase psicanalítico, que cada juiz deve realizar será possível ter maior controle sobre os obscuros motivos de uma decisão judicial[12].

9.3. A discricionariedade como parte do Direito

O positivismo de Kelsen e Hart não pode ser confundido com o formalismo do século XIX, que foi o alvo da investida realista, embora ambos apontem que os sistemas jurídicos contemporâneos são a realização do ideal de governo das leis (no sentido de regras), que se busca desde a Antiguidade. Essas análises, porém, não são mais tão ingênuas. Sem recorrer ou refutar a psicanálise, Kelsen sustenta a integridade do sistema jurídico, como governo das leis, apesar de estar consciente de que as decisões individuais não são uma pura aplicação dos preceitos gerais e abstratos da lei. Para Kelsen as normas jurídicas gerais funcionam como uma "moldura dentro da qual há várias possibilidades de aplicação"[13]. Quando o magistrado escolhe um desses sentidos

---

[12] Frank utiliza-se, aqui, de Piaget, afirmando que a ação dos juízes de desconsiderar as razões que os levam a agir em muito se assemelha à "inconsciência [das crianças] de si próprias, da capacidade de lidar com seus próprios pensamentos como subjetivos. Essa situação obtusa produz na criança uma superconfiança nas suas próprias ideias, uma falta de ceticismo em relação à subjetividade de suas crenças. Como consequência, as crianças são particularmente não introspectivas [...]. A criança [...] não leva os seus próprios motivos em conta. Eles são ignorados e nunca considerados como constituintes do pensamento" (1970: 126).
[13] Frank, 1970: 466.

autorizados pela norma não está agindo discricionariamente, mas sob aquela esfera de competência que lhe foi reservada pelo próprio Direito. Assim, o Direito não é formado simplesmente por normas gerais e abstratas, mas também por normas concretas de aplicação das normas gerais, e esse trabalho é atribuído aos magistrados.

Kelsen também critica o que chama de teoria tradicional, por entenderem os formalistas que a norma abstrata oferece condições para que o aplicador do Direito reconheça nela a única resposta que deve ser dada ao caso sob julgamento, como se fosse possível realizar a justiça do direito positivo. Alerta que "não há qualquer método – capaz de ser classificado como de direito positivo – segundo o qual, das várias significações verbais de uma norma, apenas uma possa ser destacada como 'correta'"[14].

A decisão do magistrado será sempre uma decisão política, pois, assim como o legislador age politicamente ao elaborar uma lei que complemente a Constituição, o magistrado, ao manifestar sua decisão, estará, num patamar inferior, implementando a lei. Obviamente que esse espaço dado ao legislador para elaborar a norma geral, ou ao magistrado para emanar uma norma concreta, é limitado pelas normas que lhe são superiores.

Kelsen resolve, assim, o problema da interpretação, especificamente da discricionariedade do juiz, do ponto de vista da teoria jurídica, sem, no entanto, enfrentá-lo do ponto de vista material. Ao transformar a interpretação e decisão judicial em parte do sistema jurídico e aceitar a margem de discricionariedade, antes negada pelos formalistas, como componente do Direito, Kelsen poderá afirmar que o sistema jurídico, que o governo das leis, continua intacto. Apesar de teoricamente bem solucionado, na

---

[14] Frank, 1970: 468.

prática o esforço kelseniano não é de muita utilidade. Pois de que adianta viver num governo de leis se, na realidade, sabemos que, no momento em que essas regras gerais e abstratas forem aplicadas, haverá um intermediário, humano, que aplicará sua compreensão pessoal dessa lei – que, como vimos em Frank, pode em muito se afastar daquilo que a lei efetivamente determina?

9.4. A conciliação de Hart

A saída para esse paradoxo foi proposta nos anos 1960 por Hart. Para ele, nem os formalistas e tampouco os realistas detêm a razão, ou, pelo menos, toda a razão. Formalistas não podem estar certos, pois parece óbvio – e não é necessário ser nenhum Freud ou Marx para detectar – que as decisões judiciais são carregadas de preconceitos inconscientes e ideologias que dependem das histórias psicológicas individuais e da inserção de cada um na sociedade. Por outro lado, também não se deve ignorar que na maioria dos casos não se exige do magistrado uma ação intelectual mais elaborada. Os casos repetem-se com uma frequência assustadora, consistindo a atividade do magistrado em algo mecânico. Nesse sentido, os formalistas teriam razão na maioria dos casos, ou seja, naqueles casos simples, em que a lei é clara e em que a jurisprudência é pacífica e consolidada. Nos casos difíceis, em que a lei é omissa ou confusa, aí, sim, a atividade de interpretação demandaria do juiz certo grau de discricionariedade. Aí, certamente, algumas ou várias das considerações dos realistas fazem sentido.

Em seu precioso estudo sobre *O conceito de Direito* Hart aponta que em qualquer grande grupo

> as regras gerais, os padrões e os princípios devem ser o principal instrumento de controle social, e não as diretivas particulares [...]. Se não fosse possível comunicar padrões gerais de conduta

que multidões de indivíduos pudessem perceber [...] nada daquilo que hoje conhecemos como Direito poderia existir[15].

Alerta, no entanto, que progressivamente tem-se tomado consciência de que a linguagem utilizada pelas normas gerais e abstratas produzidas pelos Parlamentos, ou pelos precedentes que exemplificam regras gerais a serem adotadas pelos magistrados, não oferece muita segurança. Quando se tem de descer ao caso concreto a linguagem geral fica impossibilitada de garantir coerência:

> Há um limite, inerente à natureza da linguagem, quanto à orientação que a linguagem geral pode oferecer. Haverá casos simples que estão sempre a ocorrer em contextos semelhantes, aos quais as expressões gerais são claramente aplicáveis [...] mas também casos em que não é claro se se aplicam ou não[16].

Nos casos simples, a aplicação do Direito não exigirá grandes exercícios interpretativos, sendo a ação do magistrado quase automática. Além do que esses casos familiares repetem-se infindavelmente. Porém, em certas situações a linguagem geral não será suficiente para guiar de maneira precisa a ação do magistrado. Nesse momento abre-se um espaço de escolha entre diversas alternativas: "a subsunção e a extração de uma conclusão silogística já não caracterizam o cerne do raciocínio implicado no que é a coisa certa a se fazer"[17]. Abre-se, dessa forma, um poder discricionário ao juiz, que deverá escolher entre as diversas opções oferecidas pela norma. Não se trata de escolha arbitrária ou irracional, pois balizada pela norma.

---

[15] Hart, 1972: 137.
[16] Hart, 1972: 139.
[17] Hart, 1972: 140.

Como destaca Hart, essa situação é inerente à própria condição humana. Buscando controlar e normatizar situações futuras, porém não dispondo de conhecimento para prever todas as possibilidades fáticas, as sociedades são obrigadas a se utilizar de uma linguagem e classificações gerais na confecção das normas. O Direito será construído invariavelmente em cima de termos e conceitos de "textura aberta", o que imporá ao seu aplicador a necessidade de agir de forma discricionária:

> A textura aberta do Direito significa que há, na verdade, áreas da conduta em que muitas coisas devem ser deixadas para serem desenvolvidas pelos tribunais e pelos funcionários, os quais determinam o equilíbrio, à luz das circunstâncias, entre interesses conflitantes que variam em peso, de caso a caso[18].

Parece-lhe equivocada, assim, a atitude dos formalistas de não reconhecer nos sistemas jurídicos a sistemática ocorrência de escolhas que se dão no momento da aplicação de normas de textura aberta. Por outro lado, Hart também não aceita a posição dos realistas, de absoluto ceticismo quanto à posição central que as normas ocupam nos sistemas jurídicos contemporâneos.

A ideia de que o Direito apenas deriva das decisões judiciais, ainda que fosse verdadeira – o que Hart não aceita para a grande maioria dos casos –, apenas confirmaria que naquele sistema jurídico a regra é que o Direito é aquilo que deriva dos tribunais. Assim, continuaríamos vivendo em sistema governado por uma regra maior, que confere esse poder ao Judiciário. Essa, porém, seria uma resposta pífia. O que Hart não aceita é a total desqualificação que os realistas fazem das regras, pois se, afinal, elas não são exatamente aquilo que os formalistas, como Rousseau ou

---

[18] Hart, 1972: 140.

Montesquieu, queriam, elas cumprem uma função na sociedade humana de organizar e determinar comportamentos.

Certas situações serão mais complexas, menos previsíveis, e, nesses casos, as regras não serão suficientemente capazes de indicar um único caminho; isso, porém, não desqualifica o Direito como um todo[19], pois se em muitos casos ele indica um caminho e em outros alguns caminhos, esse sistema de normas em muito se diferencia de uma situação de absoluto arbítrio, em que cada juiz decide como quer. Mesmo que isso seja a realização de uma regra, não é uma regra compatível com os nossos sistemas jurídicos.

A análise de Hart parece dar conta do fenômeno jurídico de forma bastante adequada, retirando-nos da escuridão em que fomos lançados pelos realistas. A antropologia jurídica de Hart ainda é mais interessante, pois aceita que as ponderações dos céticos têm lugar num sistema jurídico, porém ocupando espaço limitado àqueles casos mais difíceis, que se encontram na penumbra, na aplicação das normas de textura aberta. Embora Hart nos deixe mais tranquilos quanto à possibilidade de existência de um Estado de Direito que funciona para a maioria dos casos, em nada nos ajuda em relação àqueles casos que se encontram na penumbra. Nessas situações dá razão aos realistas: as decisões judiciais são discricionárias.

9.5. A Constituição na penumbra

As Constituições são compostas de diversos dispositivos com pretensão normativa. Para serem aplicados, no cotidiano dos tribunais, também precisam ser interpretados. Os dispositivos que compõem as Constituições, no entanto, muitas vezes se afastam do padrão encontrado no direito ordinário. Isso faz da interpretação constitucional um processo mais complexo do que

---

[19] Hart, 1972: 152.

aquele aplicado à legislação comum. Sendo a Constituição documento que busca regular o todo – diferente de leis ordinárias, que têm finalidades específicas –, estará obrigada a se utilizar de termos mais genéricos que as demais normas jurídicas. Isso, de partida, já coloca o intérprete constitucional numa posição ainda mais difícil que a dos demais operadores do Direito[20].

Pela sua natureza, as Constituições abrigam grande número de dispositivos que oferecem dificuldades extras ao intérprete. Como estatuto do político[21] – e, contemporaneamente, também da ordem econômica e social –, as Constituições fazem a ponte entre o universo jurídico e o não jurídico. Diferentemente da legislação ordinária, formulada a partir de termos técnicos, expressões jurídicas que possuem significado convencional firme, as Constituições são compostas de um grande número de termos emprestados do vocabulário político, que não apenas não dispõem de um significado pacífico, mas são constantemente objeto das mais acirradas disputas políticas e filosóficas. Obviamente que o aplicador do direito constitucional terá mais dificuldade de extrair o significado de termos como *liberdade* ou *igualdade* do que de outros como *doação, enfiteuse* ou *roubo*. Muitas dessas palavras têm o seu significado sendo lapidado há mais de mil anos pelos tribunais e pelos doutrinadores.

Os termos políticos empregados pelas Constituições não são novos. Mas há uma diferença fundamental em sua história. Como

---

[20] Teixeira, 1991: 107. Essas preciosas apostilas foram exemplarmente editadas pela professora Maria Garcia, viabilizando ao público acesso a uma das mais valiosas obras de direito constitucional brasileiro.

[21] Os teóricos são unânimes em reconhecer os problemas extras que enfrentam os intérpretes da Constituição, em face da sua natureza política. Para uma abordagem hoje clássica na literatura jurídica brasileira, v. Ferraz, 1986: 26 e ss. Cf. Stern, 1987: 280 e ss.; Hesse, 1983: 35 e ss.; Canotilho, 1993: 208 e ss.; Bonavides, 1998: 377 e ss.

termos técnicos, as expressões jurídicas significam aquilo que se quer, aquilo que se convenciona. A estabilização de seus significados é essencial para que o sistema jurídico possa funcionar, sem que a todo momento seja necessário rediscutir o significado de cada palavra que governa o conflito. Por isso que boa parte do tempo dos estudantes de Direito é destinado à aprendizagem de termos técnicos, que jamais são usados fora do contexto do trabalho. Já as expressões centrais de uma Constituição são objeto não de consenso, mas de disputas seculares.

A adoção de um princípio constitucional como o *liberal* ou *social* não transforma essas expressões políticas em expressões técnico-jurídicas, neutralizando o seu significado, assim como não encerra a disputa política sobre a natureza e a direção do pacto político firmado pela comunidade no processo constituinte. Simplesmente transfere para a esfera de aplicação da Constituição a disputa sobre o *verdadeiro* valor desses princípios. Daí os tribunais estarem sempre envolvidos nas mais intrincadas disputas de caráter político, tendo frequentemente que resolver conflitos entre poderes soberanos e entre as unidades da Federação em torno de conceitos muitas vezes imprecisos.

As Constituições também se transformaram em depositários de valores éticos constitucionalizados, expressa ou implicitamente, pela comunidade. As cartas de direitos, a organização do espaço para o debate público, os dispositivos que regulamentam as liberdades públicas constituem o arcabouço ético e regem os princípios de justiça que devem regular o convívio social. Daí falar-se que as Constituições servem de paradigmas de justiça[22] sob os quais se deve desenrolar todo o processo político.

Um dos grandes problemas da materialização valorativa das Constituições é que os princípios por elas recepcionados, se tive-

---

[22] Nesse sentido, Rawls, 1977: 221 e ss.

rem a pretensão de servir de princípios de justiça, necessariamente serão abstratos, deixando aos juízes uma tarefa que vem sendo enfrentada com grande embaraço até mesmo pela filosofia política, que é determinar o conteúdo e, principalmente, harmonizar a coexistência dos diversos princípios morais por elas acolhidos. Reflexos disso são o interesse cada vez maior da filosofia moral e política pela interpretação constitucional, como demonstram trabalhos de Habermas e Rawls, e o interesse inverso dos juristas pela filosofia moral, como se pode exemplificar com Dworkin, nos Estados Unidos, e Robert Alexy, na Alemanha[23].

Na prática, as Supremas Cortes americana e alemã há muito se veem debatendo questões morais graves, como a pena de morte, o aborto, a relação entre privacidade e liberdade de expressão, o significado da dignidade humana como limitação última à Constituição. Todas essas questões podem ser deixadas à discricionariedade (decisionismo) das maiorias eventuais dos tribunais ou engendrar discussão ética mais profunda.

Constituições compromissárias[24], como a brasileira[25], impõem dificuldades adicionais ao Judiciário. Além da obrigação

---

[23] Habermas alerta para a "administração pelos juristas do direito natural", que tem se tornado cada vez mais comum (1991: 28). Também Rawls, em seu *Political Liberalism* (1993), reserva algumas seções para a discussão do papel da Suprema Corte como exemplo possível de realização da "razão pública", ou seja, da possibilidade de deliberação ética. Dworkin, por sua vez, afirma que "o direito constitucional não poderá fazer nenhum avanço genuíno até isolar o problema dos direitos contra a Constituição e fazer esse problema parte da sua própria agenda. Isso reclama por uma fusão do direito constitucional e a teoria moral, uma conexão que, inacreditavelmente, ainda deve tomar lugar. É perfeitamente compreensível que advogados temam a contaminação pela filosofia moral, e particularmente daqueles filósofos que falam sobre direitos, porque os assombrosos sobressaltos desse conceito ameaçam os cemitérios da razão" (1977: 149). V., também, Alexy, 1993.

[24] Para uma definição de Constituição compromissária, v. Schmitt, 1992: 53; v., também, Vieira, 1994: 35 e ss.

[25] Embora não use o termo *compromissária*, a análise dos dilemas inscritos na Constituição de 1988 é tratada de forma instigante por José Eduardo Faria (1989).

de trabalhar com normas de textura aberta, que abrigam conceitos políticos e princípios morais, os juízes são obrigados a arbitrar uma competição de valores e diretivas normativas muitas vezes contraditórias. Na ausência de grupo hegemônico que dê ao documento constitucional uma identidade, seja ideológica, política ou econômica, o que se tem é a fragmentação do texto em pequenos acordos tópicos.

Muitos desses acordos são meramente estratégicos, pois sabe-se que não terão eficácia imediata[26], mas também não caracterizam uma derrota na arena constituinte, o que ocorreria pela adoção de determinados interesses pelo texto constitucional em detrimento de outros valores dele excluídos. O compromisso – configurado pela adoção de valores e princípios antagônicos – ao menos sinaliza com a possibilidade de disputas futuras, por intermédio da legislação ordinária, da ação administrativa e da batalha nos tribunais. Essas Constituições são resultado de um processo constituinte marcado por forte pluralismo e corporativismo, como foi o brasileiro, em que os interesses de cada grupo organizado da sociedade encontravam eco junto a um corpo político incapaz de decisões que excluíssem interesses que pudessem levar à fragilização das bases eleitorais dos constituintes[27].

A Constituição aponta muitas vezes em direções diferentes ao tratar de um mesmo tema: a reforma agrária seria um exemplo. Mesmo a estrutura da Constituição, sua organização funcional e administrativa, não foi feita de forma clara. Distribuíram-se obrigações sociais sem que houvesse possibilidade de cumpri-las, pois não se assegurou arrecadação tributária suficiente. Esse tipo

---

[26] Para Marcelo Neves essa é uma das características do que denomina *legislação simbólica*, não se fundando o acordo "no conteúdo do diploma normativo, mas sim na transferência da solução do conflito para futuro indeterminado" (1994: 41).
[27] Para uma análise do processo constituinte, v. Buarque, 1988.

de inadequação gera forte sensação de insinceridade constitucional. A resolução via Judiciário desses conflitos de valores e também de idiossincrasias constitucionais impõe aos juízes exercícios interpretativos e harmonizadores extremamente complexos e não poucas vezes infrutíferos. Como destaca Hesse, "ali onde não se quis nada de modo inequívoco, resulta impossível descobrir uma vontade autêntica senão [...] uma vontade suposta ou fictícia"[28].

Num estudo sobre cláusulas pétreas, a conclusão de que boa parte da atividade interpretativa necessária à aplicação desses dispositivos ocorre numa região de penumbra não é muito animadora. Caso verdadeira a colocação de que, ao interpretar normas de textura aberta, os juízes exercem atividade discricionária, grande parte da atividade de defesa das cláusulas pétreas por tribunais ocorrerá em ambiente extremamente movediço. Sendo as Constituições documentos que se colocam entre os mundos político, ético, social, econômico e o mundo jurídico, esses documentos, como visto, têm a tendência natural de ser estruturados a partir de um grande número de termos que, segundo a teoria de Hart, são considerados de textura aberta.

Por outro lado, Constituições como a brasileira, marcadamente compromissárias, forradas de antinomias de valores e princípios, também impõem aos tribunais a difícil missão de decidir a partir de normas que não apontam de forma clara o caminho a ser seguido. Em função de todos esses aspectos, a interpretação estaria mais sujeita às pré-compreensões e preconceitos dos magistrados do que à interpretação de normas mais dogmáticas, que têm o conteúdo determinado por séculos de trabalho dos tribunais e pela ação da dogmática levada a cabo pelos doutrinadores.

---

[28] Hesse, 1983: 39.

Não é muito encorajador deixar o sistema último de defesa da Constituição contra emendas que possam subverter o seu cerne na penumbra legada pelos realistas e confirmada por Hart. Caso se confirme que a penumbra é inerente à aplicação judicial do Direito, parece impróprio – em vista do direito de autogoverno dos cidadãos – confiar a esse obscuro processo de decisão a possibilidade de controle da vontade democrática, expressa por uma maioria qualificada de três quintos dos representantes no Parlamento. Assim, ao lado dos diversos métodos de interpretação que podem auxiliar os tribunais, é necessário apresentar alternativas pelas quais se possa enfrentar os problemas específicos da interpretação e aplicação dos dispositivos que limitam o poder de reforma, dotados de cargas moral e política extremamente abstratas.

9.6. O Direito como sistema de regras, princípios e políticas em Dworkin

A ideia de que os juízes, em casos difíceis que envolvem a interpretação de termos abertos, inevitavelmente decidem de forma discricionária, afirmada e reafirmada pelo realismo e pelo positivismo jurídico, foi refutada por Ronald Dworkin[29] em 1967. O projeto de Dworkin é construir uma teoria da decisão judicial que não deixe espaço para discricionariedade judicial, ao menos no sentido admitido por Frank, Kelsen ou Hart. Inicia sua argumentação elaborando uma crítica ao positivismo. A seu ver, a conceitualização do Direito como um sistema de regras, ainda que elaborada de forma extremamente sofisticada – como o fez Hart, a partir do estabelecimento de uma regra de reconheci-

---

[29] "Models of rules", originalmente publicado pela *University of Chicago Law Review*, em 1967; a versão utilizada neste trabalho foi publicada na coletânea do mesmo autor, Dworkin, 1977.

mento que confere validade a todas as demais –, é insuficiente para compreender o fenômeno jurídico como um todo[30], gerando distorções como a teoria da discricionariedade judicial[31].

Para Dworkin, quando os advogados debatem e os juízes decidem casos difíceis[32], que envolvem questões abstratas sobre direitos e obrigações, eles também fazem uso de critérios que não são propriamente regras, mas princípios e *policies*. Por *policies* entendam-se diretrizes, metas a serem atingidas pelo governo, geralmente para a melhoria de algum aspecto econômico ou social da comunidade[33]. Princípios são critérios que devem ser observados pelos magistrados não em função da melhoria ou avanço de determinada situação econômica, política ou social tida como desejável, mas porque constituem "uma exigência de justiça ou *fairness* (equidade) ou alguma outra dimensão da moralidade"[34].

Essa distinção muitas vezes pode ficar obscurecida, pois princípios podem ser articulados por meio de políticas públicas, e vice-versa. Se o Direito for entendido apenas como sistema de regras, os princípios e as diretrizes serão desprezados pelas teorias do Direito como elementos que fazem parte do sistema jurídico.

---

[30] Para Bonavides "a construção doutrinária da normatividade dos princípios provém, em grande parte, do empenho da Filosofia e Teoria Geral do Direito em buscarem um campo neutro onde possam superar a antinomia clássica Direito Natural/Direito Positivo", que denomina de "pós-positivismo" jurídico (1995: 247 e ss.). Consultar esse mesmo autor para uma análise erudita da questão dos princípios na teoria constitucional (228 e ss.).

[31] No Brasil a doutrina mais autorizada reconhece a insuficiência da conceituação do Direito como um simples sistema de normas e aponta para a importância que os princípios desempenham em dar unidade e coerência às normas jurídicas. Nesse sentido v., especialmente: Grau, 1997, e Sundfeld, 1998.

[32] Por *casos difíceis* entenda-se a dificuldade de alcançar qual o conteúdo específico do Direito regendo a matéria; principalmente ao tratar de normas abertas, é, muitas vezes, pouco claro se existe uma norma específica que regulamente aquele caso.

[33] Dworkin, 1977: 22.

[34] Dworkin, 1977: 22.

Ao trazer os princípios para o sistema jurídico e, consequentemente, à tarefa de aplicação do Direito, Dworkin busca demonstrar que o espaço deixado ao magistrado não é tão amplo como pretendem os realistas ou os positivistas. O fato de os juízes utilizarem outros critérios, e não só regras, na aplicação do Direito não significa que estejam agindo discricionariamente: apenas aplicam elementos estruturantes do sistema jurídico que não se confundem com os valores subjacentes.

Regras e princípios funcionam de maneiras diferentes. As regras são normalmente aplicadas de forma peremptória, num "tudo ou nada". Dados os fatos, as regras devem ser aplicadas de forma implacável, consideradas as exceções por elas próprias estabelecidas. Os princípios, por sua vez, contam como razões que devem levar o juiz a determinada decisão, mas não exigem uma única conclusão. Diferentemente das regras, não são razões determinantes, pois pode haver outros princípios que apontem em direção oposta. Quando se diz que um princípio faz parte do Direito o que se pretende é que ele seja levado em conta por aquele que tem a responsabilidade de tomar a decisão. Ao julgador cabe avaliar o peso do princípio, de que forma ele pode cooperar na compreensão do sentido que deve ser dado a determinada norma e como, num caso concreto, princípios concorrentes devem ser harmonizados[35]. Enquanto as regras são aplicáveis ou não a determinado caso, os princípios são mais ou menos importantes àquele caso. Na hipótese de conflito entre normas, apenas uma delas deverá ser aplicada: aquela de hierarquia maior ou, no caso de normas de mesma posição hierárquica, aquela que uma regra supe-

---

[35] Dworkin, 1977: 26. Para uma conceituação técnica de princípios no Direito brasileiro, v. Carrazza (1998: 31), para quem "princípio jurídico é um enunciado lógico, implícito ou explícito, que, por sua grande generalidade, ocupa posição de preeminência nos vastos quadrantes do Direito e, por isso mesmo, vincula, de modo inexorável, o entendimento e a aplicação das normas jurídicas que com ele se conectam".

rior determinar. Já em relação aos princípios, os conflitos devem ser resolvidos por intermédio de uma ponderação a respeito da sua importância, do seu peso, para a solução do caso específico[36]. Muitas vezes um dispositivo jurídico pode ser tratado tanto como uma regra quanto como um princípio. Os resultados dessa distinção serão muito diferentes. Dworkin exemplifica essa questão a partir da I Emenda à Constituição americana. Dispõe a referida emenda que "o Congresso não deve fazer qualquer lei" que limite, entre outras coisas, a liberdade de expressão. Caso interpretada como regra, a I Emenda transforma-se num dispositivo absoluto, que impediria, inclusive, a punição de crimes de palavra. Caso interpretada como princípio, outros valores, como a integridade ou privacidade, devem também ser levados em consideração e sopesados em face do princípio da liberdade de expressão. O trabalho do magistrado é avaliar qual ou quanto de cada um dos princípios deve prevalecer na apreciação de um caso concreto[37].

Nesse sentido, os juízes não decidem casos difíceis de forma discricionária, pois, apesar de a lei (regra) muitas vezes não conter todos os elementos para a tomada de decisão, o Direito oferece outros critérios que também compelem o magistrado[38]. Não

---

[36] Carrazza, 1998: 32.
[37] Bastos, por sua vez, aponta que os princípios, "juntamente com as normas, fazem parte do ordenamento jurídico. Não se contrapõem às normas [...]. Em outras palavras, as Constituições não são conglomerados caóticos e desestruturados de normas que guardam entre si o mesmo grau de importância. Pelo contrário, elas se afiguram estruturas num todo, sem embargo de manter a sua unidade hierárquico-normativa, é dizer: todas as normas apresentam o mesmo nível hierárquico. Ainda assim, contudo, é possível identificar o fato de que certas normas, na medida em que perdem o seu caráter de precisão de conteúdo, isto é, vão perdendo densidade semântica, elas ascendem para uma posição que lhes permite sobrepairar junto a uma área muito mais ampla. O que elas perdem, pois, em carga normativa, ganham como força valorativa a espraiar-se por cima de um sem-número de outras normas" (1990: 140).
[38] Grau, 1997: 176 e ss.

há liberdade total, em que o magistrado decide a partir de valores externos ao Direito, que, na maioria das vezes, são os seus próprios, mas uma esfera carregada de princípios (que pertencem ao sistema jurídico) que limitam e impõem determinado sentido às decisões judiciais. É dentro dessa esfera que se deve decidir. Caso haja discricionariedade, esta ocorre apenas num sentido fraco. Dworkin não aceita, dessa forma, a proposição dos positivistas de que toda norma aberta é, na realidade, um convite para que os juízes exercitem suas próprias escolhas[39]. Em vez de buscar controlar a discricionariedade por intermédio da regulamentação e detalhamento minucioso de como devem se comportar os agentes do Estado – tradicional ao direito administrativo –, busca-se densificar o ambiente decisório a partir dos princípios. Como salienta Fletcher, "uma abordagem alternativa à discricionariedade requer que pensemos não sobre pesos externos da lei, mas sobre a sensação interna de se estar limitado pelo Direito"[40].

Em sentido semelhante ao apresentado por Dworkin, os administrativistas brasileiros vêm reformulando o conceito de discricionariedade administrativa, concebendo essa discricionariedade como uma esfera de dever do administrador de, "no caso concreto, após a interpretação, valorar, dentro do critério de razoabilidade" e "dos princípios e valores do ordenamento, qual a melhor maneira de concretizar" o bem público postulado pela norma – no dizer de Lucia Valle Figueiredo[41]. Portanto, ao aplicador da lei, a quem incumbe preencher o espaço de discricionariedade deixado em aberto por um dispositivo legal, cumpre afastar "seus próprios *standards* ou ideologias"[42] e recorrer ao conjunto de

---

[39] Dworkin, 1977: 32 e ss.
[40] Fletcher, 1995: 59.
[41] Figueiredo, 1998: 172.
[42] Figueiredo, 1998: 172.

princípios do ordenamento jurídico, para decidir da melhor forma possível. Nesse passo, decidir discricionariamente significa decidir o melhor – melhor, esse, que deve ser buscado junto aos valores e princípios que permeiam o ordenamento jurídico.

Nas palavras de Celso Antônio Bandeira de Mello,

> não sendo a lei um ato meramente aleatório, só pode pretender, tanto nos casos de vinculação, quanto nos casos de discrição, que a conduta do administrador atenda excelentemente, à perfeição, a finalidade que a animou [...]. Se o comando da norma sempre se propõe a isto e se uma norma é uma imposição, o administrador está, então, *nos casos de discricionariedade, perante o dever jurídico de praticar, não qualquer ato dentre os comportados pela regra, mas única e exclusivamente aquele que atenda com absoluta perfeição à finalidade da lei*[43].

Se pudermos transportar essas conclusões do direito administrativo para o campo da aplicação judicial do Direito, estar limitado pelo Direito significa uma obrigação de levar em consideração não apenas os limites traçados pelas normas, mas também os princípios que ordenam esse mesmo Direito. Conforme a precisa formulação de Eros Roberto Grau, "intérprete e autoridade judiciária estão vinculados pelos princípios; não se interpreta a Constituição em tiras, aos pedaços"[44].

Dworkin oferece exemplo bastante elucidativo: um sargento recebe ordem para escolher os cinco homens mais experientes para a realização de uma missão. Se é certo que a liberdade de escolha recai sobre o sargento, sua decisão está, no entanto, limitada pelo fato de que ele deve escolher apenas os cinco homens mais experientes. O termo *experiente*, embora transforme a ordem numa norma de caráter aberto, pois atribui a terceiro a ta-

---

[43] Bandeira de Mello, 1998: 32-33.
[44] Grau, 1997: 189.

refa de escolha, tem um conteúdo que deve ser respeitado. O senso de que o sargento está obrigado à escolha dos cinco soldados mais experientes é que faz do seu espaço de decisão um espaço delimitado, e não discricionário, no sentido forte do termo. Pois o termo *experiente* é o critério que, no caso, integra a ordem e que deve ser levado em consideração[45].

Da mesma forma, ao aplicar normas de textura aberta os juízes estarão obrigados por princípios que integram o Direito. Por mais difícil que seja a tarefa intelectual do magistrado para encontrar e balancear os princípios que são relevantes para a solução do caso, é sua obrigação fazê-lo. Princípios direcionam a decisão para um sentido, embora de forma não conclusiva, sobrevivendo mesmo que não prevaleçam.

O juiz deve decidir conforme a direção indicada pelo princípio ao qual ele se veja obrigado, da mesma forma que se vê obrigado a aplicar uma regra. "Ele pode, é claro, estar errado na escolha dos princípios, mas também pode estar errado no seu julgamento sobre a regra que deve ser aplicada."[46] A mera possibilidade de erro não significa a existência de uma esfera de discricionariedade. A obrigação de decidir conforme à lei e, na penumbra, conforme aos princípios morais que integram o Direito afasta a ideia criada pelos realistas de que o Direito é aquilo que os juízes determinam.

Para Dworkin,

> mesmo quando nenhuma regra estabelecida regula o caso, uma das partes tem mesmo assim o direito de vencer. Permanece a obrigação de o juiz, mesmo em casos difíceis, descobrir quais são os direitos das partes, e não inventar novos direitos retrospectivamente[47].

---

[45] Em sentido semelhante, v. o excelente trabalho de Sundfeld, 1998: 133 e ss.
[46] Dworkin, 1977: 36.
[47] "Hard cases", *Harvard Law Review* 1975 (também em Dworkin, 1977: 81).

Há, assim, a necessidade de se buscar uma resposta correta, que se encontra dentro do Direito. A questão é se essa confiança de Dworkin na existência de uma resposta correta se justifica e, caso ela exista, se há algum caminho para alcançá-la. E mais: se são os juízes os mais habilitados a cumprir essa tarefa.

Tendo os princípios conteúdo moral, que envolve questões de justiça e equidade, Dworkin entende que os juízes não só podem como devem e, de fato, realizam investidas na esfera do debate moral, a fim de decidir casos concretos. Cláusulas abertas da Constituição, como a do devido processo legal ou da igualdade, remetem o magistrado, obrigatoriamente, à esfera dos conceitos morais;

> desta forma, uma Corte que assume o ônus de aplicar essas cláusulas integralmente como Direito deve ser uma Corte ativista, no sentido de que deve estar preparada para enquadrar e responder a questões referentes à moralidade política[48].

Nesse sentido, qualquer tribunal constitucional envolvido no controle de emendas à Constituição teria uma obrigação ainda mais aguda de fazer julgamentos morais, pois não defenderia apenas direitos constitucionais, mas aqueles direitos, princípios e estruturas constitucionais superiores em relação à própria força constituinte reformadora e, portanto, às outras partes da Constituição que podem ser alteradas. Para os céticos Dworkin convida à leitura de John Rawls, que, a seu ver, construiu uma teoria moral sobre bases mais sólidas que as do passado, sendo imprescindível aos constitucionalistas[49].

---

[48] Ronald Dworkin, "Constitutional cases", originalmente publicado no *New York Review of Books* 1972, também em Dworkin, 1977: 147.

[49] Dworkin, 1977: 149.

CAPÍTULO 10

REDESCOBRINDO A CONSTITUIÇÃO

10.1. Justiça e Constituição

A ideia de que o intérprete constitucional deve sempre buscar a resposta moralmente mais correta para preencher o conteúdo aberto das normas constitucionais ou para solucionar um conflito entre princípios decorre da percepção de que as Constituições não podem ter sua legitimidade limitada à sua positividade legal, a uma questão de fato. As Constituições, se pretendem ser válidas, devem ser intrinsecamente boas, funcionando como "reserva de justiça" para os sistemas políticos e jurídicos que organizam.

> O critério de legitimidade do poder constituinte não é a mera posse do poder, mas a concordância ou conformidade do acto constituinte com "as ideias de justiça" radicadas na comunidade. Poderia talvez dizer-se que o fundamento de validade da Constituição (= legitimidade) é a dignidade de seu reconhecimento como ordem justa (Habermas) e a convicção, por parte da colectividade, da sua "bondade intrínseca".[1]

Conforme Habermas, a proposição de Weber de que o Direito moderno seria fruto de uma racionalização autônoma, moralmen-

---

[1] Canotilho, 1993: 111.

te neutra, e que constituiria a base de sua própria legitimidade não se realizou por completo[2]. Isso não significa que para se fundamentar eticamente o Direito é necessário fazer um retorno ao velho direito natural, em qualquer de suas diversas matizes. As propostas absolutas das teorias substantivas do direito natural, com suas demandas universalmente obrigatórias, são demasiado fortes, ao ver da Filosofia contemporânea[3], para regular sociedades pluralistas, nas quais há várias pretensões ao estabelecimento de verdades morais que, embora conflitantes, não podem ser excluídas[4]. A legitimidade do Direito tem de ser buscada, antes de mais nada, em teorias éticas procedimentais.

A *Teoria da Justiça* de John Rawls foi, certamente, o esforço mais significativo da teoria política contemporânea para superar as inconsistências do direito natural, com suas cargas valorativas de difícil justificação numa sociedade pluralista e democrática, sem, no entanto, abrir mão da necessidade de estabelecer princípios de justiça que informem a organização e a cooperação dos indivíduos em sociedade. Afasta-se, assim, tanto dos jusnaturalistas modernos, que desenvolvem suas teorias a partir de valores preconcebidos, como dos relativistas, que negam a possibilidade do estabelecimento de preceitos morais dotados de validade, assumindo uma postura puramente decisionista.

Os adversários primordiais de Rawls são os utilitaristas, que veem justificativas para decisões morais apenas no princípio da maximização da felicidade para o maior número[5]. Essa alternativa é descartada por Rawls, para quem "cada pessoa possui uma

---

[2] Habermas, 1991: 37.
[3] Habermas, 1991: 36.
[4] Rawls, 1993: 135.
[5] Para uma precisa análise da obra de Rawls, v. Vita, 1992 e 1993.

inviolabilidade fundada na justiça, que nem mesmo o bem-estar da sociedade pode sobrepujar"[6].

Num trabalho que pretende explorar os problemas concernentes à adoção de cláusulas constitucionais que não podem ser alteradas por emenda à Constituição o pensamento de Rawls é provocador. Pois, se as cláusulas superconstitucionais são uma limitação à democracia, como visto no início deste trabalho, elas precisam de uma justificação muito forte se pretendem se legitimar. Não havendo mais condições de fundar essa legitimidade num Direito transcendente e não se aceitando os riscos do decisionismo relativista ou utilitarista, necessário se faz buscar numa teoria procedimental da justiça, como a de Rawls, os fundamentos de uma ordem constitucional justa e, por consequência, os elementos constitucionais que poderiam se instituir legitimamente como obstáculos ao poder constituinte reformador.

Para Rawls o estabelecimento de padrões morais deve decorrer de uma construção racional, e não de uma pressuposição, como na teoria naturalista. Assim, sua *Teoria da Justiça* empenha-se nesse processo construtivo. Antes de mais nada, é necessário salientar que a empreitada de Rawls se limita a uma esfera experimental e abstrata que permite a elaboração racional de dispositivos morais. Assim como Locke ou Rousseau, Rawls não pretende que as operações por ele descritas para o estabelecimento dos princípios de justiça tenham de existir ou venham a existir. Rawls pressupõe uma sociedade bem ordenada, que possibilite a identidade de interesses e a cooperação social entre cidadãos livres e iguais, que faça a vida melhor do que se cada um vivesse separadamente; essa sociedade bem ordenada está unida com base em princípios morais básicos.

---

[6] Rawls, 1977: 3.

Há, porém, conflitos de interesses nessa sociedade, posto que as pessoas não são indiferentes sobre a forma como se devem distribuir os benefícios decorrentes da colaboração entre os indivíduos. Assim, necessita-se de um conjunto de princípios de justiça que satisfaça os participantes[7]. São esses princípios que irão definir a estrutura básica da sociedade que a *Teoria da Justiça* busca apresentar.

Rawls utiliza-se do modelo contratual para demonstrar de que forma é possível alcançar esses princípios de justiça sem a necessidade de uma Metafísica. Sua função é o estabelecimento de uma situação especial em que os indivíduos sejam capazes de fazer julgamentos morais imparciais – ou seja, em que tenham a capacidade não só de "ter uma concepção de seu próprio bem" como, ainda, de respeitar as concepções alheias de bem[8]. Para alcançar seu objetivo Rawls desenha um procedimento que, sendo equitativo (*fair*) em sua estrutura, irá produzir resultados sempre justos. Trata-se, portanto, de um modelo procedimental de justiça. Não podendo contar com critérios independentes de justiça, como os oferecidos pelo direito natural, para avaliar se os resultados são justos, Rawls busca estabelecer um procedimento no qual os resultados sejam necessariamente justos, em função da justiça do procedimento.

No primeiro estágio desse procedimento, que denomina "posição original", indivíduos racionais estão separados do mundo real por um "véu de ignorância", pelo qual ficam destituídos da capacidade de pensar estrategicamente sobre o resultado das decisões que estão tomando. Não sabendo condição social, religião, gênero, habilidades intelectuais ou físicas que cada um tem na

---

[7] Rawls, 1977: 4.
[8] Vita, 1992: 10.

sociedade que estão organizando, não serão capazes de prever se as decisões tomadas lhes serão benéficas ou não. Devem, portanto, deliberar e decidir sobre os princípios de justiça com que irão organizar a estrutura da sociedade independentemente de seus interesses particulares. Nessa posição, irão escolher os princípios de justiça de forma absolutamente imparcial, pois, não sabendo qual a sua futura inserção na sociedade que estão estruturando, irão racionalmente buscar estabelecer um ambiente que não lhes seja desfavorável caso estejam numa posição social e econômica menos privilegiada ou pertençam a uma minoria discriminada.

Decidindo nesse ambiente artificial, agentes racionais, que buscam maximizar seus interesses e minimizar suas perdas[9], escolheriam – ao ver de Rawls – os seguintes princípios de justiça:

1) "cada pessoa deve ter igual direito à mais ampla liberdade compatível com a liberdade dos demais". Como salienta Fletcher, essa é outra maneira de expressar o princípio kantiano de que cada pessoa deve gozar de máxima liberdade, de forma que "a escolha de um possa se unir à escolha de outro, de acordo com a lei universal da liberdade"[10]. Sob o véu de ignorância, indivíduos racionais escolheriam ter suas liberdades maximizadas, porém de forma igualitária, pois ninguém correria o risco de ficar em desvantagem de direitos em relação aos demais;

2) o segundo princípio a ser escolhido por aqueles que se encontram na posição original refere-se à distribuição. Conforme a formulação de Rawls, as "desigualdades sociais e econômicas de-

---

[9] "Rawls utiliza-se, aqui, do chamado princípio *maximin*, que é familiar a partir da teoria dos jogos, ao explicar o que se deve entender por parte justa em relação aos resultados de qualquer empreendimento cooperativo. [...] Convém jogar de forma a minimizar as perdas máximas, ou maximizar os ganhos mínimos" (Ryan, 1992: 141).
[10] Fletcher, 1995: 136.

vem ser arranjadas de forma que ambas correspondam (a) à expectativa de que beneficiarão a todos e (b) que sejam ligadas a posições e postos abertos a todos"[11].

Por intermédio do "princípio da diferença" Rawls busca corrigir os problemas de um igualitarismo que não se beneficie dos incentivos provocados pela desigualdade. De acordo com o "princípio da diferença" a desigualdade será admitida desde que beneficie os menos favorecidos. Dessa forma, permitir que um médico/cientista receba mais do que os demais pode ser um incentivo para que ele descubra a cura de várias doenças que afetam muitas pessoas. Nesse caso, qualquer pessoa na posição original deveria racionalmente optar por estabelecer esses incentivos, pois, caso contraia uma doença, pretenderá ter o melhor tratamento possível[12]. Por meio do "princípio da diferença" Rawls busca minorar os efeitos de todas as diferenças a que as pessoas estão arbitrariamente submetidas, tais como diferenças quanto a recursos, educação, talento, inteligência, origem familiar etc. Os mais talentosos seriam, assim, estimulados a produzir bens e conhecimentos que pudessem ser utilizados em favor dos menos favorecidos. Por fim, as posições que poderiam receber maior alocação de recursos, pois melhorariam a vida dos menos favorecidos, deveriam estar abertas a todos[13].

Independentemente do acerto ou não de Rawls no estabelecimento desses dois princípios de justiça acima descritos, a importância de sua obra foi restabelecer a possibilidade de discutir

---

[11] Rawls, 1977: 60.
[12] Há larga bibliografia crítica à presunção de Rawls de que, na posição original, os agentes racionais efetivamente escolheriam os dois princípios que ele entende que escolheriam. Essa discussão, porém, não é relevante para este trabalho. Cf. Ryan, 1992: 140 e ss.
[13] Para uma análise crítica das consequências da adoção do "princípio da diferença", v. Kymlicka, 1990.

eticamente, numa época dominada pelo ceticismo e pelo relativismo, critérios independentes de justiça que devem informar a Constituição de determinada sociedade. Como, numa sociedade pluralista, os indivíduos tendem a discordar sobre as decisões que vinculam a todos, principalmente quando afetam seus interesses, necessário se faz o estabelecimento de um procedimento justo para a tomada de decisões coletivas. Começa aqui a segunda etapa da teoria de Rawls.

Após a adoção dos princípios de justiça na posição original as pessoas voltam-se para o processo de elaboração da Constituição.

> Aqui eles devem decidir sobre a justiça das fórmulas políticas e escolher uma Constituição [...]. Submetidos aos limites dos princípios de justiça já escolhidos, devem desenhar um sistema para os poderes constitucionais do governo e os direitos básicos dos cidadãos.[14]

Trata-se de um momento ainda artificial, em que o véu da ignorância foi apenas parcialmente levantado, e as pessoas continuam a desconhecer suas características pessoais ou econômicas, tendo informações exclusivamente gerais sobre o nível cultural e econômico da sociedade e, logicamente, sobre os dois princípios de justiça.

Nessas circunstâncias, os indivíduos estarão mais habilitados para escolher a Constituição mais adequada à produção de uma legislação justa e efetiva. Porém, como não há possibilidade, ao menos no nível da política, de estabelecer um mecanismo que sempre produza resultados justos, necessário se faz utilizar os princípios da justiça, não apenas para que se desenhe um procedimento o mais justo possível, mas, também, para corrigir resul-

---

[14] Rawls, 1977: 196-197.

tados eventualmente não substantivamente justos decorrentes do procedimento adotado.

Assim, a partir dos princípios da justiça seria estabelecida uma Constituição que albergaria procedimentos justos para a tomada de decisão e elementos substantivos para o controle de eventuais resultados injustos decorrentes de seus procedimentos.

> Idealmente, uma Constituição justa seria um arranjo procedimental justo, que garantiria um resultado justo. O procedimento seria o processo político governado pela Constituição e o resultado seria o corpo de legislação adotada, enquanto os princípios iriam definir um critério independente tanto para o procedimento, quanto para a legislação.[15]

Para compreender a teoria constitucional de Rawls é importante notar que o autor hierarquiza os dois princípios, sendo certo que a Constituição abriga o primeiro e a legislação se responsabiliza pelo segundo:

> o primeiro princípio, da igual liberdade, é o parâmetro primário para o poder constituinte. Suas exigências principais são que as liberdades fundamentais das pessoas e liberdade de consciência e liberdade de pensamento sejam protegidas e que o processo político como um todo seja um procedimento justo. Assim, a Constituição estabelece um *status* comum seguro de cidadania igualitária e realiza justiça política. O segundo princípio entra em jogo no estágio legislativo. Dita as políticas sociais e econômicas, sendo voltado a maximizar as expectativas de longo prazo dos menos favorecidos, sob condições de igualdade de oportunidade, submetido à manutenção das liberdades iguais[16].

---

[15] Rawls, 1977: 196-197.
[16] Rawls, 1977: 199.

Os estágios acima descritos são parte de uma teoria, e não uma constatação de como delegados constituintes e legisladores efetivamente agem. O próprio Rawls reconhece que os parâmetros aferidos em sua *Teoria da Justiça* são muito abstratos, o que não deve ser visto como um defeito, pois a finalidade de sua teoria é apontar com mais agudeza "os mais graves erros que uma sociedade deveria evitar"[17] na conformação de suas regras básicas de convivência. Não é um programa de ação, mas apenas uma teoria que auxilia a pensar a questão da justiça na Constituição.

Rawls busca reduzir esse grau de abstração e pretensão de estabelecer uma teoria geral de justiça em diversos trabalhos posteriores, compilados em *Political Liberalism*, que respondem a críticas e vastos debates que sucederam a publicação da *Teoria da Justiça*. O primeiro passo de Rawls é rever a ideia de sociedade bem ordenada.

A sociedade bem ordenada, em que os indivíduos partilham de valores morais básicos, não parece possível à luz das sociedades democráticas e pluralistas existentes, nas quais convivem distintas visões razoáveis e concorrentes do mundo. O que mantém essas sociedades unidas, portanto, não é uma visão moral unificada, mas a adesão a uma concepção política de justiça, que pode ser feita e é feita a partir das diversas visões de mundo. Trata-se da adoção de consensos sobrepostos (*overlapping consensus*) de doutrinas compreensivas razoáveis:

> Nesse consenso, as doutrinas razoáveis endossam a concepção política, cada uma de seu próprio ponto de vista. A unidade social é fundada num consenso sobre a concepção política; e a estabilidade é possível quando as doutrinas que compõem o consenso são afirmadas pelos cidadãos ativos da sociedade e as

---

[17] Rawls, 1977: 201.

exigências de justiça não estão em grande conflito com os interesses essenciais dos cidadãos, organizados e encorajados pelos seus arranjos sociais[18].

Os regimes constitucionais devem ser analisados a partir de dois pressupostos: em primeiro lugar é necessário constatar que entramos para a sociedade por um ato involuntário; em segundo, que o poder político se organiza a partir da coerção. A distinção dos regimes constitucionais democráticos é que as ações do Estado são uma representação da ação de cidadãos iguais, portanto do poder do público. Inerente à discussão dos regimes constitucionais está colocada a questão da demanda por legitimidade.

O exercício do

> poder político é inteiramente próprio apenas quando é exercido de acordo com uma Constituição cujos pontos essenciais (*essentials*) prevejam que todos os cidadãos, como livres e iguais, possam endossar, à luz de princípios e ideais aceitáveis, a sua razão comum. Esse é o princípio liberal da legitimidade[19].

O consenso sobreposto é, dessa forma, menos profundo que os princípios de justiça e mais amplo em abrangência do que o consenso constitucional; este último refere-se apenas ao estabelecimento do procedimento político democrático. O consenso sobreposto, por sua vez, deve ter seus princípios fundados numa concepção política de justiça, indo além dos princípios políticos que estabelecem o procedimento democrático, incluindo princípios que cubram a estrutura básica da sociedade como um todo, por meio do estabelecimento de "direitos substantivos como liberdade de consciência e liberdade de pensamento, igualdade

---

[18] Rawls, 1993: 134.
[19] Rawls, 1993: 137.

de oportunidade e princípios cobrindo certas necessidades essenciais"[20].

Na sua perspectiva de aproximação da *Teoria da Justiça* em relação aos regimes constitucionais existentes, Rawls busca demonstrar que se pode partir de uma realidade constitucional que tem a capacidade de estabilizar as relações em direção a um consenso sobreposto que inclua certas demandas básicas de justiça. Embora ainda tremendamente abstrata e limitada à esfera da filosofia política – sem pretensões empíricas –, Rawls busca oferecer os elementos "essenciais de uma Constituição" legítima, que poderiam ser: a organização de um procedimento democrático justo, a atribuição de direitos de participação e liberdades básicas, além da satisfação de certas necessidades básicas[21], que não se confundem com a adoção do "princípio da diferença", mas que habilitariam os indivíduos a participar autonomamente do processo de decisão coletiva.

No que se refere à prática constitucional Rawls adota a fórmula de Ackerman[22], que vê a política de forma dualista: há uma política ordinária, realizada pelo confronto de interesses privados, e uma política excepcional, em que se discutem questões fundamentais. Essa política especial é o *locus* de decisão em torno das decisões constitucionais essenciais. A ela são impostas mais limitações formais, com a finalidade de que seu resultado decorra de um processo que incorpore a livre discussão entre cidadãos iguais.

Trata-se do estabelecimento de um ambiente discursivo ideal, voltado à deliberação sobre as questões de justiça política e dos essenciais constitucionais. Essa "razão pública", no entanto,

---

[20] Rawls, 1993: 164.
[21] Rawls, 1993: 227 e ss.
[22] Ackerman, 1993.

não se limita à organização da estrutura básica, mas também deve permear a ação do Judiciário e, especialmente, dos tribunais constitucionais ao decidirem casos ligados aos essenciais constitucionais: "isso porque os juízes devem explicar e justificar suas decisões como fundadas na sua compreensão da Constituição"[23] – o que não é ordinariamente exigido do Legislativo e do Executivo.

As restrições à igualdade de participação impostas pela Constituição, por exigência de critérios supramajoritários e pela carta de direitos, por exemplo, são justificados por Rawls na medida em que o processo democrático, não sendo mais do que um modelo procedimental imperfeito de justiça, pode gerar resultados que violem princípios e direitos que foram assumidos como essenciais constitucionais. Tomando a Suprema Corte como um órgão capaz de razão pública – ou seja, capaz de fundamentar racionalmente suas decisões naquilo que foi decidido (essenciais constitucionais) democraticamente, no processo constituinte –, Rawls não vê por que a ação do Tribunal violaria a igualdade de participação:

> Ao aplicar a razão pública, a Corte está a prevenir que o Direito seja erodido pela legislação de uma maioria transitória, ou, mais possivelmente, por interesses bem organizados e situados [...] que conseguem o seu espaço. Se a Corte assume o seu papel e o realiza de forma efetiva, é incorreto afirmar que é simplesmente antidemocrática[24].

Os tribunais são efetivamente antimajoritários em relação ao legislador, mas a autoridade superior do povo, cristalizada na

---

[23] Rawls, 1993: 216.
[24] Rawls, 1993: 234. Destaque-se que Rawls alerta para o fato de que, historicamente, a Suprema Corte americana não realizou esse papel, citando casos como *Dread Scott* e *Lochner*, analisados no Capítulo 3 desta obra.

Constituição, autoriza essa intervenção. Ao aceitar a visão dualista da política Rawls não coloca a Corte como a guardiã última da Constituição, pois o seu papel de intérprete definitivo da Constituição limita-se à ação do Legislativo. É que no governo constitucional não são o Legislativo, o Executivo e muito menos o Judiciário que devem dar a última palavra, pois essa pertence ao povo. Quando este se manifesta, por meio de sua razão pública, não há limites que possam ser aplicados pela Constituição. Rawls admite que, sob a perspectiva da teoria moral, essa concepção de Constituição possa ser inferior às Constituições que impossibilitam a mudança de certas disposições e princípios essenciais, mesmo que isso seja realizado pelo próprio povo[25]. Destaca, porém, que, se emendas à Constituição, promulgadas em conformidade com os procedimentos constitucionais que autorizam a sua reforma, violarem preceitos essenciais, como o da igualdade ou liberdade de expressão, o que se tem não é uma emenda, mas uma ruptura constitucional, podendo, então, ser inadmitida pela Suprema Corte[26].

Ao sair do campo da filosofia moral e buscar articular argumentos de justificação da ação dos tribunais limitados à democracia, Rawls acrescenta pouco à teoria do dualismo político formulada por Ackerman, que, como vimos, não responde a todas as demandas da teoria democrática, pois a distinção entre política constitucional, de hierarquia superior, e política ordinária, de posição inferior, nem sempre pode ser observada do ponto

---

[25] Rawls, 1993: 234-235.
[26] É necessário estar atento para o fato de que esse foi o mesmo argumento utilizado por Marbury (1920), questionando a constitucionalidade da XIX Emenda à Constituição americana, que estendeu o direito de voto às mulheres; para o autor, aquela emenda não poderia ser considerada constitucional, não porque violasse os requisitos formais para a adoção de emendas, mas porque provocava verdadeira ruptura na ordem constitucional ao alterar a base constitutiva do corpo político.

de vista material ou moral. Deve-se reter da argumentação de Rawls sobre o papel de um tribunal constitucional a sua função de agir sempre com base numa razão pública; nesse sentido, a Corte não tem função meramente negativa, de afastar legislação contrária à Constituição, mas de articular o debate público em torno dos essenciais constitucionais.

Assumindo a teoria da aplicação do Direito apresentada por Dworkin, Rawls compreende que o papel primordial dos tribunais é interpretar a Constituição da melhor forma possível, por intermédio do seu texto, precedentes e princípios. Aqui, Rawls vai mais além que Dworkin, propondo que os juízes fundamentem suas decisões, quando necessário, também numa "concepção política de justiça", tal e qual a por ele formulada[27]. Se a Corte não tiver uma teoria da interpretação razoável ela não estará cumprindo sua função de articular o debate público sobre os essenciais constitucionais.

10.2. Exigências da democracia à Constituição

Para John Hart Ely, alternativas como as apresentadas por Rawls e Dworkin padecem dos mesmos vícios que as diversas teorias do direito natural, inviabilizando-as como fonte de legitimação das cláusulas superconstitucionais. A seu ver, nas democracias representativas as decisões morais devem ser tomadas pelos representantes do povo, e não por magistrados, que não possuem nenhuma responsabilidade política, a partir de teorias filosóficas que nem sequer os filósofos reconhecem consensualmente como verdadeiras. Ely apresenta, assim, uma alternativa que pode acomodar a possibilidade de controle de leis – e, no nosso caso, de emendas – com o próprio princípio democrático, que exige o direito de cada geração de se autogovernar.

---

[27] Rawls, 1993: 236.

A construção de Ely interessou à ciência política[28], pois, em vez de investir no aperfeiçoamento das teorias da interpretação até então existentes, como tem feito Dworkin, afinando o seu instrumental de forma que a discricionariedade judicial ficasse reduzida, Ely reavalia o papel do controle da constitucionalidade na sociedade democrática. O principal problema do controle da constitucionalidade – a seu ver – consiste no fato de que "um corpo que não é eleito, ou mesmo responsável politicamente de forma significativa, está a dizer aos representantes eleitos pelo povo que eles não podem governar como querem"[29].

Isso pode ser compreendido como certo ou errado, dependendo do princípio do qual se parta. Se o princípio que fundamenta o sistema político for o democrático, o poder dos tribunais de controlar a constitucionalidade das leis dificilmente deixará de criar embaraços. Principalmente se a corrente doutrinária dominante compreender que, ao interpretar a Constituição, os juízes devem ir além das fronteiras do texto[30], como o quer Dworkin – o que, como visto, pode ocorrer com uma frequência indesejável quando se trata de interpretação constitucional.

Assim – para Ely –, num Estado que nasceu sob o signo da democracia, da noção de que a vontade de cada um deve ser levada em conta na construção da vontade pública, como os Estados Unidos, a possibilidade de que magistrados não eleitos possam

---

[28] Dahl, 1989: 173 e ss.
[29] Ely, 1980: 4-5.
[30] Ely denomina essa corrente de não interpretativista; a essa corrente se contrapõem os interpretativistas, para quem os juízes, ao decidir um caso, devem se limitar à aplicação das normas constitucionais ou àquelas claramente implícitas no seu texto, pois assim não estariam substituindo a vontade dos legisladores pelas suas próprias, mas apenas pela vontade da Constituição, enquanto os não interpretativistas estariam aplicando valores próprios ou buscando valores fora da Constituição para realizar sua função *adjudicativa*. Para uma breve análise das ideias de Ely sobre os modelos de interpretação, v. Canotilho, 1993: 197.

substituir a vontade da população é algo dissonante. A democracia tem sido defendida há dois séculos nos Estados Unidos por absolutistas morais, que compreendem que cada um tem o direito natural de se autogovernar, assim como por relativistas, para os quais apenas a regra da maioria serve de reação aos que acreditam que há certezas morais absolutas.

Se a ideia de governo de acordo "com o consentimento da maioria dos governados é o cerne do sistema governamental americano", esta, porém, não pode ser a história completa sobre as bases desse edifício constitucional. Os diversos mecanismos de freios e contrapesos, as próprias emendas que formam a carta de direitos, tudo isso serve de proteção às minorias[31]. Essa é a contradição original do constitucionalismo americano: um governo por consentimento da maioria em que, no entanto, a minoria deve ser protegida com base na Constituição. As principais correntes do constitucionalismo americano tentam solucionar esse paradoxo, buscando demonstrar que, ao declarar uma lei inconstitucional, os juízes nada mais estão fazendo do que aplicar diretamente a Constituição.

Para os interpretativistas tradicionais a função do magistrado é ater-se aos termos expressos no texto, enquanto para uma corrente de interpretativistas menos ortodoxa toda vez que estiverem aplicando uma norma de textura aberta os juízes podem realizar um trabalho de preenchimento daquela norma com outros valores, desde que retirados do texto constitucional. Essas teorias interpretativistas são, no entanto, objeto de muitas críticas. Há uma dificuldade inicial de resolver problemas atuais a partir de um texto concebido no século XVIII. Por outro lado, diversas questões foram deixadas em aberto pelos fundadores da

---

[31] Ely, 1980: 7-8.

Constituição. Portanto, o texto não oferece respostas, como pretendem os interpretativistas.

A alternativa consiste em procurar fora do texto constitucional o preenchimento do conteúdo das normas abertas. Dentro dessa alternativa, o recurso ao direito natural foi o mais comum no século XIX. Ely demonstra que recorrer ao direito natural não tem mais credibilidade como no passado. Como Unger, parece concordar em que

> todas as tentativas de construir uma doutrina moral e política, a partir da natureza humana, falharam. Os fins universais alegados são poucos e abstratos para dar conteúdo à ideia de bem, ou eles são numerosos e concretos para serem verdadeiramente universais. Deve-se escolher entre a trivialidade e a implausibilidade[32].

Por outro lado, as teorias morais oferecem fundamentos os mais diversos para o direito natural. Muitas dessas proposições seriam dificilmente conciliáveis entre si ou, mesmo, aceitas como racionais. O fato é que "nossa sociedade não aceita corretamente a noção de um conjunto objetivo de princípios morais válidos e descobríveis, ao menos não um conjunto de valores que possa derrogar decisões de nossos representantes eleitos"[33].

Ely critica, inclusive, as afirmações de que o direito constitucional deve deixar-se impregnar pela filosofia moral[34]. Nada mais equivocado, pois não há nenhum consenso nessa área, bastando analisar as contradições entre a *Teoria da Justiça* de Rawls e *Anarquia, Estado e Utopia*, de Nozik, para perceber que o caminho da filosofia moral não leva muito longe. Mais ainda, duvida de que os juízes estejam efetivamente habilitados para desempe-

---

[32] Roberto M. Unger, *Knowledge and Politics*, 1975: 241, *apud* Ely, 1980: 51-52.
[33] Ely, 1980: 54.
[34] Referência à afirmação, aqui já citada, de Dworkin, 1977: 149.

nhar esse papel, para o qual filósofos treinados para a tarefa têm sido incapazes. No mais das vezes isso vai resultar numa aplicação dos valores dos próprios magistrados. "Depois de aproximadamente vinte e cinco séculos, as únicas pessoas que parecem estar convencidas das vantagens de serem governadas por reis filósofos são [...] alguns filósofos."[35]

A alternativa proposta por Ely é buscar o preenchimento do conteúdo aberto da Constituição não em uma ordem superior de valores – que, em última instância, serão os valores dos próprios juízes, como previam os realistas –, mas na própria democracia. Partindo da experiência da Suprema Corte americana no período em que foi presidida pelo *Justice* Warren[36], Ely argumenta que o papel dos tribunais não é fazer escolhas substantivas, mas apenas se limitar a preservar a integridade do processo democrático – este, sim, *locus* adequado para a tomada de decisões substantivas.

Partindo da nota de rodapé 4 – certamente a nota mais importante de todo o direito constitucional americano –, redigida pelo *Justice* Stone no caso *United States vs. Carolene*, Ely desenvolve sua teoria democrática do controle da constitucionalidade. Referida nota aponta em primeiro lugar que os juízes devem sempre fazer uma leitura da Constituição muito próxima ao texto. Em segundo lugar, avaliar se os canais de participação política que levaram à elaboração da norma impugnada em face do Tribunal estavam abertos. Terceiro, se o processo político tem discriminado grupos minoritários insulares, ou se seus resultados terão impacto discri-

---

[35] Robert Dahl, *Democracy in United States*, 1976: 24, *apud* Ely, 1980: 59-60.
[36] O *Justice* Warren presidiu a Suprema Corte americana de 1953 a 1969, provocando uma verdadeira revolução constitucional, principalmente nas esferas da igualdade do voto, dessegregação das escolas e direito dos réus no processo criminal. Para uma análise desse período glorioso do constitucionalismo americano, v. o trabalho da maior conhecedora dos tribunais americanos no Brasil, Rodrigues, 1991.

minatório sobre esses mesmos grupos, levando à fragilização do processo democrático[37]. Apenas uma teoria que enxergue o poder de controle da constitucionalidade, atribuído aos tribunais, como um reforço da democracia, e não como um guardião superior que arbitra quais resultados devem e quais não devem ser admitidos, será compatível com a própria democracia.

Na democracia a maioria elege seus representantes e, caso esteja descontente com eles, deve sacá-los do poder. Isso, porém, não é válido para a minoria. Certamente não foi um sistema de exclusão o montado pelos fundadores da nação americana, conforme Ely. Citando *Os Artigos Federalistas* (n. 39), afirma que os representantes da maioria devem governar em nome de toda a população, devendo todo cidadão ser tratado com igual grau de respeito, independentemente de ser parte da maioria ou da minoria. A Constituição americana é para Ely um documento preponderantemente procedimental, voltado a viabilizar o autogoverno de cada geração.

Função dos tribunais é fortalecer a democracia, defendendo a realização do processo democrático, com a inclusão do maior número e da forma mais igualitária (politicamente) possível. Sendo os tribunais treinados para assegurar o devido processo legal – questão de procedimento – e postados fora do campo da política, estariam mais habilitados que qualquer outro órgão para realizar a fiscalização procedimental do regime político. Equipara, assim, o exercício do poder de controle da constitucionalidade com os mecanismos *antitrust*, em que o Estado não intervém no mercado para determinar quais resultados devem ser obtidos, mas intervém nas situações de mau funcionamento desse mercado.

---

[37] Ely, 1980: 75 e ss.

Não sendo os magistrados portadores das verdades transcendentes, devem se limitar – e já estarão fazendo muito – a preservar o sistema político daquelas decisões que sejam fruto de uma vontade distorcida pela não realização do sistema democrático; de decisões que ponham em risco a continuidade da democracia; ou, ainda, de decisões discriminatórias. Não é correto dizer que o governo está funcionando mal apenas porque os resultados por ele produzidos estão em desacordo com a minha ou a sua opinião. Caso essa seja a compreensão da maioria, basta retirar do poder seus representantes.

> O mau funcionamento ocorre quando o processo não merece confiança, quando (1) os de dentro bloqueiam os canais de mudança para assegurar que os de fora irão permanecer fora, ou (2), ainda, que a ninguém seja negada voz ou voto; os representantes em débito com uma maioria efetiva estão sistematicamente desprivilegiando alguma minoria por simples hostilidade ou uma recusa preconceituosa de reconhecer os interesses comuns e assim negar a essa minoria a proteção assegurada a outros grupos pelo sistema representativo.[38]

Não serão os próprios representantes os mais indicados para corrigir esses problemas de mau funcionamento democrático. Exemplo disso é o caso da sub-representação dos cidadãos dos estados mais populosos em relação aos menos populosos no Brasil. Esperar que o Congresso – fruto dessa distorção e beneficiário dela – a corrija é esperar que a maioria dos parlamentares lute contra seus próprios interesses. Esse é um caso típico em que a resolução do problema e o consequente fortalecimento da democracia devem sair de fora do sistema representativo.

---

[38] Ely, 1980: 103.

Essa perspectiva, que retira dos tribunais o poder de fazer escolhas substantivas, suprimindo opções tomadas anteriormente pelo eleitorado, tem sido recebida com interesse por teóricos da democracia, como Robert Dahl, ou mesmo por filósofos, como Habermas, para quem o fundamental é buscar a construção de procedimentos éticos de deliberação, e não valores éticos *a priori*[39].

Desobstruindo os canais da democracia para que as mudanças políticas desejadas pela maioria possam ocorrer, a ação do Judiciário deixa de ser uma prática meramente negativa, de defesa de minorias contra a democracia, passando a ser instrumento de defesa da maioria contra os obstáculos decorrentes da adoção de mecanismos de representação. Assim, o controle da constitucionalidade deve preocupar-se precipuamente com a preservação das liberdades que envolvam a participação política – como as liberdades de expressão, consciência, associação, voto universal e igualitário –, pois esses são os pressupostos para a realização de um regime em que prevalece a livre manifestação dos representantes. Quanto mais livres estiverem os canais de participação, mais correta deverá ser a representação.

A segunda função que o Judiciário pode desempenhar melhor do que o sistema representativo, sem pretender substituir as suas decisões, é facilitar a representação das minorias. Também aqui a perspectiva é positiva, no sentido de equalizar os diversos grupos existentes na sociedade, de forma que a maioria não possa se autobeneficiar em detrimento das minorias. Os tribunais devem policiar o processo democrático, para verificar se os interesses das minorias também foram adequadamente protegidos. Caso as decisões tomadas tenham caráter discriminatório, os

---

[39] Dahl, 1989: 358, nota 5. V., também, Shapiro, 1996, cap. II. Habermas faz menção expressa à teoria procedimental da *judicial review* apresentada por Ely e critica a fundamentação, mas não quanto ao seu caráter procedimental (1991: 44).

juízes estão autorizados a interferir no processo político para corrigir esses desvios. A preocupação, aqui, concentra-se na distribuição equânime de oportunidades, direitos e benefícios sociais que terão forte impacto sobre o regime democrático. A discriminação e consequente inferiorização de determinado grupo invalidam os resultados do processo representativo.

A teoria procedimental do controle da constitucionalidade montada por Ely é, certamente, uma das operações mais engenhosas voltadas a compatibilizar o poder dos tribunais com as exigências do regime democrático. Hoje não é mais possível pensar o exercício desse poder pelos tribunais sem fazê-lo a partir da recolocação do problema feita por Ely. Afinal, qual a função dos tribunais? Até onde podem ir? Quando se analisa a questão do poder de controle da constitucionalidade das emendas, as formulações de Ely tornam-se ainda mais importantes. Possibilitam, por exemplo, a existência de um sistema de controle do poder constituinte reformador sem, porém, estabelecer um governo de guardiões platônicos que substituem a vontade dos representantes do povo pelas suas próprias. O poder dos juízes limitar-se-ia a fiscalizar se os pressupostos da democracia foram respeitados na tomada de decisão. Mais do que isso, os juízes estariam também autorizados a controlar atos que pusessem em risco a própria continuidade da democracia. Nesse aspecto, a construção feita por Stephen Holmes, em sentido semelhante ao proposto por Ely, é preciosa. A Constituição pode atar as mãos das gerações futuras – e, portanto, o Judiciário pode fiscalizar se este nó não está sendo desfeito, desde que essas limitações estejam relacionadas e desenhadas para assegurar a continuidade ou eternização da autonomia individual[40].

---

[40] Holmes, 1995: 138 e ss.

O *judicial review* não seria, dessa forma, instrumento de proteção de uma peculiar forma substantiva de organizar o mundo por intermédio da Constituição, mas de uma forma política meramente procedimental de organizar a tomada de decisão coletiva, de maneira que todos tivessem, constantemente, seus interesses levados em conta na tomada de decisões coletivas. Assim, deveriam ser barradas todas aquelas emendas que colocassem em risco a democracia – sejam elas emendas que atinjam diretamente os mecanismos de participação e representação, sejam emendas que indiretamente, por meio da violação de certos direitos, provoquem uma erosão dos pressupostos do regime democrático ou, ainda, criem obstáculos à sua plena realização.

A teoria de Ely tem algumas insuficiências. A primeira delas é de caráter metodológico. Para limitar o papel do Judiciário, no controle da constitucionalidade, que, segundo ele, deve se restringir à proteção da democracia, Ely buscou, por meio de um esforço interpretativo, ao qual nega validade, pois aceita as premissas do realismo, demonstrar que a correta aplicação da Constituição americana é aquela que a vê primordialmente como instrumento de realização da democracia. Assim, as bases de sua interpretação não se sustentam por sua própria teoria. Ao assumir que apenas a defesa da democracia justifica a ação dos tribunais de interferir no processo político, para controlar os seus resultados, Ely está, na realidade, fazendo um exercício valorativo. Pois, se a democracia se justifica como única forma de realizar, no processo de decisão coletiva, a igualdade, para Ely a igualdade é um pressuposto ético.

Daí que a aceitação de sua teoria impõe a aceitação desse pressuposto ético e, na prática, impõe que os tribunais descubram a igualdade como valor superior a ser defendido, acima de todos os demais valores. Essa é uma crítica que se pode fazer a Ely, com base nas suas próprias premissas. Caso, porém, se aceite a necessidade de um exercício ético por parte dos tribunais, ao menos para preservar os valores fundamentais e estruturantes de um sistema político que tenha pretensões de justiça, substantiva ou procedimental, então a formulação de Ely pode ser tremendamente útil, principalmente se a pretensão de justiça do sistema constitucional for simplesmente procedimental.

O que parece mais problemático na teoria de Ely, no entanto, é o fato de se limitar à defesa de um conceito extremamente abstrato de democracia, assumindo diversas qualidades que provavelmente não poderão ser encontradas nas democracias existentes. Para Ely qualquer resultado a que se chegue a partir de um procedimento aceito por ele como democrático deve ser preservado. Isso, porém, é insuficiente. A teoria de Ely não parece levar em conta toda crítica elitista às teorias tradicionais da democracia, no sentido de que os sistemas representativos, muito mais do que levarem ao bem comum, tendem ao estabelecimento de elites políticas que se revezam no poder. Se pelo menos parte do que Schumpeter e posteriormente Dahl constataram for verdade, a legitimação do controle da constitucionalidade como mecanismo de proteção e reforço do sistema representativo não o coloca numa situação extremamente confortável em face de outras correntes mais críticas do pensamento democrático. Se a democracia representativa, tal qual defendida por Ely, não for um instrumento capaz de tomar decisões de forma ética, como tudo indica, então a sua defesa intransigente, como mecanismo último de tomada de decisão na esfera moral, parece temerária.

Para que o sistema democrático de controle da constitucionalidade formulado por Ely faça sentido é necessário que se tenha uma democracia mais bem qualificada à tomada de decisões morais do que a atual. Certamente, se o procedimento democrático fosse perfeito, no sentido de apenas levar a decisões justas, então não precisaríamos nos preocupar com um órgão responsável por verificar leis e emendas à Constituição produzidas pelo Parlamento, em face dos princípios substantivos de justiça que estruturam a base da organização constitucional.

A democracia representativa, como atualmente concebida, ainda que tenha uma fiscalização no molde proposto por Ely, está longe de ser procedimento que mereça ampla confiança. Permanece, assim, o paradoxo da democracia majoritária, que consiste "na tensão entre a vontade popular e as condições para a preservação da vontade popular ao longo do tempo"[41]. Prevalecendo essa tensão – ou seja, prevalecendo a democracia representativa, com todos os seus problemas –, os parâmetros elencados pela teoria de Ely para que o Judiciário fiscalize as instituições representativas parecem insuficientes. Diversas decisões da maioria que não pudessem ser bloqueadas por uma Corte que se utilizasse apenas dos critérios alinhados por Ely seriam uma afronta a outros valores também essenciais.

Ainda no que se refere à teoria democrática, Ely não estabelece as bases para o bom funcionamento do regime. Que procedimentos são exigidos para que um sistema político possa ser considerado democrático? Que direitos devem ser incorporados por um sistema decisório para que este possa ser considerado democrático? Quais condições materiais devem ser pressupostas? Por que privilegiar apenas a igualdade de participação política? Essas questões, deixadas sem respostas por Ely, remetem-nos necessariamente a uma indagação a respeito de quais valores, além da igualdade, deveriam estar imunes às decisões majoritárias. Colocadas essas dificuldades, parece que Dworkin tinha ao

---

[41] Gutmann, 1995: 11.

menos uma parcela de razão: impossível pensar os dilemas constitucionais sem qualquer tipo de recurso à teoria política.

Ely, apesar dessas aporias, oferece pistas fundamentais para formular uma teoria das cláusulas superconstitucionais que seja compatível com a democracia. Em primeiro lugar, apresenta a possibilidade de conceber o controle da constitucionalidade de emendas à Constituição como uma atividade compatível com a democracia. Em segundo lugar, aponta para o conteúdo que as cláusulas pétreas devem assumir se pretendem se compatibilizar com a democracia. Além desses dois aspectos, a teoria constitucional de Ely também é importante pois, apesar de se negar a atrelar a legitimidade do direito aos valores do direito natural, também rejeita reduzir a legitimidade do direito à mera legalidade.

Para Ely a legitimidade do Direito não decorre simplesmente do fato de este ter sido produzido conforme procedimentos preestabelecidos pelo próprio Direito, como no modelo de Luhmann[42]. Como Habermas, Ely vê a legitimidade do Direito como obrigatoriamente associada à sua produção por procedimentos democráticos. É necessário, no entanto, ir além da formalidade da teoria constitucional democrática de Ely para que as cláusulas superconstitucionais não fiquem reduzidas à defesa de um sistema representativo formal, autorizando, por outro lado, que diversas decisões que colocariam em risco a autonomia dos cidadãos, ou as condições necessárias ao seu exercício, fossem violadas por emendas à Constituição. Fundar a teoria das cláusulas superconstitucionais apenas na democracia seria compreender o procedimento democrático como fim último, e não como meio para a realização de uma associação entre cidadãos livres e iguais, que

---

[42] Luhmann, 1980.

buscam ser regidos pelo direito positivo. A defesa dos pressupostos de um sistema constitucional que assegure que indivíduos livres e iguais possam reiterada e adequadamente se autogovernar, a partir de procedimentos justos, é o que deve informar o estabelecimento de uma teoria coerente de cláusulas superconstitucionais.

CAPÍTULO 11

A CONSTITUIÇÃO E SUA RESERVA DE JUSTIÇA

11.1. O caminho percorrido

A formulação de uma teoria das cláusulas constitucionais que devem ficar preservadas do poder de reforma da Constituição, conforme detectado no decorrer destes capítulos, deve buscar afastar-se de uma série de armadilhas para que possa ser justificada racionalmente. A primeira dessas armadilhas consiste em depositar a dignidade e a intangibilidade das cláusulas superconstitucionais na sua coincidência com o direito natural. Conforme amplamente demonstrado, mesmo as teorias racionalistas do direito natural não mais oferecem condições para justificar o absolutismo de valores transcendentes em face da exigência do cidadão contemporâneo (desencantado) de se autogovernar, ou seja, de não mais ter sua vida guiada por uma razão que não seja a sua própria. Também não se sustentam as teorias que buscam fundar a intangibilidade das cláusulas superconstitucionais na sua própria positividade, em que se dispensa qualquer alusão ao conteúdo dessas cláusulas. Dificilmente uma versão pura dessa abordagem seria defendida hoje em dia, pois poderia levar a distorções semelhantes à existente na Constituição originalmente adotada nos Estados Unidos, que estabelecia uma cláusula intangível que defendia a escravidão.

A teoria clássica de justificação da superioridade da Constituição, que pode ser utilizada para legitimar a intangibilidade de normas constitucionais, separa a política em dois níveis: política constitucional e política ordinária ou legislativa. Há, aqui, duas correntes. Uma delas – que pode ser compreendida a partir da obra de Sieyès – assume a superioridade constituinte de forma automática. Os delegados constituintes representam a nação, e, por isso, suas decisões devem prevalecer sobre as decisões futuras do Parlamento, pois este é formado por meros políticos profissionais. O problema, aqui, é que não há nenhuma segurança de que os delegados constituintes efetivamente se distingam qualitativamente dos políticos que ordinariamente compõem o Parlamento. Sem uma comprovação empírica, ou sem que se estabeleçam parâmetros distintivos para o exercício do poder constituinte, não há como fundamentar eticamente o estabelecimento de uma hierarquia jurídica entre Constituição e legislação ordinária, ou entre cláusula superconstitucional e emenda à Constituição.

Madison e, contemporaneamente, Bruce Ackerman também irão justificar a supremacia das decisões constituintes sobre as decisões parlamentares numa teoria do dualismo político. Na interpretação de Ackerman, no entanto, a ação constituinte – ou a política constitucional, como prefere – não coincide necessariamente com o ato solene e formal de feitura de uma Constituição, mas com a qualidade do processo de discussão e deliberação política pelo qual uma nação passa, em determinados momentos de sua trajetória política. Assim, a supremacia da Constituição decorreria da qualidade eticamente superior dos processos de formação de vontade e de deliberação constitucional em face do processo pluralista que marca a política cotidiana, em que a agregação dos interesses privados se sobrepõe à deliberação em torno dos interesses públicos maiores da comunidade. Nesse sentido, cláusulas superconstitucionais teriam sua intangibilidade justificada, pois decorreriam de uma fonte eticamente superior à das leis ordinárias e eventuais emendas decorrentes de um procedimento ordinário de reforma da Constituição. É importante notar que a supremacia da Constituição para Madison decorria concomitantemente do seu processo especial de elaboração e do seu próprio conteúdo, que viabilizaria o autogoverno das gerações futuras. Não se pode deixar de lado o fato de que no momento de elaboração da Constituição americana havia uma crença hegemônica no direito natural, tanto que o documento original nem sequer trouxe no seu corpo uma carta de direitos, que eram presumidos, além de protegidos na esfera dos Estados.

A concepção de Madison de que a Constituição decorreu de um processo extraordinário de deliberação, no qual foi possível que os delegados deixassem de lado seus interesses primários (e privados), em nome do interesse maior da nação, ao mesmo tempo se inspira no republicanismo cívico do tipo rousseauniano e antecipa a ideia de condições ideais de deliberação como ambiente propício para decidir questões moralmente relevantes, como os princípios de justiça de Rawls ou a situação discursiva de Habermas.

Rawls, porém, não mais dispõe de uma teoria do direito natural, como dispunham os fundadores. Não pode organizar o sistema político contando com um rol consensual de direitos decorrentes de uma cultura política hegemônica. Numa sociedade pluralista – no sentido cultural, religioso e, mesmo, ético – as possibilidades de consenso sobre os direitos ou sobre os princípios de justiça são menores e, principalmente, não podem ser tomadas como dados. Decorrem de uma construção. Daí sua formulação, na esfera da teoria constitucional, do estabelecimento de consensos sobrepostos sobre os princípios básicos de uma justiça política, ou, numa esfera ainda mais concreta, dos essenciais constitucionais, que, endossados por cidadãos livres e iguais, "à luz dos princípios e ideais aceitáveis à sua razão comum"[1], legitimam o poder político.

As formulações de Rawls, recolocando a discussão ética no âmbito da Política e do Direito, servem à análise das cláusulas constitucionais intangíveis, uma vez que podem auxiliar sua justificação no campo ético, porém não metafísico. Os princípios de justiça, os consensos sobrepostos e os essenciais constitucionais, cada um na sua esfera, não constituem valores transcendentes como os direitos naturais, mas princípios decorrentes da razão humana, voltados à organização da sociedade em que os homens sejam compreendidos como fins, e não como meios[2].

Nesse sentido, a teoria da justiça de Rawls não é simplesmente procedimental, pois, na realidade, o procedimento é um meio de realizar ou de assegurar que seres iguais, racionais e autônomos se associem sem que uns se tornem instrumentos dos outros. Há, portanto, uma ética substantiva que permeia o edifício de Rawls. Daí muitos juristas práticos – entre eles Ely – não encontrarem em Rawls, ou em outros filósofos morais, a concretude necessária para auxiliar o trabalho de interpretação constitucional. Isso não significa, no entanto, que para uma teoria das cláusulas superconstitucionais as ideias formuladas pela teoria política contemporânea possam ser deixadas de lado.

11.2. O fundamento da superconstitucionalidade

Após as críticas ao utilitarismo, à ideia meramente procedimental de democracia e ao positivismo jurídico e sociológico, que reduziam a normatividade ou a legitimidade do direito à sua própria força, não mais é possível pensar a Constituição – e mais

---

[1] Rawls, 1993: 134.
[2] Rawls, 1977: 3.

ainda as suas cláusulas constitucionais intangíveis – sem levar em conta suas qualidades intrínsecas, seu valor ético. Para que certas cláusulas constitucionais possam ser aceitas como limitadoras do poder de cada geração de alterar suas próprias Constituições é necessário que seu conteúdo possa ser justificado e aceito racionalmente. O fato de terem sido estabelecidas por um poder constituinte anterior, ou de se compatibilizarem com um conjunto predeterminado de direitos, não é suficiente para garantir sua legitimidade.

Nesse sentido, não mais se pode aceitar a proposição schmittiana de que o poder constituinte não se encontra limitado juridicamente. As Constituições não surgem do nada, mas decorrem de um processo político que tem como pano de fundo a evolução do constitucionalismo democrático e dos direitos humanos, que estabelecem as bases para a organização de sociedades que estão se reorganizando sob o *ethos* da igualdade e da liberdade[3]. Assim, os direitos à igualdade e à liberdade, bem como outros direitos essenciais à preservação da dignidade, constituem sempre uma limitação aos processos de reconstitucionalização que ocorrem nas sociedades que se pretendem democráticas – seja a revisão, a reforma ou, mesmo, o *pouvoir constituant*[4].

As cláusulas constitucionais intangíveis apenas serão consideradas legítimas se servirem de elementos estruturantes, que

---

[3] Os elementos essenciais de justiça, racionalmente justificáveis, como apresentados por Rawls e que veremos a seguir, a partir da análise das ideias de Habermas, devem ser concebidos como limitações à liberdade do constituinte. As cláusulas superconstitucionais, por sua vez, constituem limitações às reformas ou revisões constitucionais, ainda que seguidas de manifestações plebiscitárias, pois não é a simples manifestação plebiscitária que difere um processo autenticamente constituinte de um procedimento ordinário de reforma. Sobre isso é sempre bom lembrar a forma perversa como os mecanismos de consulta popular foram utilizados por diversos regimes autoritários ou totalitários.

[4] Brito, 1993: 87 e ss.

habilitam e favorecem os cidadãos a se constituírem em sociedade, como uma comunidade de indivíduos iguais e autônomos, que decidem ser governados pelo Direito. Não devem, portanto, ser compreendidas ou, mesmo, utilizadas como instrumento de bloqueio absoluto de mudanças[5], de proteção de privilégios ou do *status quo*, mas como elementos que viabilizam a evolução da sociedade democrática e a promoção das mudanças necessárias na esfera constitucional, sem colocar em risco a sobrevivência daquelas liberdades de autonomia e participação e os direitos referentes às condições essenciais para uma sobrevivência digna. Não se pode negar à geração precedente o pretenso direito de assegurar, para todo o sempre, uma situação de liberdade e igualdade – o que poderá ser feito de diversas formas, entre as quais o direito constitucional e as cláusulas intangíveis, que "nos limitam minimamente para nos prevenir que limitemos nossos sucessores maximamente"[6].

Por meio das limitações constitucionais as gerações futuras terão resguardados os seus direitos de se autogovernarem, diante de ameaças das gerações presentes de impor ideias absolutas que vinculem o futuro. O absolutismo das cláusulas superconstitucionais somente se justifica se for um absolutismo em torno das condições essenciais à autonomia presente e futura. Nesse sentido, devem ser habilitadoras das gerações futuras, favorecendo a perpétua possibilidade de escolha da melhor forma de organização constitucional.

Como destaca Carl Friedrich, o constitucionalismo não é uma simples limitação à regra da maioria, mas tem um caráter positivo e promocional da democracia[7]. Os direitos e a separação

---

[5] V., sobre isso, o detalhado trabalho de Lopes, 1992: 145 e ss.
[6] Holmes, 1995: 157.
[7] Friedrich, 1965: 315 e ss.

de Poderes, mais do que obstáculos, funcionam como estruturas que habilitam o surgimento de uma esfera de decisão pública, na qual cidadãos livres e bem informados podem decidir seus próprios destinos, sem sofrer interferências arbitrárias por parte do Estado ou de outros indivíduos. É evidente que a regra da maioria desempenha papel de destaque nesse processo de decisão coletiva entre indivíduos iguais; porém, a decisão democrática não depende de um simples fato aritmético. Essa decisão deve resultar de um processo de formação livre e racional da vontade – e, portanto, a manutenção de certos direitos é tão essencial à democracia como a própria regra da maioria. Nesse sentido, o pré-comprometimento constitucional, por intermédio de cláusulas superconstitucionais, será moralmente legítimo toda vez que proibir os cidadãos de se autodestruírem, como seres igualmente livres e portadores de direitos que protegem sua condição de dignidade humana.

A formulação de uma teoria das cláusulas constitucionais intangíveis ocupa posição privilegiada em relação às teorias do direito natural. Embora ambas estejam ocupadas com os princípios que devem informar o direito positivo, porém não podendo por este ser afetadas, uma teoria das cláusulas superconstitucionais não precisa encontrar seu fundamento de validade na abstração do estado de natureza. Não é necessário recorrer ao engenhoso modelo jusnaturalista, que, por intermédio do mecanismo também abstrato do contrato, justifica quais direitos seriam racionalmente transferidos e quais seriam mantidos como defesa contra o Estado.

O Estado democrático-constitucional tem historicamente articulado a convivência de um Direito com pretensão de legitimidade e um poder coercitivo que garante respaldo a esse Direito e, ao mesmo tempo, é por ele domesticado. A finalidade de uma teoria das cláusulas superconstitucionais é que o processo de emancipação humana, que o constitucionalismo democrático vem realizando, possa ser preservado e expandido ao longo do tempo. As cláusulas superconstitucionais não precisam, assim, buscar no direito natural a sua fundamentação, mas prospectivamente retiram sua legitimidade da capacidade de compreender as condições fundamentais para a preservação da dignidade e da autonomia privada e pública dos cidadãos. Sua finalidade é proteger essas condições de maiorias qualificadas eventualmente seduzidas pelo canto de morte das sereias. Compreendidas e limitadas a essas condições de viabilização da dignidade e da autonomia pública e privada dos cidadãos, as cláusulas superconstitucionais não serão antidemocráticas, mas instrumentos legítimos e habilitadores da democracia, como meio de realização dos direitos humanos fundamentais.

Não há, aqui, uma reaproximação ao direito natural tradicional:

> A instituição de direitos [...] não é um presente de Deus, ou um antigo ritual, ou um esporte nacional. É uma prática complexa e trabalhosa que torna o trabalho do governo de assegurar os benefícios gerais mais difícil e custoso [...]. Qualquer um que pretende levar os direitos a sério deve aceitar, no mínimo, uma ou ambas importantes ideias: a primeira é a vaga mas poderosa ideia de dignidade humana. Essa ideia [...] supõe que há maneiras de tratar uma pessoa que são inconsistentes com o reconhecimento desta como membro pleno da comunidade humana[8].

A segunda ideia é a de igualdade política, que supõe que

> os membros mais fracos de uma comunidade política têm a faculdade de receber a mesma importância e respeito dos seus

---
[8] Dworkin, 1977: 198.

governos que os membros mais poderosos asseguraram para si próprios[9].

Assim, se alguma pessoa tem a liberdade de decidir questões que afetarão os demais, então todos têm o mesmo direito. Dessa forma – prossegue Dworkin –, só é correto afirmar que os indivíduos têm direitos, no sentido forte da expressão, como uma decorrência da necessidade de preservação da dignidade humana e da igualdade. Trata-se de uma experiência e de uma construção histórica pela qual os cidadãos criam direitos para se defender do poder coercitivo do Estado, necessário, por sua vez, à estabilização de expectativas e respaldo do próprio Direito. Nesse sentido, a legitimidade da utilização da força pelo Estado depende ao mesmo tempo de sua programação, feita pela soberania popular, e do respeito aos direitos que a soberania popular atribuiu a si.

Para uma teoria das cláusulas superconstitucionais o problema é saber quais são os direitos e as condições básicas que servem de pressupostos para que seres humanos iguais e livres possam organizar suas vidas em comum por intermédio do Direito. São esses pressupostos que devem ser transportados para o texto constitucional, a fim de que impeçam reformas que ponham fim ao programa de emancipação social gerido pela democracia constitucional.

O principal dilema na construção dessa lista de princípios ou direitos básicos necessários à existência de um sistema que assegure, ao mesmo tempo, a autonomia pública e a privada pode ser apreendido por intermédio da competição entre os teóricos da democracia e do liberalismo e, paralelamente, entre teóricos do positivismo jurídico e do direito natural. Para os grupos que defendem o direito natural e o liberalismo os direitos podem ser

---

[9] Dworkin, 1977: 199.

pressupostos, sendo o Estado apenas uma agência voltada à sua preservação. Já para os teóricos do direito positivo e da soberania popular não existe direito anterior; aliás, não podem existir direitos sem que esses sejam resultado da deliberação dos cidadãos e possuam uma estrutura coercitiva que os respalde. O fato, porém, é que a própria formação do direito positivo, do "meio legal em si, pressupõe direitos que definem o *status* das pessoas legais como portadoras de direitos"[10].

Habermas pretende conciliar essas tradições antiéticas demonstrando que, na realidade, há uma co-originalidade entre direitos liberais e direitos de participação no processo político, e mais: que não se pode falar em direitos sem a presença do Estado (ou soberano popular) que os organiza e assegura e que o sistema jurídico que organiza o Estado pressupõe a ideia de Direito. Portanto, são concepções mutuamente dependentes. Consequentemente, a relação entre soberania popular e direitos liberais "consiste no fato de que o sistema de direitos estabelece as condições sob as quais as formas de comunicação necessárias para a gênese do direito legítimo podem ser legalmente institucionalizadas"[11]. Da perspectiva de Habermas os direitos básicos não são uma dádiva transcendente, mas uma consequência da decisão recíproca dos cidadãos iguais e livres de "legitimamente regular suas vidas em comum por intermédio do direito positivo"[12].

Esses direitos básicos são, na realidade, princípios que asseguram um espaço de livre formação da vontade racional. Os direitos em si – o catálogo positivo que conhecemos – serão resultantes desse processo primeiro de deliberação. Assim, o papel das cláusulas superconstitucionais não é dar proteção absoluta a

---

[10] Habermas, 1996: 119.
[11] Habermas, 1996: 119.
[12] Habermas, 1996: 82.

todos os direitos que foram colocados numa Constituição, mas àqueles princípios básicos que assegurem uma condição minimamente ideal para que os indivíduos possam deliberar de forma livre e igual a respeito dos direitos e da forma pela qual querem ser governados.

Habermas busca, dessa forma, construir um sistema de direitos a partir da ação voluntariosa dos cidadãos. Toma os direitos como uma construção, e não um dado. Para que essa construção possa se dar nos termos de sua teoria do discurso – portanto, num ambiente de liberdade e igualdade, em que a única forma de coerção seja a do argumento mais racional – os cidadãos devem reciprocamente reconhecer aos demais certas liberdades.

Num primeiro grupo estariam aquelas liberdades referentes à garantia da autonomia – *(1)* direito à maior medida possível de iguais liberdades individuais; *(2)* direitos iguais ao *status* de membros da associação que se regula pelo Direito; *(3)* direitos básicos à proteção dos demais direitos. Esses direitos não devem ser compreendidos no sentido de "direitos liberais contra o Estado", porque eles tão somente regulam a associação de indivíduos antes da formação do Estado.

Apenas a partir do momento em que esses indivíduos passem a fazer uso de seus *(4)* direitos básicos de participar de forma equânime das decisões que a todos afetem é que aqueles direitos básicos de autonomia serão desenvolvidos para limitar o poder público que também estará sendo concebido.

Nesse sentido, os direitos fundamentais serão organizados e delimitados pela ação autônoma e equânime dos cidadãos. Porém, sua produção só será legítima se realizada sob os parâmetros dos quatro direitos básicos arrolados por Habermas, somados a *(5)* direitos básicos às condições de sobrevivência, sem as quais não é possível fruir os demais direitos.

Tem-se, assim, um rol de condições básicas, formuladas pelo meio legal, enquanto direitos e instituições que os garantam, que devem estar presentes para que os cidadãos possam se autoconstituir como sociedade política. Nada é dado

> anteriormente à prática de autodeterminação dos cidadãos, que não o princípio do discurso, que é construído dentro das condições de uma associação comunicativa geral e o meio legal em si. Se o princípio do discurso deve ser implementado como princípio democrático, com ajuda de iguais direitos comunicativos e participatórios, então o meio legal deve ser convocado[13].

Contudo, assim que utilizados para institucionalizar a autonomia pública e privada, o meio legal e

> esses direitos se tornam condições habilitadoras necessárias; nessa condição, eles não podem restringir a soberania do legislador, mesmo que não estejam ao seu alcance. Condições habilitadoras não impõem limitações no que constituem[14].

Formulações na esfera da teoria política como as de Habermas e Rawls possibilitam pensar uma teoria das cláusulas superconstitucionais que seja mais consistente que as derivadas do direito natural, do direito positivo ou da teoria do poder constituinte. Como na imagem de Ulisses, os pré-comprometimentos constitucionais, assumidos a partir da adoção de cláusulas superconstitucionais, só serão legítimos se formulados de maneira a habilitar a continuação da jornada da sociedade, por intermédio dos caminhos traçados pelos seus próprios cidadãos, sob condições ideais de deliberação.

---

[13] Habermas, 1996: 82.
[14] Habermas, 1996: 82.

Os princípios a serem protegidos do poder constituinte reformador, por intermédio de cláusulas superconstitucionais, devem constituir a reserva básica de justiça constitucional de um sistema, um núcleo básico que organize os procedimentos democráticos, como mecanismo de realização da igualdade política e do qual possam ser derivadas as liberdades, garantias legais, inclusive institucionais, e os direitos às condições materiais básicas.

Mais do que isso, as cláusulas superconstitucionais seriam uma pretensiosa usurpação da autonomia de cada geração por aqueles que elaboraram o documento constitucional. Menos do que isso, essas cláusulas seriam insuficientes. Proteger liberdades civis e políticas sem assegurar condições materiais é o mesmo que não as defender. Assegurar a participação política sem as garantias de autonomia individual, essenciais à formação da vontade pública racional, distorceria o procedimento democrático.

Em contrapartida, assegurar as liberdades civis sem garantir os direitos de participação, de autonomia política, de associação, certamente abriria caminho para o abuso do poder contra as liberdades civis. Assim como estabelecer direitos civis e políticos numa sociedade marcada pela exclusão social macularia o processo de decisão pública, como mecanismo voltado a organizar a convivência entre seres livres e iguais. Por fim, estabelecer todos esses direitos sem que haja um meio específico capaz de oferecer remédios legais e instituições independentes para bloquear eventuais violações de direitos também seria insuficiente.

Firmadas essas premissas, é possível aproximar-se, com mais precisão, dos preceitos de uma Constituição democrática que poderiam ser legitimamente subtraídos ao poder de reforma da Constituição, com a finalidade de preservação da dignidade humana e da igualdade de cada indivíduo em relação aos demais. Dessas predeterminações deriva a necessidade de proteção superconstitucional:

1) dos direitos que conferem autonomia privada a cada indivíduo, como liberdade de pensamento e de crença, liberdade de locomoção, integridade física e mental, bem como as garantias necessárias para que essas liberdades sejam preservadas;

2) da instituição do Estado de Direito, que garanta o princípio da legalidade, que significa que as regras devem ser gerais, públicas, prospectivas, e aplicadas de forma congruente. Isso certamente exige um Estado organizado com base no princípio da separação de Poderes, pelo qual o Legislativo democraticamente eleito produza as regras gerais, o Executivo as implemente, numa atividade *sub legem*, e o Judiciário, de forma independente, possa obstaculizar as violações a direitos. Essas características não são simplesmente instrumentais à garantia de direitos. Um Estado de Direito formulado a partir dessas características possui uma moralidade interna, pois, antecipando e garantindo o cumprimento das regras, possibilita as escolhas dos cidadãos, e mais: cria a expectativa de que as regras serão obedecidas, o que, ocorrendo de forma generalizada, leva à consolidação do governo das leis;

3) de um rol de direitos essenciais para que a igualdade e a dignidade dos cidadãos, como seres racionais e autônomos, sejam mantidas. Esse rol é composto pelos direitos de participação na tomada de decisões públicas – o direito de votar e ser votado; o direito de se expressar livremente e de ter acesso ao maior número de informações livremente produzidas; o direito de formar associações políticas; o direito de divergir e fazer oposição, que devem também ser mantidos à margem do poder de reforma;

4) dos direitos sociais básicos, que não devem ficar vulneráveis simplesmente por serem instrumentais à realização dos direitos civis e políticos, mas pelo seu próprio *status* de direitos morais, como os direitos civis e políticos básicos. Nesse sentido, a

violação do direito à alimentação básica do indivíduo é tão grave quanto uma agressão física; privá-lo de educação é tão grave quanto impedir seu acesso a informações ou restringir-lhe a liberdade de expressão, pois fere igualmente a dignidade[15]. Assim, os direitos básicos a alimentação, moradia, educação e saúde também compõem o rol de direitos essenciais à realização da igualdade e da dignidade entre os cidadãos.

Protegidas essas cláusulas, que constituem uma verdadeira reserva constitucional de Justiça, as Constituições podem ser reformadas sem colocar em risco os elementos essenciais à perpetuação de um sistema que garanta autonomia privada e política, numa esfera de igualdade e dignidade. Caso o constituinte atribua rigidez absoluta a outros dispositivos que não fazem parte desse cerne essencial, estará sendo prepotente para com as gerações vindouras, violando o princípio básico da igualdade e da liberdade de cada um e de cada geração. Mais do que isso, estará iniciando um processo de erosão da obra que busca preservar. Pois a dinâmica das relações sociais e a evolução histórica obrigam a mudanças no texto constitucional, que, se não forem permitidas, imporão sua ruptura.

11.3. A argumentação constitucional e as cláusulas superconstitucionais

Em que medida essas conclusões de caráter teórico podem auxiliar o profissional do Direito a enfrentar os diversos problemas impostos pela adoção de um rol extenso de cláusulas superconstitucionais? Como fazer a ponte entre a filosofia política, à qual incumbe indagar sobre princípios morais extremamente abstratos, que devem informar a ação política e orientar a enge-

---

[15] Para uma análise dos direitos socioeconômicos como direitos morais, v. Waldron, 1993: 10 e ss.

nharia institucional[16], ou mesmo os princípios decorrentes do discurso ético produzidos na esfera da sociedade civil[17], e o Direito – mais especificamente o Judiciário –, que tem a responsabilidade de resolver conflitos concretos?

Entre a argumentação ética pura e a ação do magistrado há, pelo menos, dois níveis intermediários. Nas sociedades democráticas o primeiro desses níveis é ocupado pela figura do legislador, constituinte ou ordinário, que, por intermédio do processo político, reduz a abstração de princípios e anseios morais, transformando-os em dispositivos legais. Esse processo de positivação de princípios morais, no entanto, não elimina a abstração e a abertura desses preceitos, transformando o magistrado num mero aplicador mecânico da lei. A missão do magistrado, portanto, não é facilitada, principalmente quando este tem a responsabilidade de aplicar preceitos constitucionais abertos à moralidade. No segundo nível de intermediação agem os juristas, que, por meio de um processo de racionalização, buscam dar sentido ao sistema jurídico e a cada uma das normas que o compõem[18]. Sendo as Constituições o ponto de encontro entre a moralidade e o Direito, os meios tradicionais de interpretação jurídica se demonstrarão, muitas vezes, insuficientes. Acrescente-se, ainda, que, entre os dispositivos de uma Constituição, as cláusulas superconstitucionais, ao estabelecerem direitos fundamentais e princípios estruturantes da ordem constitucional, tendem a se encontrar entre as mais abertas à moralidade política. Conforme Alexy,

> a vigência das normas jusfundamentais significa que o sistema jurídico é um sistema aberto, frente à Moral. Isto se aprecia de

---

[16] Raz, 1976: 3.
[17] Para uma análise da ideia de sociedade civil como ambiente adequado para a formulação do discurso ético, v. Cohen, Arato, 1990: cap. 8.
[18] Ferraz Jr., 1980.

maneira sumamente clara nos conceitos jusfundamentais materiais básicos, como dignidade, liberdade e igualdade. Estes são, ao mesmo tempo, conceitos da filosofia prática. Com eles foram incorporados à Constituição e, assim, ao direito positivo os princípios mais importantes do direito racional moderno[19].

A superconstitucionalização de princípios organizadores da ordem política – como democracia, separação de Poderes e a própria Federação –, assim como a positivação dos direitos fundamentais, impõem aos magistrados a necessidade de ir além dos métodos tradicionais de interpretação. Nesse caso, os magistrados serão constantemente obrigados a recorrer a processos de argumentação, ponderação e racionalização, destinados a capturar o sentido jurídico de preceitos éticos incorporados pela Constituição.

Essa tarefa torna-se ainda mais dramática quando a aplicação de cláusulas superconstitucionais apresenta-se como limitação material ao poder de reforma – portanto, numa circunstância em que os juízes não agem apenas contra a vontade da maioria parlamentar, mas de uma maioria qualificada, no caso brasileiro, de três quintos do Congresso Nacional. Ao decidir sobre a constitucionalidade ou não de uma emenda à Constituição o magistrado deve sentir-se submetido a uma pressão ainda mais forte, por parte do princípio democrático, do que quando decide sobre a constitucionalidade de uma lei ordinária[20].

Todas essas dificuldades apontam para as incertezas da aplicação das cláusulas superconstitucionais, não havendo plena garantia de que o processo de interpretação constitucional, por mais bem estruturado que seja, leve sempre a uma única decisão

---

[19] Alexy, 1993: 525-526.
[20] Ely, 1980: 4-5.

ou a uma decisão correta[21]. Nesse sentido, alguns caminhos foram apresentados no decorrer deste trabalho.

O primeiro desses caminhos é aceitar que, em face do caráter aberto dos princípios e dos direitos superconstitucionais, não há outra alternativa senão delegar aos magistrados o preenchimento do conteúdo desses preceitos no momento em que realizam o controle da constitucionalidade de emendas à Constituição. Pois se essas normas têm conteúdo aberto é porque o constituinte assim o quis. Consciente de sua incapacidade de prever todas as hipóteses futuras de violação da Constituição por intermédio de emendas, estabeleceu os princípios básicos intangíveis, delegando ao Judiciário seu adensamento, no momento da aplicação desses dispositivos[22]. Como já visto, esse caminho é incompatível não apenas com a ideia básica de democracia como, também, com o próprio conceito de Estado de Direito, uma vez que, em última instância, serão os magistrados, e não a vontade popular ou a lei, que estabelecerão os limites materiais ao poder de reforma.

Num segundo caminho as normas constitucionais abertas que estabelecem os limites materiais ao poder de reforma teriam seu conteúdo preenchido não pelo magistrado, mas pelos pró-

---

[21] Alexy, 1993: 525.

[22] Para Kelsen (1976: 465-469) as relações entre a norma geral e sua aplicação individual constituem partes distintas do mesmo ordenamento jurídico, e "daí resulta que todo ato jurídico em que o Direito é aplicado, quer seja um ato de criação jurídica, quer seja um ato de pura execução, é, em parte, determinado pelo Direito e, em parte, indeterminado [...]. A indeterminação pode mesmo ser intencional, quer dizer, está na intenção do órgão que estabeleceu a norma a aplicar [...]. A questão de saber qual é, entre as possibilidades que se apresentam nos quadros do Direito a aplicar, a 'correta' não é sequer uma questão de conhecimento dirigido ao direito positivo, não é um problema de teoria de Direito, mas um problema de política de Direito. A tarefa que consiste em obter, a partir da lei, a única sentença justa (certa) ou o único ato administrativo correto é, no essencial, idêntica à tarefa de quem se proponha, nos quadros da Constituição, a criar leis justas (certas)".

prios representantes do povo. Assim, cada geração, por meio da ação legislativa do Parlamento, no exercício do poder de reforma da Constituição, poderia alterá-la, tendo como único limite as precondições básicas para o funcionamento do procedimento democrático. A interferência do Judiciário limitar-se-ia à preservação dessas precondições. Nesse caso, o Legislativo é que teria a última palavra quanto ao conteúdo das limitações materiais ao poder de reforma. O conteúdo da reforma seria, assim, uma interpretação "autêntica" da vontade constituinte. À parte um rol mínimo de precondições formais à realização da democracia, ao Judiciário estaria vedada a missão de controlar os resultados emanados das deliberações do poder constituinte reformador[23]. Esse caminho – que tem a vantagem de justificar o controle judicial de emendas à Constituição em face das teorias procedimentais da democracia – deixa abertas certas frestas, por onde poderiam passar reformas inadmissíveis da perspectiva dos direitos humanos, do Estado de Direito e da própria democracia, se vista de uma perspectiva mais substantiva. Tem, assim, validade significativa, mas parcial.

Um terceiro caminho seria autorizar o Judiciário a levar a cabo a missão de interpretar e aplicar as cláusulas superconstitucionais, deixando claro, porém, que, sendo essas cláusulas, em sua maior parte, formadas por direitos e princípios de moralidade política, que informam e fundamentam todo o ordenamento jurídico, a simples aplicação dos recursos tradicionais de interpretação se mostraria insuficiente. A abertura desses dispositivos, no entanto, não significa ausência de constrangimentos sobre aquele que tem a responsabilidade de interpretá-los e aplicá-los.

Ao assumir a função de controlar o conteúdo das emendas à Constituição em face das cláusulas superconstitucionais o ma-

---

[23] Ely, 1980: 73 e ss.

gistrado deve precaver-se contra a tentação de preencher o conteúdo dessas cláusulas, quando de caráter aberto, a partir de seus próprios valores.

Uma segunda tentação que deve ser evitada quando se controla a constitucionalidade de emendas à Constituição é buscar densificar os princípios abertos do texto exclusivamente a partir dos dispositivos mais específicos da própria Constituição, que dão concretude constitucional aos princípios. Ainda que esse modelo de interpretação de princípios constitucionais – conforme os dispositivos mais concretos da Constituição – possa ser satisfatório para o processo de controle da constitucionalidade das leis[24], dificilmente o será para a atividade de controle de emendas à Constituição. Se as emendas servem para corrigir e melhorar o texto da Constituição, elas não podem ter como limite todas as letras desse mesmo texto.

O que se procura defender com o estabelecimento de cláusulas supraconstitucionais – ao menos como instituídas pelo constituinte brasileiro – é a essência da Constituição: direitos e princípios básicos que buscam estruturar a democracia e o Estado de Direito, na perspectiva da emancipação e da dignidade humana. Assim, a reforma que busque o aperfeiçoamento da democracia, da separação de Poderes, dos direitos fundamentais e da Federação pode e deve ser levada a cabo pelo poder constituinte reformador.

Não se pode pretender ou esperar que princípios protegidos como cláusulas supraconstitucionais, que tiveram seu conteúdo positivado por intermédio de diversos dispositivos da Constituição, tenham sua pretensão normativa satisfeita pela concretização que lhes foi dada pelo constituinte. Esses princípios de justiça material ou formal, incorporados pela Constituição, permanecem

---

[24] Canotilho, 1993: 188 e ss.

como ideais de justiça apenas parcialmente realizados. A concretização desses princípios, por intermédio de uma carta de direitos, da organização do sistema democrático, da separação de Poderes e da Federação (que exige uma reflexão à parte), estará, assim, sempre aquém das exigências de autênticos princípios de justiça, que serão concebidos como eternas aspirações[25].

Assim, as reformas voltadas a aproximar o texto constitucional dos princípios/aspirações incorporados pela Constituição devem prevalecer sobre as concretizações desses princípios que se demonstrem inadequadas no decorrer do tempo. Quando o texto impede proposta de emenda tendente a abolir o princípio da separação de Poderes não está impedindo a reforma do modelo de separação de Poderes apresentado pela Constituição, mas, sim, estabelecendo o atual modelo de separação de Poderes como patamar mínimo, como dever mínimo a ser respeitado pelo poder constituinte reformador. Restringi-lo é inadmissível; aperfeiçoá-lo é permitido. O mesmo se diga dos demais valores protegidos como cláusulas superconstitucionais.

Se, para a densificação dos princípios e direitos elencados no art. 60, § 4º e incisos, o recurso ao próprio texto constitucional é insuficiente, ainda que necessário, o intérprete constitucional será obrigado a buscar o conteúdo desses preceitos por um processo de interpretação que, embora tome por base o texto constitucional, a doutrina e eventuais precedentes, não negligencie a necessidade de recorrer ao discurso da filosofia política, à argumentação racional[26].

Por *argumentação racional* compreenda-se um procedimento discursivo destituído de qualquer forma de coerção que não o

---

[25] Para uma análise da ideia de moralidade de aspiração, v. Fuller, 1969: 9 e ss.
[26] Alexy, 1993: 532.

constrangimento do melhor argumento, em que todos os participantes se reconheçam reciprocamente como seres iguais, autônomos e racionais[27]. Se aceitarmos a premissa de parte da teoria política[28] e jurídica[29] contemporânea de que a moralidade política não mais pode se fundar sobre preceitos materiais predeterminados, aos juízes não cabe escolher arbitrariamente o conteúdo que irão emprestar aos valores protegidos constitucionalmente de forma aberta, mas argumentar livremente sobre qual o sentido mais adequado para dar eficácia aos princípios de justiça incorporados pela Constituição. Trata-se de situar o processo de decisão judicial num ambiente que atenda aos seguintes princípios: 1) respeito recíproco entre aqueles que participam do diálogo; 2) inexistência de coerção que não a coerção do melhor argumento; 3) suficiente e livre fluxo de informação entre os atores; e 4) o empenho em alcançar a decisão mais acertada, a que melhor atenda à ideia de justiça.

Rawls sugere que uma Corte responsável por garantir a Constituição pode vir a desenvolver argumentos racionais públicos destinados a permitir uma aplicação judicial dos princípios de justiça incorporados pela ordem constitucional[30]. Ao articular de forma argumentativa e pública a discussão em torno dos princípios e dos direitos que não podem ser objeto de alteração a Corte estará exercitando a função política de aplicação dos princípios gerais de justiça, constitucionalmente positivados, a um caso concreto. Rawls não propõe que a decisão do tribunal que leve em consideração as etapas interpretativas e argumentativas aci-

---

[27] Para uma análise da fórmula do discurso ético proposto por Habermas, v. Cohen, Arato, 1990: 348.
[28] Rawls, 1977: cap. 1; Rawls, 1993: 135; Habermas, 1996: 118 e ss.; Cohen, Arato, 1990: 137 e ss.
[29] Alexy, 1993: 524 e ss.; Nino, 1989: 1; Larenz, 1990: 21 e ss.
[30] Rawls, 1993: 231 e ss.

ma descritas estará produzindo resposta que possa ser apresentada como justa. Trata-se, porém, de procedimento em que, na medida do possível, os cuidados formais para a tomada de uma decisão que aspira à justiça foram tomados.

Caso se aceite a ideia da Constituição como "reserva de justiça", como ponto de encontro entre a moralidade política e o direito positivo, então seus intérpretes e aplicadores serão obrigados a utilizar métodos jurídicos[31] e argumentativos de interpretação toda vez que se virem diante de um caso regido por princípios não plenamente densificados pelo processo de positivação constituinte, toda vez que tiverem de decidir se determinada reforma favorece ou desfavorece a realização do princípio da separação dos Poderes ou dos direitos fundamentais. Assim, após levar em consideração a Constituição como lei, por intermédio dos diversos métodos de interpretação que auxiliam na redução da discricionariedade judicial[32], a doutrina e os precedentes, deve o intérprete constitucional recorrer aos princípios da argumentação racional para alcançar a devida compreensão do conteúdo aberto das cláusulas superconstitucionais, que constituem aspirações a uma ordem justa incorporadas pela própria Constituição[33].

O ponto crucial de controle dessa atividade argumentativo-decisória é a obrigação do magistrado de fundamentar e justificar as razões que o levaram a determinada decisão. É esse imperativo – inexistente na esfera do Legislativo – que faz do procedimento argumentativo-decisório, que pode encontrar um ambiente adequado no Judiciário, um instrumento mais propício para decidir questões de princípios, uma vez que

---

[31] Para uma análise dos métodos de interpretação constitucional, v. o clássico trabalho de Ferraz, 1986: cap. 1.
[32] Ferraz, 1986: cap. 1.
[33] Dworkin, 1986: 221.

os motivos bem redigidos devem fazer-nos conhecer com fidelidade todas as operações da mente que conduziram o juiz ao dispositivo adotado por ele. Eles são a melhor e a maior garantia, uma vez que protegem o juiz tanto contra todo raciocínio que pudesse oferecer-se à sua mente, quanto contra toda pressão que quisesse agir sobre ele[34].

Mais do que um controle interno, no qual o juiz reflete sobre as suas razões para decidir, a motivação permite a crítica pública dos fundamentos que levaram à decisão e à consequente possibilidade de reavaliação do decidido:

> detentor de um poder, num regime democrático, o juiz deve prestar contas do modo como o usa mediante a motivação [...]. Os tribunais inferiores deverão justificar-se, mediante a motivação, perante as partes, perante a opinião pública esclarecida, mas sobretudo perante as instâncias superiores, que poderiam exercer seu controle em caso de apelação[35].

É por meio da racionalização e da argumentação contida na motivação da decisão judicial que os tribunais assumem o papel de discutir, publicamente, o alcance dos princípios e dos direitos que constituem a reserva de justiça do sistema constitucional. Caso consigam levar a cabo essa tarefa, poderão transformar-se em fórum de extraordinária relevância dentro de um sistema democrático, em que muitas vezes os valores fundamentais ficam submetidos ao decisionismo majoritário. Com isso não se pretende estabelecer uma hierarquia entre procedimento judicial e procedimento democrático, mas estabelecer – ainda que idealmente – um procedimento racional para a discussão e aplicação

---

[34] T. Sauvel, "Histoire du jugement motivé", p. 5-6, *apud* Perelman, 1996: 559.
[35] Perelman, 1996: 566.

A CONSTITUIÇÃO E SUA RESERVA DE JUSTIÇA · 309

dos princípios de justiça que servem de limites habilitadores do sistema democrático[36].

Têm-se, assim, quatro momentos distintos no processo de implementação dos preceitos de justiça. À sociedade civil e à filosofia ou teoria política cumpre formular princípios como paradigmas que possam auxiliar na construção de uma ordem justa. Trata-se, porém, de instâncias racionalizadoras, e não decisórias.

Ao legislador constitucional, por sua vez, cabe a função de decidir politicamente, por intermédio do procedimento democrático, a positivação dos princípios de justiça que julgar adequados – ou seja, transformar princípios morais em preceitos jurídicos vinculantes. Essa positivação, no entanto, não reduz por completo a abstração e a abertura desses princípios, para que possam ser imediatamente aplicados. Cabe à doutrina e à dogmática jurídica agir argumentativamente, racionalizando e reduzindo a abertura desses princípios, no sentido de viabilizar sua aplicação concreta.

Tem-se novamente uma atividade argumentativa, e não decisória, porém mais limitada do que a do filósofo e do teórico político, pois o jurista age sob os parâmetros estabelecidos pelo legislador. A dogmática estabelece, assim, num campo de batalha ideologicamente impregnado, distintas consequências do Direito posto, que limitam ainda mais a possibilidade de escolha do magistrado. Finalmente, ao magistrado cabe decidir, numa situação concreta, a aplicação desses princípios, positivados pelo legislador e racionalizados pela doutrina. Porém, por mais que tenham existido essas etapas de redução de complexidade, os princípios constitucionais e os direitos fundamentais continuam a possuir caráter muito abstrato e aberto à argumentação moral, à qual o magistrado responsável por decidir casos constitucionais difíceis não pode fugir[37].

---

[36] Rawls, 1993: 233.
[37] Perelman, 1996: 531.

Assim, ao buscar dar a melhor interpretação[38] possível aos dispositivos especialmente protegidos, como cláusulas superconstitucionais, subsidiado por um processo de argumentação racional em que os componentes da Corte se encontrem em posição de igualdade e liberdade argumentativa, o tribunal constitucional poderá decidir quais emendas ferem e quais não ferem as cláusulas superconstitucionais, de maneira mais legítima. Isso não significa que a Corte não esteja engajada em um processo antimajoritário. Porém, se for capaz de impedir a abolição ou erosão dos princípios fundantes da ordem constitucional, entendida como reserva de justiça, e de seus elementos que habilitam a perpetuação do processo político democrático, a Corte estará, paradoxalmente, favorecendo a democracia.

A adoção pelos juízes desses princípios formais que favorecem a realização de um processo argumentativo racional nas esferas da teoria política e da sociedade civil pode também contribuir ao processo de aplicação concreta (judicial) das limitações materiais ao poder de reforma, conforme estabelecidas pelo constituinte brasileiro, por intermédio do art. 60, § 4º e incisos.

O caminho aberto até aqui deve auxiliar o intérprete do Direito de duas maneiras. Em primeiro lugar, antes de proceder à aplicação cega das limitações impostas pelas cláusulas superconstitucionais, é importante proceder a uma análise da compatibilidade dessas cláusulas com princípios de justiça que servem de paradigmas de controle do direito positivo[39]. Em segundo lugar, os métodos de argumentação utilizados pela filosofia política devem contribuir para suprir as lacunas deixadas pelos métodos

---

[38] Dworkin, 1986: 233.
[39] De acordo com a concepção de Dworkin do "Direito como integridade, proposições de Direito são verdadeiras apenas se figurarem dentro ou decorrerem de princípios de justiça, *fairness* e devido processo formal" (1986: 225).

tradicionais de interpretação do Direito, uma vez que os preceitos estabelecidos como cláusulas superconstitucionais não deixam de ser preceitos éticos pelo simples fato de terem sido positivados.

A constitucionalização de princípios morais, em vez de neutralizá-los, moraliza obrigatoriamente o debate constitucional. Ao acolher direitos fundamentais e princípios formais de justiça a Constituição convida todos os seus intérpretes a uma leitura ética de seu texto[40]. Ao estabelecer o texto constitucional que "a República Federativa do Brasil [...] constitui-se em Estado Democrático de Direito e tem como fundamentos: [...] a dignidade da pessoa humana"[41], seus intérpretes encontram-se obrigados a ir além de uma leitura formal do texto e procurar extrair de cada preceito constitucional a interpretação mais adequada à promoção e preservação da dignidade da pessoa humana. Contestar isso seria reduzir a Constituição a dispositivo retórico, destituído de força normativa.

O primeiro passo, portanto, seria analisar a compatibilidade entre as cláusulas superconstitucionais inscritas no texto constitucional, e os princípios éticos que devem servir de paradigmas de controle dessas mesmas cláusulas, pois são constitutivas das esferas da dignidade e da própria democracia. Nesse sentido, as cláusulas superconstitucionais brasileiras não parecem ofender princípios éticos – no sentido de princípios que seriam endossados por aqueles que por eles fossem afetados, se estivessem num ambiente em condições ideais de argumentação[42]. Não há nenhuma cláusula superconstitucional preservando a escravidão, impedindo a democracia de funcionar ou preservando injustiças que violem a dignidade humana.

---

[40] Dworkin, 1996: 2.
[41] Art. 1º, III, da Constituição da República Federativa do Brasil.
[42] Cohen, Arato, 1990: 347-348.

Isso não significa que todos os princípios e valores protegidos como cláusulas superconstitucionais tenham valor ético transcendente. O princípio da Federação, por exemplo, *prima facie*, não possui valor moral em si. Diversas são as nações que se organizam de maneira unitária sem que isso signifique uma ordem injusta ou autoritária. Pode-se argumentar, no entanto, que, numa nação de vasto território e com forte tradição de centralização do poder na esfera do governo central, o estabelecimento do princípio federativo tem importância significativa para o desenvolvimento da democracia. Ao reservar determinada esfera de competência ao poder local o princípio federativo coloca limites ao poder central, favorecendo o espaço de autonomia dos indivíduos e das coletividades locais. Por outro lado, ao aproximar os cidadãos de seus representantes permite maior participação nos negócios públicos, bem como um controle mais próximo das autoridades. As Federações também podem ser instrumentos importantes na defesa de minorias e no controle das facções[43]. A Federação, assim, tenderia a favorecer a democracia e a proteger direitos, podendo ser alçada à categoria de norma superconstitucional, sem afrontar o princípio democrático. Porém, por mais que se busque valorizar a Federação, como mecanismo de realização da autonomia individual, ela não alcança a posição de condição de realização da dignidade.

Nesse sentido, sua defesa como norma superconstitucional não se dará sem aporias, pois, encontrada outra forma de distribuição do poder no território, que atenda de maneira mais adequada à promoção da dignidade, seria impróprio bloqueá-la em nome de uma decisão passada, destituída de justificação moral. Assim, o controle de constitucionalidade de emendas em face do

---

[43] Madison, *in* Hamilton, Madison, Jay, 1984: n. 10.

princípio federativo, tal como inscrito na Constituição brasileira, deve obedecer a um teste menos rigoroso do que aqueles aplicados às emendas que desafiem os demais princípios inscritos como cláusulas superconstitucionais.

A problemática concretização dada pelo texto de 1988 ao princípio federativo, por intermédio da divisão de competências legislativas, administrativas e tributárias, que privilegia o poder central em detrimento das outras entidades federativas, amesquinhando o próprio princípio, deve, portanto, alertar o intérprete para a necessidade de aperfeiçoamento do nosso modelo federativo. Daí por que a ideia de se interpretar o sentido do princípio constitucional à luz de sua concretização dada pelo texto é absolutamente inadequada. No caso brasileiro a concretização ficou muito aquém do potencial oferecido pelo princípio. Reformas que ampliem a autonomia local, ainda que alterem a estrutura da atual Federação, devem ser bem recebidas constitucionalmente.

Portanto, não sendo o princípio federativo um valor ético de importância transcendente, ele deve ceder quando em confronto com o avanço de outros princípios fundamentais. Caso, por exemplo, se aprove emenda permitindo à Justiça Federal apurar violações aos direitos humanos perpetradas por funcionários dos Estados – numa clara redução das competências judiciais dos Estados –, o magistrado constitucional será obrigado a proceder a uma ponderação entre os benefícios trazidos aos direitos humanos e as perdas à Federação.

No confronto entre cláusulas superconstitucionais, que protegem um princípio estruturante da organização do Estado, e a proteção da dignidade humana, caberá ao magistrado, no caso concreto, dar prioridade a um deles. E, como a Federação não é um valor em si, mas uma simples forma de organização do Estado, esta deve ceder em nome dos direitos fundamentais. O que não significa que o princípio federativo perca sua validade. Diferentemente do conflito de normas, o conflito entre princípios não deve ser resolvido pela exclusão da norma derrotada, que perde sua validade. No caso dos princípios eles não perdem sua validade, senão seu peso naquele caso específico[44].

Não há como não transcender o texto para solucionar esse tipo de conflito. Sem que se busque preencher o conteúdo aberto desses preceitos por meio de uma argumentação de caráter racional, estaremos diante de um conflito que será decidido em favor da decisão passada, ainda que esta seja a menos habilitada à preservação da dignidade humana.

O segundo valor protegido pela Constituição como limitação material ao poder de reforma foi o "voto direto, secreto, universal e periódico". Evidente que a garantia do direito ao voto, nos termos expostos pelo referido dispositivo, não afronta princípios de justiça, e muito menos a própria democracia, posto que é instrumento voltado à sua realização.

Trata-se, no entanto, de formulação bastante restritiva. Interpretada de maneira literal, e não sistemática, parece exigir uma proteção especial exclusiva do voto como meio para a consecução da democracia, ficando os outros meios, também essenciais para a realização da democracia, vulneráveis às reformas. Nesse sentido, a formulação dada pelo art. 60, § 4º, II, da Constituição é insuficiente para proteger os pressupostos essenciais à perpetuação do processo democrático, como mecanismo de deliberação e decisão coletiva entre seres racionais, iguais e livres, dando a equivocada impressão de que apenas o voto é fundamental à realização da democracia. Mais do que isso, o modelo de voto direito, secreto, universal e periódico pode vir a ficar ultrapassa-

---

[44] Alexy, 1993: 90.

do diante de novos mecanismos de democracia participativa que substituam algumas das atuais instâncias representativas.

Ao analisar emendas que supostamente violem o art. 60, § 4º, II, da Constituição o intérprete deve ter em mente que o voto é apenas um meio destinado a permitir a plena realização da "cidadania" e do "pluralismo político", que constituem fundamentos do nosso Estado Democrático de Direito[45]. Nesse sentido, a substituição do voto pela participação direta da população não deve ser vista como violação dos limites materiais ao poder de emendas, mas como aperfeiçoamento da realização dos valores da cidadania. Da mesma forma, a proteção de minorias políticas diante da manifestação majoritária das votações também deve ser vista de maneira positiva, pois o voto como meio de realização da democracia não pode ser utilizado com a finalidade de provocar erosão nas bases da própria democracia, a infringir direitos de minorias políticas isoladas. Nesse passo, as emendas que tocam na questão do voto – e, consequentemente, no princípio democrático – devem passar por um escrutínio mais rigoroso do que aquelas que alteram o sistema federativo.

No inciso III do referido art. 60, § 4º, a Constituição de 1988 dá especial proteção ao princípio da "separação de poderes", que é elemento essencial para a realização do constitucionalismo democrático. Esse princípio tem-se manifestado de maneira distinta em diversas Constituições. Nos regimes parlamentares, por exemplo, há um afrouxamento da separação de Poderes, permitindo uma aproximação entre Executivo e Legislativo. Sua importância, no entanto, não pode ser relativizada[46].

Mais do que um mecanismo organizador das diversas tarefas a serem realizadas dentro do Estado, a separação de Poderes

---

[45] Art. 1º, II e V, da Constituição da República Federativa do Brasil.
[46] Vile, 1969: 21.

constitui princípio ético, na medida em que estrutura a própria ideia de Estado de Direito. É por intermédio da separação de Poderes que se reconhece a exigência de lei genérica, universal e abstrata[47], aprovada democraticamente pela representação popular, como único mecanismo capaz de vincular as condutas dos indivíduos. Também é a ideia de separação de Poderes que coloca limites à ação do Executivo, que se transformou, com o constitucionalismo moderno, num poder *sub legem*. Por fim, a independência do Poder Judiciário, como poder neutro, responsável pela resolução de conflitos a partir da legislação e na própria Constituição, é o ponto essencial não apenas na construção do Estado de Direito como da própria democracia. Trata-se de garantia fundamental do cidadão contra as iniciativas individuais e públicas de interferência em sua esfera de dignidade[48].

Da mesma forma que o princípio da Federação, a concretização do princípio da separação de Poderes no Brasil poderia ser bastante aperfeiçoada. A título exemplificativo, um dos aspectos mais incompatíveis com o princípio da separação de Poderes instituído pela Constituição de 1988 foram as medidas provisórias, pelas quais o Executivo tem sido capaz de legislar sobre vastas matérias, vinculando condutas sem a intermediação do Legislativo. Nesse sentido, uma reforma que reduza as possibilidades do Executivo de legislar, obrigando diretamente os cidadãos, sem a necessidade de intermediação legislativa, seria um aperfeiçoamento do princípio da separação dos Poderes, e não a sua ruptura.

Caso se aceite esse argumento sobre a necessidade de aperfeiçoamento de nosso sistema de separação de Poderes, sendo esse um mecanismo intrinsecamente responsável pela realização do Es-

---

[47] Para a compreensão da lei no sentido aqui apresentado, v. Rousseau, 1997: Livro II, Capítulo VI; v., ainda, Sartori, 1987: 366 e ss.
[48] Dworkin, 1986: 24.

tado de Direito, cabe ao Judiciário estar atento e aplicar testes extremamente rigorosos às emendas que atentem contra o princípio.

Por fim, o texto de 1988 dá caráter superconstitucional aos "direitos e garantias individuais". Esse, certamente, é o mais complexo dos dispositivos que buscam dar proteção especial a valores constitucionais. O primeiro problema do inciso IV do § 4º do art. 60 é a utilização da expressão "direitos e garantias individuais", em detrimento de "direitos e garantias fundamentais" ou "direitos e garantias individuais e coletivos"[49], que são, respectivamente, as denominações atribuídas pelo constituinte ao Título II e ao Capítulo I desse mesmo Título. Em nenhum momento a Constituição utiliza-se da locução "direitos e garantias individuais" isoladamente. Isso obriga o magistrado a tomar uma série de decisões, quase todas elas passíveis de críticas.

A primeira seria interpretar literalmente a Constituição e elaborar uma lista dos direitos e garantias de caráter individual que habitam toda a Constituição, além daqueles que ela não exclui, por força do § 2º do art. 5º. Isso colocaria em posição de superioridade hierárquica uma série de preceitos fundamentais e não fundamentais que protegem direitos individuais de importância distinta, se colocados numa escala ética, cristalizando garantias eventuais de importância menor e deixando sem proteção especial direitos de ordem social, essenciais à dignidade e à própria realização da democracia.

Uma segunda fórmula, semelhante à primeira, seria afirmar que o constituinte realizou uma opção ideológica de proteção superconstitucional exclusiva dos direitos liberais, reconhecidos pela filosofia política como direitos negativos, que incluem direitos civis referentes à proteção da esfera privada contra a interven-

---

[49] V. proposta de reformulação desse dispositivo em Lopes, 1992: 253.

ção do Estado[50]. Esse modelo de interpretação também deixaria de fora direitos políticos e sociais indispensáveis à realização da dignidade humana e da autonomia individual na esfera pública.

A terceira hipótese, já refutada pelo Supremo Tribunal Federal, seria restringir a proteção superconstitucional aos direitos elencados no art. 5º da Constituição. Essa formulação traz os mesmos problemas das duas formas de interpretação anteriores – ou seja: exclui do sistema de proteção superconstitucional uma série de elementos essenciais à proteção da dignidade humana e à perpetuação da democracia.

Nesses termos, não parece haver outra alternativa senão a compreensão dos direitos fundamentais como expressão daquela esfera de proteção indispensável à realização da dignidade humana. Não como um conjunto finito de direitos positivados com uma ou com outra denominação, ou, ainda, numa ou noutra posição dentro do texto constitucional. A supremacia dos direitos, aos quais se deve assegurar a posição de cláusula superconstitucional, decorre de sua exigibilidade para a realização da dignidade, não de classificações mais ou menos arbitrárias.

Assim, aqueles direitos que possam ser moralmente reivindicados e racionalmente justificados, como elementos essenciais à proteção da dignidade humana e que habilitem a democracia, como procedimento para a tomada de decisão entre seres racionais, iguais e livres, devem ser protegidos como superconstitucionais – estejam eles positivados por intermédio de normas constitucionais ou decorram dos princípios adotados pela Constituição ou, ainda, de tratados de direitos humanos dos quais o Brasil seja parte, o que é expressamente admitido pelo § 2º do art. 5º da Constituição[51].

---

[50] Berlin, 1981: 136 e ss.
[51] Para uma interpretação desse dispositivo da Constituição, v.: Vieira, 1994: 88; Piovesan, 1996: 82 e ss.; Weis, 1999.

Assim, além dos direitos e garantias que asseguram a autonomia privada e o Estado de Direito, também deve compor o rol das cláusulas superconstitucionais diversos direitos políticos – sem os quais a democracia se transforma numa fórmula vazia – e direitos de ordem econômica e social. Especialmente em países marcados por enormes desigualdades socioeconômicas, como o Brasil, a promoção e a garantia de direitos que assegurem a subsistência, a educação, a habitação, a saúde e o trabalho são essenciais não apenas para que os indivíduos estejam aptos a participar do processo democrático, mas, também, como garantia da própria dignidade humana. Os direitos sociais básicos, nesse sentido, podem ser defendidos como direitos individuais à dignidade e à igualdade ou como direitos políticos essenciais à realização da democracia[52]. O processo de autovinculação constitucional não se refere apenas à possibilidade de se retirar direitos de ordem liberal do processo de decisão majoritário mas, também, de vincular as gerações futuras à produção de condições dignas a todos os membros da comunidade.

Dessa forma, não se deve aderir a uma fórmula mecânica a respeito dos direitos que devem constituir o núcleo intangível da Constituição, sob o risco de se incluir direitos absolutamente secundários e deixar sem proteção superconstitucional direitos cruciais à democracia e à preservação da dignidade humana.

Certamente, esse modelo argumentativo de interpretação do inciso IV do § 4º do art. 60 da Constituição colocará grandes dificuldades para o magistrado e abrirá enorme espaço de confronto ideológico. No entanto, as demais opções interpretativas excluem direitos de importância fundamental e incluem direitos

---

[52] Para uma defesa da inclusão dos direitos sociais no rol das cláusulas superconstitucionais, v. Bonavides, 1995: 588 e ss.

de menor relevância. Por outro lado, as cláusulas superconstitucionais não podem ser vistas como um simples fato de poder, como uma decisão majoritária do constituinte que determina que certos valores fiquem longe do alcance do sistema representativo, ainda que agindo como poder constituinte reformador. Mais do que quaisquer outros preceitos jurídicos, as cláusulas superconstitucionais – por sua função de proteger as condições básicas de realização da dignidade humana e de permitir a continuidade do processo democrático, como procedimento voltado à tomada de decisões públicas, entre seres racionais, iguais e livres – devem cristalizar apenas os princípios e direitos que estabeleçam uma autêntica reserva de justiça constitucional.

Compreendidas e interpretadas adequadamente, as cláusulas superconstitucionais estabelecidas pelo artigo 60, § 4º, da Constituição de 1988 servirão de um importante dispositivo institucional voltado a proteger o Estado Democrático de Direito de maiorias hostis aos seus pressupostos, habilitando cada geração a exercer o direito de escolher o próprio destino, sem, no entanto, autorizá-las a furtar esse mesmo direito às futuras gerações.

BIBLIOGRAFIA

ACKERMAN, Bruce. Higher Lawmaking. *In*: LEVINSON, Sanford (ed.). *Responding to Imperfection*. Princeton: Princeton University Press, 1995.

ACKERMAN, Bruce. *We the People*: Foundations. Cambridge: Harvard University Press, 1993.

ALEXY, Robert. *Teoría de los Derechos Fundamentales*. Madrid: Centro de Estudios Constitucionales, 1993.

ALMEIDA, Fernanda Dias Menezes de. *Competências na Constituição de 1988*. São Paulo: Atlas, 1991.

ALMEIDA, Maria Hermínia Tavares de. Direitos sociais e corporativismo no Brasil. *Novos Estudos*, n. 25, 1989.

ARENDT, Hannah. *Da Revolução*. Brasília: UnB, 1988.

ATALIBA, Geraldo. *República e Constituição*. 2. ed. São Paulo: Malheiros, 1998.

AYALA, Francisco. Introdução. *In*: SIEYÈS, Emmanuel Joseph. *O que é o Terceiro Estado?* [S. l.: s. d.], [17--].

BACHOF, Otto. *Jueces y Constitución*. Madrid: Civitas, 1987.

BACHOF, Otto. *Normas constitucionais inconstitucionais*. Coimbra: Atlântida, 1977.

BANDEIRA DE MELLO, Celso Antônio. *Discricionariedade e controle judicial*. 2. ed. São Paulo: Malheiros, 1998.

BANDEIRA DE MELLO, Oswaldo Aranha. *Teoria das constituições rígidas*. São Paulo: José Bushatsky, 1980.

BARROSO, Luís Roberto. *O Direito Constitucional e a efetividade de suas normas*. Rio de Janeiro: Renovar, 1993.

BASTOS, Celso Ribeiro. *Curso de Direito Constitucional*. 12. ed. São Paulo: Saraiva, 1990.

BENDERSKY, Joseph. Carl Schmitt and the conservative revolution. *Telos*, n. 72, 1987.

BENDIX, Reinhard. *Max Weber*. Buenos Aires: Amorrortou, 1960.

BERLIN, Isaiah. *Quatro ensaios sobre a liberdade*. Brasília: UnB, 1981.

BERNSTEIN, Richard B.; ANGEL, Jerome. *Amending America*. New York: Random House, 1993.

BISCARETTI DI RUFFIA, Paolo. *Derecho Constitucional*. Madrid: Tecnos, 1973.

BOBBIO, Norberto. *Dalla Strutura alla Funzione*. Milano: Edizione di Comunità, 1984.

BOBBIO, Norberto. *Direito e Estado no pensamento de Emmanuel Kant*. Brasília: UnB, 1992

BONAVIDES, Paulo. *Curso de Direito Constitucional*. 7. ed. São Paulo: Malheiros, 1998.

BONAVIDES, Paulo; ANDRADE, Paes de. *História Constitucional do Brasil*. São Paulo: Paz e Terra, 1991.

BRACHER, Karl Dietrich. *The German Dictatorship*. London: Penguin Books, 1991.

BRANDON, Mark. The 'original' thirteenth amendment and the limits to formal constitutional change. *In*: LEVINSON, Sanford (org.). *Responding to Imperfection*. Princeton: Princeton University Press, 1995.

BRITO, Evaldo. *Limites da revisão constitucional*. Porto Alegre: Sérgio Fabris Editor, 1993.

BRITTO, Carlos Ayres. As cláusulas pétreas e sua função de revelar e garantir a identidade da Constituição. *In*: ROCHA, Cármen Lúcia Antunes (coord.). *Perspectivas do direito público*: estudos em homenagem a Miguel Seabra Fagundes. Belo Horizonte: Del Rey, 1995.

BROW, Geo Stewart. The nineteenth amendment. *Virginia Law Review*, v. 7, n. 4, 1922.

BRYCE, Lord. *Constituciones flexibles y Constituciones rígidas*. Madrid: Centro de Estudios Constitucionales, 1988.

BRYCE, Lord. *The American Commonwealth*. New York: MacMillan, 1906.

BUARQUE, Cristóvam. A perfeição inacabada. *In*: GURAN, Milton (coord.). *O processo constituinte*: 1987-1988. Brasília: UnB, 1988.

BURKE, Edmund. *Reflexões sobre a Revolução em França*. Brasília: UnB, 1982.

CAETANO, Marcello. *Direito Constitucional*. Rio de Janeiro: Forense, 1987. v. 1.

CALDWELL, Peter. *Constitutional Theory in the Weimar Republic*: Positivists, Antipositivists and the Democratic Welfare State. Tese (Doutorado) – Universidade de Cornell. 1993.

CALDWELL, Peter. National socialism and constitutional law: Carl Schmitt, Otto Koellreutter, and the debate over the nature of the nazi State. *Cardozo Law Review*, v. 16, 1995.

CALMON, Pedro. *Curso de Direito Constitucional*. São Paulo: Freitas Bastos, 1947.

CAMPANHOLE, Adriano. *Constituições do Brasil*. São Paulo: Atlas, 1984.

CAMPOS, Francisco. *Direito Constitucional*. Rio de Janeiro, 1956. v. 1.

CANOTILHO, José Joaquim Gomes. *Constituição dirigente e vinculação do legislador*. Coimbra: Coimbra Editora, 1982.

CANOTILHO, José Joaquim Gomes. *Direito Constitucional*. Coimbra: Almedina, 1993.

CARRAZZA, Roque Antônio. *Curso de Direito Constitucional Tributário*. 11. ed. São Paulo: Malheiros, 1998.

COELHO, João Gilberto Lucas. O processo constituinte. *In*: GURAN, Milton. *O processo constituinte*: 1987-1988. Brasília: UnB, 1988.

COHEN, Jean; ARATO, Andrew. *Civil Society and Political Theory*. Cambridge: The MIT Press, 1990.

COMPARATO, Fábio Konder. *Direito público*: estudos e pareceres. São Paulo: Saraiva, 1996.

COMPARATO, Fábio Konder. *Muda Brasil*. São Paulo: Brasiliense, 1986.

COMPARATO, Fábio Konder. Por que e como reformar a Constituição. *Folha de S.Paulo*, 21 abr. 1994.

CORWIN, Edward. The "Higher Law" background of American constitutional law. *Harvard Law Review*, v. 42, 1928.

DAHL, Robert. *Democracy and its Critics*. New Haven: Yale University Press, 1989.

DEPEUX, Louis. *História cultural da Alemanha*. Rio de Janeiro: Civilização Brasileira, 1992.

DICEY, A. V. *The Law of the Constitution*. Indianapolis: Liberty Fund, 1982.

DOYLE, Jonathan. A bitter inheritance: East Germany real property and the Supreme Constitutional Court's land reform (Decision of April 23, 1991). *Michigan Journal of International Law* 13, 1992.

DWORKIN, Ronald. *A Matter of Principle*. Cambridge: Harvard University Press, 1987.

DWORKIN, Ronald. *Freedom's Law – The Moral Reading of the American Constitution*. Cambridge: Harvard University Press, 1996.

DWORKIN, Ronald. *Law's Empire*. Cambridge: Harvard University Press, 1986.

DWORKIN, Ronald. *Taking Rights Seriously*. Cambridge: Harvard University Press, 1977.

ELSTER, Jon. Constitutional bootstrapping in Philadelphia and Paris. *In*: ROSENFELD, Michael (ed.). *Constitutionalism, identity, difference and legitimacy*. Duhan: Duke University Press, 1994.

ELSTER, Jon. *Precommitment and Constitutionalism*. Columbia: Columbia University Materials, 1996.

ELSTER, Jon. The impact of Constitutions on economic performance. *Proceedings of the World Bank Annual Conference on Development Economics*, 1994-a.

ELSTER, Jon. *Ulysses and the Sirens*. Cambridge: Cambridge University Press, 1979.

ELSTER, Jon. *Ulysses Unbound*. Studies in Rationality, Precommitment, and Constraints. Columbia: Columbia University Press, 2000.

ELY, John Hart. *Democracy and Distrust*. Cambridge: Harvard University Press, 1980.

FARIA, José Eduardo. *O Brasil pós-constituinte*. Rio de Janeiro: Graal, 1989.

FARRAND, Max. *The Records of the Federal Convention of 1787*. New Haven: Yale University Press, 1937. v. 1.

FAVOREU, Louis. Constitutional review in Europe. *In*: HENKIN, Luis; ROSENTHAL, Albert (org.). *Constitutionalism and Rights*. New York: Columbia University Press, 1990.

FERRAZ, Anna Cândida da Cunha. *Conflito entre poderes*. São Paulo: Revista dos Tribunais, 1994.

FERRAZ, Anna Cândida da Cunha. *Processos informais de mudança da Constituição*. São Paulo: Max Limonad, 1986.

FERRAZ JR., Tércio Sampaio. *A função social da dogmática jurídica*. São Paulo: Revista dos Tribunais, 1980.

FERREIRA FILHO, Manoel Gonçalves. *Estado de Direito e Constituição*. São Paulo: Saraiva, 1988.

FERREIRA FILHO, Manoel Gonçalves. Significado e alcance das "cláusulas pétreas". *Cadernos de Direito Constitucional e Ciência Política*, n. 13, 1995.

FIGUEIREDO, Lucia Valle. *Curso de direito administrativo*. 3. ed. São Paulo: Malheiros, 1998.

FLEISCHER, David. Perfil socioeconômico e político da Constituinte. *In*: GURAN, Milton. *O processo constituinte*: 1987-1988. Brasília: UnB, 1988.

FLETCHER, George. *Perspectives on Legal Tought*. New York: Columbia Law School Materials, 1995.

FRANCO, Afonso Arinos de Melo. *Direito Constitucional*. Rio de Janeiro: Forense, 1976.

FRANK, Jerome. *Law and the Modern Mind*. Glaucester: Peter Smith, 1970.

FRIEDRICH, Carl J. *Gobierno Constitucional y Democracia*. Madrid: IEP, 1975. v. 1.

FRIEDRICH, Carl J. *Perspectiva histórica da filosofia do direito*. Rio de Janeiro: Zahar, 1965.

FULLER, Lon. *The Morality of Law*. New Haven: Yale University Press, 1969.

GARCIA, Maria. *Desobediência civil*: direito fundamental. São Paulo: Revista dos Tribunais, 1994.

GILISSEN, John. *Introdução histórica ao direito*. Lisboa: Fundação Calouste Gulbenkian, 1986.

GRAU, Eros Roberto. *A ordem econômica na Constituição de 1988*. 3. ed. São Paulo: Malheiros, 1997.

GURAN, Milton. *O processo constituinte*: 1987-1988. Brasília: UnB, 1988.

GUTMANN, Amy. A desarmonia da democracia. *Lua Nova*, n. 36, 1995.

HABERMAS, Jürgen. *Between Facts and Norms*. Cambridge: The MIT Press, 1996.

HABERMAS, Jürgen. Derecho y Moral. *In*: SOBREVILLA, David (ed.). *El Derecho, la Política y la Ética*. Ciudad de México: Siglo Veintiuno, 1991.

HABERMAS, Jürgen. Human rights and popular sovereignty: the liberal and republican version. *Ratio Juris*, n. 7, 1994.

HAMILTON, Alexander; MADISON, James; JAY, John. *O federalista*. Brasília: UnB, 1984.

HART, Herbert. L. A. *O conceito de direito*. Lisboa: Fundação Calouste Gulbenkian, 1972.

HAURIOU, Maurice. *Principios de Derecho Público y Constitucional*. Madrid: Reus, 1927.

HAYEK, Friedrich A. *Os fundamentos da liberdade*. Brasília: UnB, 1983.

HEFFNER, Richard. *A Documentary History of the United States*. New York: A Mentor Book, 1991.

HELLER, Herman. *Teoria geral do Estado*. São Paulo: Mestre Jou, 1968.

HESSE, Konrad. *Escritos de Derecho Constitucional*. Madrid: Centro de Estudios Constitucionales, 1983.

HIRST, Paul. Carl Schmitt's decisionism. *Telos*, v. 72, 1987.

HOBSBAWM, Eric. *A Revolução Francesa*. Rio de Janeiro: Paz e Terra, 1997.

HOBSBAWM, Eric. *The Age of Extremes*. New York: Pantheon, 1995.

HOLMES, Stephen. Precommitment and the paradox of democracy. *Passion & Constraint*. Chicago: The University of Chicago Press, 1995.

HOMERO. *Odisseia*. Trad. de Jaime Bruna. São Paulo: Cultrix, 1976.

HUME, David. Da origem do governo. *Escritos políticos*. São Paulo: Abril Cultural, 1973.

HUME, David. Do contrato social. *Escritos políticos*. São Paulo: Abril Cultural, 1973a.

IGLESIAS, Francisco. *Constituintes e Constituições brasileiras*. São Paulo: Brasiliense, 1984.

KAMMEN, Michael (org.). *The Origins of the American Constitution*: a Documentary History. London: Penguin Books, 1968.

KELSEN, Hans. *Teoria pura do Direito*. Coimbra: Arménio Amado, 1976.

KLEIN, Eckart. The concept of the basic law. *In*: STARCK, Christian (org.). *Main Principles of the German Basic Law*. Baden-Baden: Nomos, 1983.

KOCH, Hannsjoachim Wolfgang. *A Constitutional History of Germany*. London: Logman, 1984.

KOERNER, Andrei. *O Poder Judiciário na Constituição da República*. Dissertação (Mestrado) – Faculdade de Filosofia, Letras e Ciências Humanas (FFLCH) da Universidade de São Paulo (USP), 1993.

KOMMERS, Donald. *The Constitutional Jurisprudence of the Federal Republic of Germany*. Durhan: Duke University Press, 1989.

KYMLICKA, Will. *Contemporary Political Philosophy.* An Introduction. Oxford: Oxford University Press, 1990.

LAFER, Celso. *A reconstrução dos direitos humanos*: um diálogo com o pensamento de Hannah Arendt. São Paulo: Companhia das Letras, 1988.

LAFER, Celso. *Hobbes, o Direito e o Estado Moderno*. São Paulo: Associação dos Advogados de São Paulo, 1980.

LARENZ, Karl. *Derecho Justo*. Madrid: Civitas, 1985.

LASLETT, Peter. A teoria política e social dos "Dois Tratados sobre o Governo". *In*: QUIRINO, Célia; SOUZA, Maria Teresa Sadek de. *O pensamento político clássico*. São Paulo: Queiroz, 1980.

LEVINSON, Sanford. *Responding to Imperfection*. Princeton: Princeton University Press, 1995.

LEVY, Leonard W. (org.). *Encyclopedia of the American Constitution*. New York: MacMillan, 1986.

LIJPHART, Arend. *Democracies*. New Haven: Yale University Press, 1984.

LOCKE, John. *O Segundo Tratado sobre o Governo*. São Paulo: Ibrasa, 1963.

LOCKE, John. The fundamental Constitution of Carolinas: § 120. *In*: WOOTOTN, David (org.). *Political Writings of John Locke*. New York: A Mentor Book, 1993.

LOEWENSTEIN, Karl. *Brazil under Vargas*. New York: Russel & Russel, 1973.

LOEWENSTEIN, Karl. Dictatorship and German Constitution: 1933-1937. *University of Chicago Law Review,* n. 4, 1937.

LOEWENSTEIN, Karl. *Teoría de la Constitución*. Barcelona: Ariel, 1976.

LOPES, Maurício Antônio Ribeiro. *Poder constituinte reformador*. São Paulo: Revista dos Tribunais, 1993.

LUHMANN, Niklas. *Legitimação pelo procedimento*. Brasília: UnB, 1980.

Lutz, Donald. Toward a theory of constitutional amendment. *In*: Levinson, Sanford. *Responding to Imperfection*. Princeton: Princeton University Press, 1995.

Machado, João Baptista. *Introdução ao Direito e ao discurso legitimador*. Coimbra: Almedina, 1994.

Machen Jr., Arthur W. Is the fifteenth amendment void? *Harvard Law Review*, v. 23, n. 3, 1910.

Marbury, William L. The nineteenth amendment and after. *Virginia Law Review*, v. 7, n. 1, 1920.

Mateucci, Nicola. *Organizzazione del Potere e Libertà*: Storia del Costituzionalismo Moderno. Turim: Utet, 1988.

Maximiliano, Carlos. *Hermenêutica e aplicação do direito*. Rio de Janeiro: Forense, 1995.

McIlwain, Charles Howard. *Constitucionalismo Antiguo y Moderno*. Buenos Aires: Editorial Nova, 1947.

Mendes, Gilmar Ferreira. Parecer n. 77, de 1994, referente à Revisão da Constituição Federal. *Diários dos Trabalhos Revisionais*. Brasília, p. 4362, jun. 1994.

Miranda, Jorge. *Manual de Direito Constitucional*. Coimbra: Coimbra Editora, 1983, v. 2.

Miranda, Jorge. *Textos constitucionais estrangeiros*. Lisboa, 1974.

Montesquieu. Charles. *O espírito das leis*. Brasília: UnB, 1982.

Mota, Leda Pereira; Spitzcovsky, Celso. *Direito Constitucional*. São Paulo: Terra Editora, 1994.

Müller, Ingo. *Hitler's Justice*: the Courts of the Third Reich. Cambridge: Harvard University Press, 1991.

Neuman, Gerald. *Comparative Constitutional Law*: Germany and United States. New York: Columbia Law School Materials, 1995.

Neves, Marcelo. *A constitucionalização simbólica*. São Paulo: Nova Acadêmica, 1994.

Nevins, Allan; Commanger, Henry S. *A Pocket Story of the United States*. New York: Pocket Books, 1992.

NORTH, Douglas. *Institutions, Institutional Change and Economic Performance*. Cambridge: Cambridge University Press, 1990.

PAINE, Thomas. *Rights of Man*. New York: Penguin Books, 1985.

PANGLE, Thomas L. The philosophic understandings of human nature informing the Constitution. *In*: BLOOM, Allan (org.). *Confronting the Constitution*. Washington, D.C.: The AEI Press, 1990.

PERELMAN, Chaïm. *Ética e Direito*. São Paulo: Martins Fontes, 1996.

PINHEIRO, Paulo Sérgio. *Estratégias da ilusão*. São Paulo: Companhia das Letras, 1991.

PINHEIRO, Paulo Sérgio. O passado não está morto, nem passado é ainda. *In*: DIMENSTEIN, Gilberto. *Democracia aos pedaços*: direitos humanos no Brasil. São Paulo: Companhia das Letras, 1996.

PIOVESAN, Flávia Cristina. *Direitos humanos e o direito constitucional internacional*. São Paulo: Max Limonad, 1996.

POLLOCK, James; HENEMAN, Harlow (org.). *Hitler's Decrees*. Ann Arbor: George Wahr Publisher, 1934.

QUIRINO, Célia; SOUZA, Maria Teresa Sadek de. *O pensamento político clássico*. São Paulo: Queiroz, 1980.

RADBRUCH, Gustav. *Filosofia do Direito*. Coimbra: Arménio Amado, 1979.

RAWLS, John. *Political Liberalism*. New York: Columbia University Press, 1993.

RAWLS, John. *Theory of Justice*. Cambridge: Harvard University Press, 1977.

RAZ, Joseph. *The Morality of Freedom*. Oxford: Clarendon Press, 1986.

REALE, Miguel. Visão integral do Direito em Kelsen. *In*: PRADO, Luís Régis; KARAM, Munir (coord.). *Estudos de Filosofia do Direito*. São Paulo: Revista dos Tribunais, 1985.

RICHARDS, David. *The Foundations of American Constitutionalism*. Oxford: Oxford University Press, 1989.

RICHARDS, Lionel. *A República de Weimar*. São Paulo, Companhia das Letras, 1988.

ROCHA, Cármen Lúcia Antunes. Constituição e mudança constitucional: limites ao exercício do poder de reforma constitucional. *Revista Forense*, n. 324, 1993.

RODRIGUES, Leda Boechat. *A Corte de Warren*. Rio de Janeiro: Civilização Brasileira, 1991.

RODRIGUES, Leda Boechat. *História do Supremo Tribunal Federal*. Rio de Janeiro: Civilização Brasileira, 1991a. v. 1.

ROUSSEAU, Jean-Jacques. *O contrato social*. São Paulo: Abril Cultural, 1973; São Paulo: Nova Cultural, 1997.

RYAN, Alan. John Rawls. *In*: SKINNER, Quentin (org.). *As ciências humanas e seus grandes pensadores*. Lisboa: Don Quixote, 1992.

SABINE, George. *Historia de la Teoría Política*. Ciudad de México: Fondo de Cultura Económica, 1994.

SAMPAIO, Nélson de Souza. *O poder de reforma constitucional*. Rev. e atual. por Uadi Lammêgo Bulos. Belo Horizonte: Nova Alvorada, 1994.

SANTIAGO NINO, Carlos. *Ética y Derechos Humanos*. Buenos Aires: Astrea, 1989.

SARTORI, Giovanni. *Comparative Constitutional Engineering*. New York: New York University Press, 1994.

SARTORI, Giovanni. *Teoría de la Democracia*. Madrid: Alianza Universidad, 1987.

SCHMITT, Carl. *Conceito de político*. Petrópolis: Vozes, 1992.

SCHMITT, Carl. *Political Theology*. Cambridge: The MIT Press, 1985.

SCHMITT, Carl. *Teoría de la Constitución*. Madrid: Alianza, 1982.

SHAPIRO, Ian. *Democracy's Place Essays on Theory and Practice*. Ithaca, 1996 (versão não publicada).

SHIRER, William. *The Rise and Fall of the Third Reich*: a History of Nazy Germany. New York: Touchstone, 1990.

SICHES, Luís Recaséns. *Nueva Filosofía de la Interpretación del Derecho*. Ciudad de México: Porrúa, 1980.

SIEYÈS, Emmanuel Joseph. *O que é o Terceiro Estado?*. [S. l.: s. d.], 1789.

SILVA, José Afonso da. *Curso de Direito Constitucional Positivo*. 15. ed. São Paulo: Malheiros, 1998.

SILVA, José Afonso da. Defesa da Constituição. *Revista do Tribunal de Contas do Estado de São Paulo*, v. 61, 1990.

SILVA FILHO, Derly Barreto e. O poder constituinte de revisão e as cláusulas pétreas. *RT*, n. 691, 1993.

SKIDMORE, Thomas. *Brasil*: de Castelo a Tancredo. Rio de Janeiro: Paz e Terra, 1988.

SKINNER, Quentin. *As fundações do pensamento político moderno*. São Paulo: Companhia das Letras, 1996.

SMEND, Rudolf. *Constitución y Derecho Constitucional*. Madrid: Centro de Estudios Constitucionales, 1985.

SOBREVILLA, David (ed.). *El Derecho, la Política y la Ética*. Ciudad de México: Siglo Veintiuno, 1991.

STEPAN, Alfred. *Os militares*: da abertura à Nova República. Rio de Janeiro: Paz e Terra, 1986.

STERN, Klaus. *Derecho del Estado de la República Federal Alemana*. Madrid: Centro de Estudios Constitucionales, 1987.

STONE, Geoffrey. *Constitutional Law*. Boston: Little, Brown and Co., 1991.

STOTZKY, Irwin P. (ed.). *Transition to Democracy in Latin America*: the Role of the Judiciary. Boulder: Westview Press, 1993.

SUNDFELD, Carlos Ari. *Fundamentos de Direito Público*. 3. ed. São Paulo: Malheiros, 1998.

SUNSTEIN, Cass. The negative Constitution: transition in Latin America. *In*: STOTZKY, Irwin P. (org.). *Transition to Democracy in Latin America*: the Role of the Judiciary. Boulder: Westview Press, 1993.

SUNSTEIN, Cass. *The partial Constitution*. Cambridge: Harvard University Press, 1993-a.

TAYLOR, Hannis. Elasticity of written Constitutions. *The North American Review*, 182, fev. 1906.

TEIXEIRA, José Horácio Meirelles. Ensinamentos apostilados de Direito Constitucional. *In*: GARCIA, Maria (org.). *Curso de Direito Constitucional*. Rio de Janeiro: Forense Universitária, 1991.

UNGER, Roberto Mangabeira. *O Direito na sociedade moderna*. Rio de Janeiro: Civilização Brasileira, 1979.

VEGA, Pedro de. *La Reforma constitucional y la problemática del Poder Constituyente*. Madrid: Tecnos, 1985.

VERDÚ, Pablo Lucas. *La lucha contra el Positivismo jurídico en la República de Weimar*. Madrid: Tecnos, 1987.

VIEIRA, Oscar Vilhena. Neoliberalismo e Estado de Direito. *Revista Brasileira de Ciências Criminais*, n. 14, 1996.

VIEIRA, Oscar Vilhena. *O Supremo Tribunal Federal*. São Paulo: Revista dos Tribunais, 1994.

VILE, John. *The Constitutional Amending Process in American Political Tought*. New York: Praeger, 1992.

VILE, Maurice. *Constitutionalism and Separation of Powers*. Oxford: Clarendon Press, 1969.

VITA, Álvaro de. *Justiça liberal*. Rio de Janeiro: Paz e Terra, 1993.

WALDRON, Jeremy. *Liberal Rights*. Cambridge: Cambridge University Press, 1993.

WEBER, Max. *Economía y sociedad*. Ciudad de México: Fondo de Cultura Económica, 1984.

WEIS, Carlos. *Os direitos humanos contemporâneos*. São Paulo: Malheiros, 1999.

WIEACKER, Franz. *O direito privado moderno*. Lisboa: Fundação Calouste Gulbenkian, 1980.

WILSON, Waldron. *Constitutional Government of United States*. New York: Columbia University Press, 1961.

ZAGREBELSKY, Gustavo. *La Giustizia Costituzionale*. Bologna: Il Mulino, 1988.

GRÁFICA PAYM
Tel. [11] 4392-3344
paym@graficapaym.com.br